新编21世纪高等职业教育精品教材·电子商务类

电子商务数据分析与应用

（第二版）

主　编／孟　刚
副主编／赵俊雅　刘　茜　姚丹婷

立德树人　案例生动　内容丰富　资源立体

中国人民大学出版社
·北京·

第二版前言

在信息时代的高速发展下，电子商务已成为商业领域中不可或缺的一部分。电子商务数据分析与应用作为电子商务运营的核心环节，对于提升企业竞争力、优化用户体验以及实现精准营销等方面具有至关重要的作用。培养具备电子商务数据分析与应用能力的人才已成为高等教育的迫切需求。

本书积极发挥教材培根铸魂的重要作用，做到知识传授与品德修养相互促进的高度统一。本书以习近平新时代中国特色社会主义思想为指导，全面融入党的二十大精神，在进行相关知识阐释的过程中，始终把提高学生的思想道德素质与专业素养融为一体，培养学生诚实守信、爱岗敬业等优秀品质。

本书编写团队在第一版教学和实践的基础上对教材内容进行了更新和升级，保留了理论知识、技能操作和商业实践三个部分的主体框架，保证从理论、操作和实践三个方面对电子商务数据分析与应用进行全面的解读；保留了对 YExcel 数据处理与分析平台的介绍，供读者在数据处理实践中继续免费选用；从知识目标、能力目标和素养目标三个视角进行教材内容的梳理，替代原来单一的学习目标；充实了部分案例，修订了部分描述不准确之处。

本书在第二版编写过程中得到了社会各界的大力支持。郑州康乐商贸有限公司、河南省邦尼贸易有限公司提供了数据支持，上海远丰信息科技（集团）有限公司、河南斜杠网络科技有限公司提供了技术支持。多所高等学校的电子商务教学一线教师参加了具体的撰写和审阅工作，具体分工如下：郑州科技学院的孟刚负责项目一的编写并担任主编，范璐璐负责项目二、项目三的编写以及项目一的部分内容修订工作，赵俊雅负责项目四至项目六的编写并担任副主编，刘茜负责项目七、项目八的编写并担任副主编，张磊负责项目九至项目十二的编写，王建伟负责项目十三至项目十五的编写；河南斜杠网络科技有限公司的资深软件工程师杨孝国负责项目十六的编写并负责 YExcel 数据处理软件的技术开发和技术支持，同时赵俊雅负责项目十六的部分文字修订工作；广州华南商贸职业学院姚丹婷负责数据采集、整理与校对工作并担任副主编。

由于编者水平有限，本书难免存在不足之处，希望读者在阅读本书的过程中给予批评指正，请将宝贵意见发至邮箱 menggang@ruc. edu. cn。

编者

目录
Contents

第一篇 理论知识

第二篇 技能操作

第三篇　商业实践

第一篇　理论知识

项目一

电子商务数据概述

项目导读

在“一切皆计算”的互联网时代，数据是计算的核心和基础。企业开展电子商务业务必定离不开电子商务数据的收集、整理、分析和应用。伴随着互联网技术的快速迭代和升级，数据采集便捷程度越来越高，数据正在迅速膨胀且日益多样化，它将对企业的未来发展产生重要影响。虽然很多企业还没有意识到数据的爆炸性增长所带来的机遇和挑战，但随着时间的推移，人们将越来越认识到数据对企业的重要性。

学习目标

知识目标

- 掌握数据、信息、知识的概念及相互关系
- 熟悉电子商务数据分析的内容、流程、方法和工具
- 了解相关企业提供的电子商务数据分析服务

能力目标

- 能够准确识别数据、信息和知识
- 能够对电子商务数据分析的内容、流程、方法和工具进行初步设计或使用

素养目标

- 培养辨析比较能力，能够全面客观地评价相关概念的内容和边界
- 培养在数据获取、数据应用等方面的隐私保护意识

案例导入

小峰被一家传统食品公司聘用，该公司已经在拼多多、淘宝等平台建设了在线店铺，但业绩一直不好。因小峰大学学习的是电子商务专业，公司就把提升互联网电子商务在线销售额的任务交给了小峰。如何快速提升在线店铺的销售额，成了小峰这个职场新人面临的头等大事。

接手店铺的第一个月，小峰着重进行了选品和测试，先通过行业数据找到食品类目下面的二级类目头部卖家的日报表、周报表以及月度表现情况，再根据相似产品的日成交金额（GMV）走势进行了预测分析，最终选择了一款成熟且有特色的食品进行跟卖，

另外选择一款在淘宝平台表现稳定的食品放到拼多多店铺进行测试。通过一个月运行中积累的数据，小峰提取出地区、年龄、购买力、电话、偏好等访客特征，以及展现量、访客数、客单价、点击率、转化率、跳失率等商品特征，并根据数据挑选出点击率较高的商品主图及转化率较高的详情页，根据访客特征圈定溢价定向推广人群和设置分时折扣。

一个月后商品有了一定的销量，也积攒了不错的评价，小峰开始进行针对性的直通车推广。就像开车时要时刻注意车速、油耗、指示信息一样，直通车推广必须根据数据进行价格调整，不断优化主图以提高点击率，进而提高关键词质量分，提高商品排名，最终达到降低点击消耗的目的。小峰在统计数据—优化—再统计数据的循环中度过了第二个月。

经过前两个月的积累，商品各项动态评分（DSR）达到平台活动要求，商品销量和评价具备一定的说服力，可以提报平台大促活动了。配合直通车推广和平台活动，再加上自然流量，店铺每日访客数达到6 000，转化率维持在5%左右，客单价在30～35元，日成交金额接近1万元，店铺等级快速升至五级。在这几个月的运营过程中小峰验证了在学校学到的一句话：想要做好网店，数据不可不看。

点评：传统企业开展互联网电子商务在线销售业务已经是一种常态，但真正把在线销售做好的，却并不常见。在互联网在线销售业绩提升过程中进行数据分析，辅助开展精准的广告投放、流量转化、客户黏度提升、客服质量改进等变得必不可少，科学的电子商务数据分析在电子商务运营中的作用愈发重要。

任务一 认识数据、信息与知识

一、数据

数据（Data）就是数值，即我们通过观察、实验或计算得出的结果。数据有很多种，除了数字，也可以是文字、图像、声音等。数据可以用于科学研究、设计、查证等。

数据改变着我们的一切，即便现在仅仅是数据时代的开端。随着以手机为代表的移动终端的广泛使用，我们的生活、位置，甚至身体的健康状况等都变成了被记录的数据。从传统角度来讲，数据的记录、分析、归类、整理是一个很复杂的过程，但是互联网时代可以从后台利用云计算，瞬间分析整合数据。以前计算机存储的计算资料有限，数据在一定程度上会有很大的出入，但是云计算等新技术能够有效地将海量、复杂数据高速存储，并进行分析和计算。大数据、云计算的应用给我们的生活带来了极大的便利和高效，有效地利用数据时代各种技术的公司大多取得了不错的业绩，同时也产生了很多新的业态。例如，拼多多店铺后台展示的数据如图 1－1 所示。

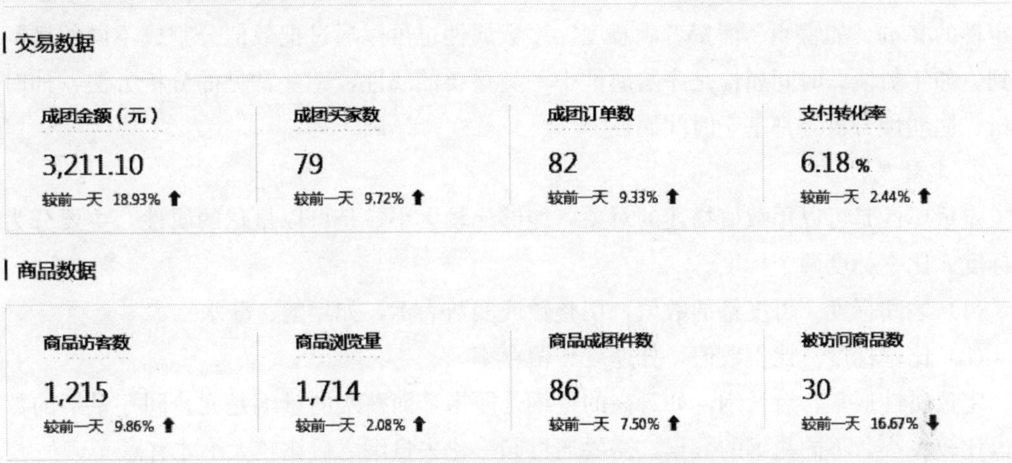

图 1－1　拼多多店铺后台展示的数据

数据在特定范围内表示特定意义。单独看图 1－1 中的“82”，“3 211.10”只是数字，但与“成团订单数”和“成团金额”相结合，就可以得出相应的在线店铺当日成交成团订单数是 82 单，金额是 3 211.10 元。

（一）数据质量

数据本身有质量好坏之分，通常来讲，数据并不总是有效的。有些数据是从多个不同的数据源中获取的，这些异构数据在各自的系统中都是正确无误的，但很有“个性”，到了别的环境却无法被解读。例如，有的系统中使用 0 和 1 代表性别，而有些系统使用 f 和 m 代表性别。因此，在使用数据之前，首先要对数据做集成处理，使用一致的单位、统一的文本来描述对象。有些数据中包含大量重复、缺失或者离群的数据，在开始分析数据之前，必须检查数据是否有效，并对数据进行预处理。

（二）数据的定性和定量属性

属性（Attribute）是一个数据字段，表示数据对象的一个特征。在数据分析中，属性、维（Dimension）、特征（Feature）和变量（Variable）可以互换使用。按照属性值功能的不同，属性分为定性属性和定量属性。

1. 定性属性

定性属性通常是用文本描述对象的特征，是分析数据的一个角度。增加维度，即从不同的角度来看待问题，能够细分指标，增加分析的深度。定性属性主要分为标称属性、二元属性、序数属性三类。

（1）标称属性。也叫作类别属性，用于对数据对象进行分类（Category），如头发的颜色、职业等。

（2）二元属性。即只有两个类别的属性，如果二元属性的两种状态具有同等价值或具有相同的权重，那么认为该二元属性是对称的，如性别；非对称是指两种状态的结果不是同样重要的，如是否吸烟对治疗的效果而言，其权重是不同的。

（3）序数属性。属性的顺序是有意义的，通常用于等级评定。通常情况下，序数属性是定性的文本，如官职、消费者满意度。序数属性也可以通过把数值分割成不同的区间来得到，如年龄段。时间属性是序数属性中一类重要的属性，一些常见的分析方法，如时序分析、周期性分析等都基于时间属性。

2. 定量属性

定量属性是可以用数值描述的对象，能够比较大小，是可以量化的属性，主要分为区间标度、比率标度两个标度。

（1）区间标度。可度量的数值，用整数或实数表示，如年龄、薪水。

（2）比率标度。比例数值，如速度、留存率。

定量属性通常含有量纲，如身高的量纲是厘米，而薪水的量纲是元。同一量纲的数据可以比较大小，不同量纲的数据，需要通过归一化去量纲之后比较大小才有意义。

（三）数据的基本统计描述

统计是数据分析的好助手，查看数据集的基本统计描述能够帮助我们了解数据的全貌，识别数据的分布特征。由于定量数据天生具有计算的特性，数据的分布通常是针对定量数据进行的统计描述。基本统计描述主要是指从数据的集中趋势、离散趋势和分布来认识数据，每个统计描述都使用特定的统计量来衡量。

1. 集中趋势

数据的集中趋势，用于度量数据分布的中心位置，直观地说，测量一个属性值的大部分集中在何处。描述数据集中趋势的统计量是：均值、中位数、众数。

均值（Mean）是数据的算术平均值，是描述数据集的中心位置时最常用的统计量。但是，均值对离群值很敏感。图 1－2 是某网店 30 天成交转化率均值趋势图。

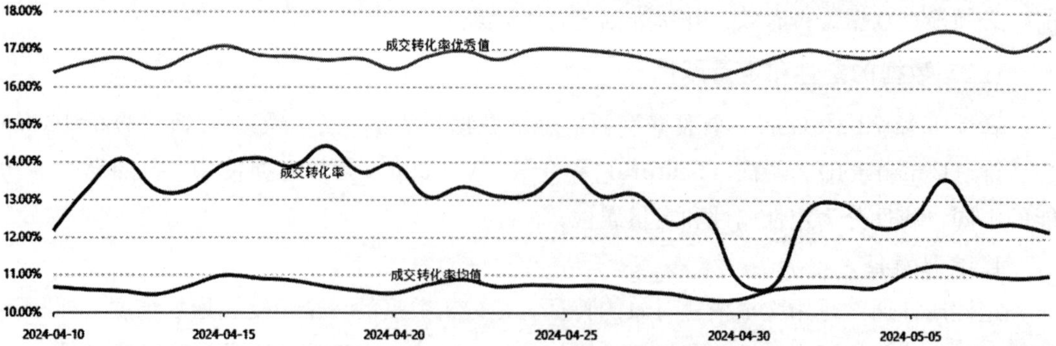

图 1－2　某网店 30 天成交转化率均值趋势图

中位数（Median）是有序数据值的中间值，它把数据分为两半，一端是较高的一半，另一端是较低的一半。当数据中出现极端值时，中位数是比均值更好地度量数据中心的统计量。

众数（Mode）是数据中出现次数最多的值，一般用于定性数据。了解数据的集中趋势，能够避免做出错误的统计分析。

2. 离散趋势

数据的离散趋势用于描述数据的分散程度。描述离散趋势的统计量有值域、内距、标准差等。

值域（Range）是数据中的最大值和最小值的差，反映数据的波动范围。

内距（Inter-Quartile Range，IQR），又称作四分位数极差，是上四分位数和下四分位数的差值，给出数据的中间一半所覆盖的范围。内距＝高四分位数－低四分位数。IQR乘以因子 0.741 3 得到标准化四分位距（Norm IQR），它是稳健统计技术处理中用于表示数据分散程度的一个量，其值相当于正态分布中的标准偏差（SD）。

标准差是计算所有数值相对均值的偏离量，反映数据在均值附近的波动程度。

测定数据的离散程度，可以反映观测值之间的差异，从而评估分布中心的指标对各个观测变量值代表性的高低。

3. 数据的分布

统计量只能衡量总体数据的集中和离散程度，而分位数（Quantile）却能直观地描述数据的分布。

分位数，亦称分位点，是指将一个随机变量的概率分布范围分为几个等份的数值点。它是连续分布函数中的一个点，这个点对应概率 p。若概率 $0<p<1$，随机变量 X 或它的概率分布的分位数 Z_α，是指满足条件 $p(X\leqslant Z_\alpha)=\alpha$ 的实数。常用的有中位数（即二分位数）、四分位数、百分位数等。

分位数是观察数据分布的最简单有效的方法，但分位数只能用于观察单一属性的数据分布。散点图可以用来观察双变量的数据分布，聚类可以用来观察更多变量的数据分布。

通过观察数据的分布，采用合理的指标，使数据的分析更全面，避免得出偏离事实的结果。

4. 数据的归一化

所谓量纲，简单来说，就是数据的单位。多数情况下，属性的值是有单位的，这称作量纲数据。不同评价指标往往具有不同的量纲，数据之间的差别可能很大，不进行处理会影响到数据分析的结果。为了消除指标之间的量纲和取值范围差异对数据分析结果的影响，需要对数据进行标准化处理，即把数据按照比例进行缩放，使之落入一个特定的区域，便于进行综合分析。

（1）无量纲化。有些数据是有量纲的，如身高，而有些数据是没有量纲的，如男女比例。无量纲化，是指去除数据的单位限制，将其转化为无量纲的纯数值，便于不同单位或者量级的指标进行数量计算。

（2）数据的标准化。将数据按照比例缩放，使之落入一个特定的区间。

（3）归一化。归一化是数据标准化中最简单的方式，目的是把数变为（0，1）之间的小数，把有量纲的数据转换为无量纲的纯数量。

归一化能够避免值域和量纲对数据的影响，便于对数据进行综合分析。举个简单的例子，在一次考试中，小明的语文成绩是100分、英语成绩是100分，单单从这考试成绩来评价，小明的语文和英语一样好。但是，如果你知道语文总分是150分，而英语总分只有120分，你还认为小明的语文和英语成绩是一样好吗？

采用离差归一化方法，对小明的成绩做简单归一化。公式是：$y=(x-min)/range$，这里设 $min=0$，那么 $range=max-min=max$，由此推算出小明的语文成绩是4/6，英语成绩是5/6，因此，判定小明的英语成绩好于语文成绩。

还原到真实的场景中，各科的考题难度不尽相同，设班级中语文的最低分数是 *min* 语文＝60，英语的最低分数是 *min* 英语＝85，推算出小明的语文成绩是0.44＝(100－60)/(150－60)，英语成绩是0.43＝(100－85)/(120－85)，据此，可以判断小明的英语成绩稍差于语文成绩。

归一化使得具有不同值域、不同量纲的数据之间具有可比性，使数据分析的结果更加全面，更接近事实。

二、信息

信息，指音讯、消息，即通信系统传输和处理的对象，泛指人类社会传播的一切内容。人通过获得、识别自然界和社会的不同信息来区别不同事物，得以认识和改造世界。在一切通信和控制系统中，信息是一种普遍联系的形式。1948年，数学家香农在论文《通信的数学理论》中指出：“信息是用来消除随机不定性的东西”。创建一切宇宙万物的最基本单位是信息。

数据和信息之间是相互联系的。数据是反映客观事物属性的记录，是信息的具体表现形式。数据经过加工处理之后，就成为信息；而信息需要经过数字化转变成数据才能存储和传输。从信息论的观点来看，描述信源的数据是信息和数据冗余之和，即数据＝信息＋数据冗余。

信息是事物运动的状态和方式，它的基本功能是消除认识上的不确定性。信息是一种已经被加工为特定形式的数据，这种数据形式对接收者来说是有意义的，而且可以对当前或将来的决策产生影响。数据是信息的表示，信息是数据的内涵。

数据量和信息量之间会有什么联系呢？是不是数据量越大，其中包含的信息量就越多呢？不一定。比如，有人说“人的嘴巴上方有鼻子，鼻子上方有眼睛”，因为这是预料中的事，所以你从这个消息中得到的信息量很少。但如果有人说“人的鼻子上方有嘴巴，嘴巴上方有眼睛”，就会让人很震惊，因为这是预料之外的，这样的信息量就很大。这说明了：一个消息越不可预测，它所含的信息量就越大。

事实上，信息的基本作用就是消除人们对事物了解的不确定性。信息量是指从 N 个相等的可能事件中选出一个事件所需要的信息度量和含量。从这个定义看，信息量跟概率是密切相关的。在概率论中，用 $P(x)$ 表示在 N 个相等的可能事件中出现某一个事件的概率，即 $P(x)=1/N$。信息量 $I(x)$ 定义为：

$$I(x)=\log_2 N=-\log_2(1/N)=-\log_2 P(x)$$

结合概率论知识，从信息量的定义中我们可以看出：信息量与概率呈反比例关系，即如果一件事情的概率很低，那么它的信息量就很大；反之，如果一件事情的概率很高，它的信息量就很小。

三、知识

知识是信息经过加工提炼后形成的相应的抽象产物，它表述的是事物运动的状态和状态变化的规律。可以说，知识是一类高级的、抽象的而且具有普遍适应性的信息。例如“空气质量指数”的计算方法就是知识，是经过研究、归纳总结出来的科学方法。知识是认识世界的结果，同时也是改造世界的依据。数据、信息、知识和智能之间的关系请参考图 1-3。

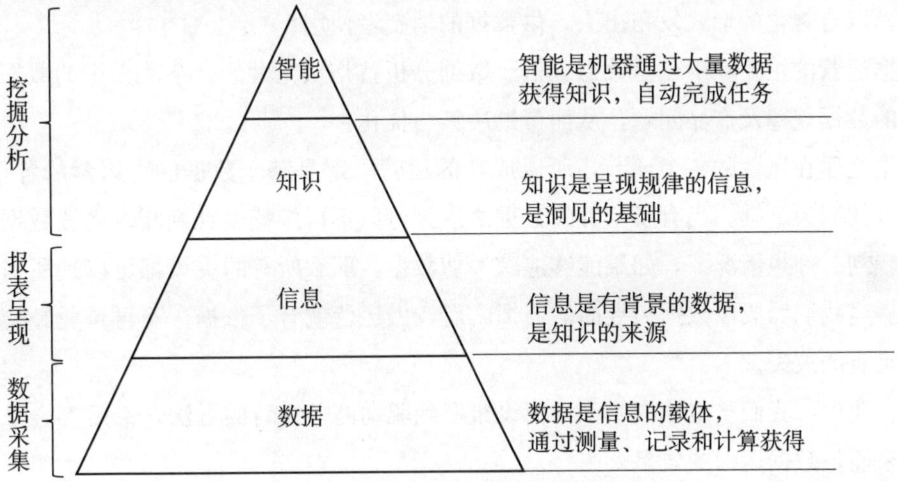

图 1-3　数据、信息、知识和智能之间的关系

综合举例：以身高 1.75 米为例

数据：1.75

信息：身高是 1.75 米

知识：东北男性平均身高是 1.75 米（经过统计分析）

智能：一个男性，来自东北，……，估算出他的身高是 1.75 米（没见过，但能够根据规律估算出身高）

数据、信息和知识可以看作对客观事物感知的三个不同的阶段。数据是对事物属性的客观记录，是信息的载体和具体的表现形式；信息是经过组织的、有结构的数据；知识是经过思维整理的信息、数据。

任务二 认知电子商务数据分析

一、电子商务数据分析的内容

（一）运营数据

当今社会，数据化运营变得越来越重要。运营数据分析就是要做好店铺的诊断，从中得到问题的反馈，如搜索流量是否增长、退款率是否上升、销售额下降的原因等。根据这些数据的反馈进行优化，做好全局精准运营，从而实现运营效益的最大化。

数据运营是指数据的所有者通过对于数据的分析挖掘，把隐藏在海量数据中的信息作为商品，以合规化的形式发布出去，供数据的消费者使用。

数据运营的主要职责就是数据分析。数据分析就是从庞大的、杂乱无章的数据中分析有价值的数据规律及产品问题，从而帮助决策与优化。

数据充斥在运营的各个环节，所以成功的运营一定是基于数据的。运营的各个环节，都需要以数据为基础。当有了足够的数据之后，可以不再依赖主观判断，而让数据成为公司里的裁判。理想情况下，如果能够追踪一切数据，那么所有的决策都可以理所当然地基于数据。当我们养成以数据为导向的习惯之后，做运营就有了依据，不再是凭经验盲目运作，而是有的放矢。

在企业中，我们从整体战略、目标设定，到驱动商务运营的方法，最后都会采用一定的度量来衡量数据运营的效果。

数据在企业中的作用是巨大的。不同层面的人，需要对数据做不同的操作。

决策层：商业智能＝战略，电子商务的运营策略。

管理层：商业智能＝战术，商务运营的计划。

运营层：商业智能＝操作，电子商务运营具体的实施。

常见的运营数据主要包括：

（1）商品数据。商品数据主要包括商品访客数、商品浏览量、商品成团件数、被访问商品数、商品收藏总数、支付订单数、支付金额、支付买家数等。

（2）交易数据。交易数据主要包括成团金额、成团买家数、成团订单数、支付转化率、成团客单价等。

（3）服务数据。服务数据主要包括成功退款金额、成功退款订单数、平台介入率、成功退款率、平均退款速度等。

（4）客服数据。客服数据主要包括 3 分钟人工回复率、平均人工响应时长、询单转化率、客服销售额等。某网店的 3 分钟回复率统计数据如图 1－4 所示。

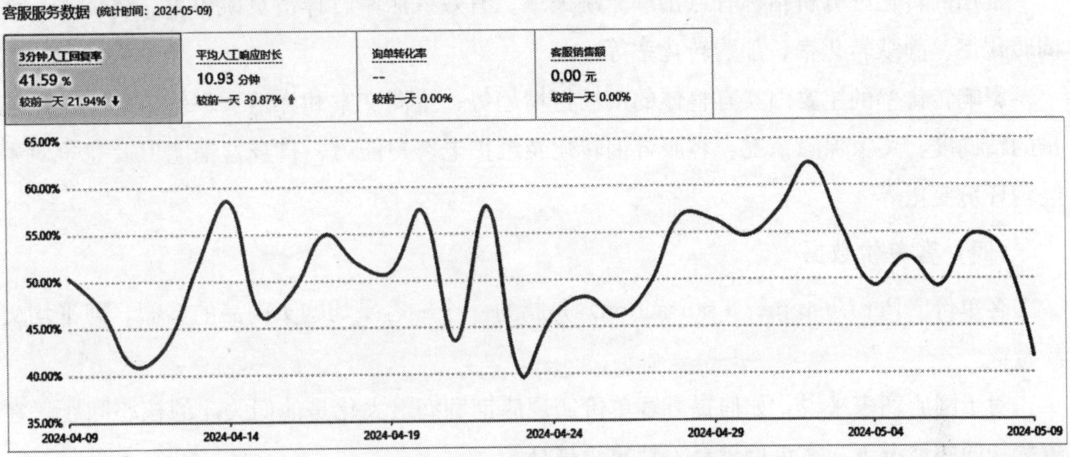

图 1－4　某网店的 3 分钟回复率

除了以上数据外，运营数据还包括投资回报率（ROI）、购买频率、毛利润率、销售额、网店利润等。

（二）流量数据

一个店铺是否能够生存下来，取决于它流量的多少。店铺的流量是一个店铺生存的根本，精准引流能带来事半功倍的效果。店铺的流量用数据表示；数据的分析首先要明确店铺流量的来源。流量数据主要包括店铺访客数、店铺浏览量、成团 UV 值、支付客单价等。某网店的访客数统计数据如图 1－5 所示。

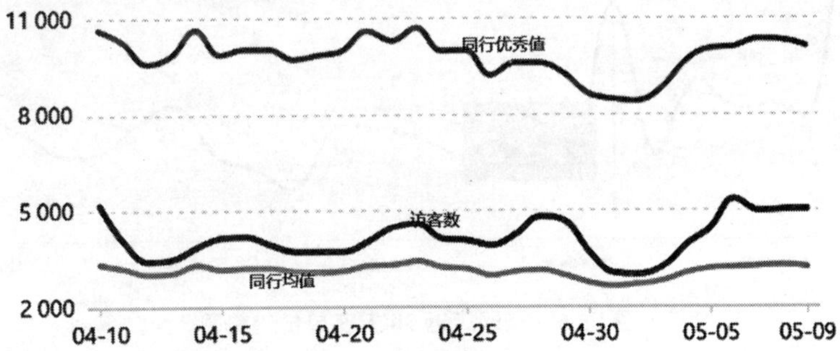

图 1－5　某网店的访客数

店铺流量按来源分类，根据渠道的不同可以分为站内流量和站外流量；根据终端类型又可分为 PC 流量和无线流量。

（三）转化数据

一个网店有了流量，接下来就该转化成交了。只有提高流量的转化率，商家才能真正获取利润。一个店铺流量转化率的大小与店铺的装修、宝贝详情页的设计、商品描述、商品定价等有关。

转化率是指在一个统计周期内，完成转化行为的次数占推广信息总点击次数的比率。转化率高说明进店的客户中成交的人数比例高。

常用的转化率分析指标有点击率、跳失率、有效入店率、详情页跳出率、咨询率、咨询转化率、静默转化率、加购转化率等。

影响转化率的主要因素有整体的市场行情趋势、主图文案和详情页、价格的定位、流量的精确度、买家保障情况、客服咨询转化及维护老客户能力、自身营销能力及竞争对手经营环境变化等。

（四）客单价数据

客单价（Per Customer Transaction）是指每一个顾客平均购买商品的金额，即平均交易金额。

对于网店商家来说，如何提升客单价实现店铺利润最大化是他们关注的核心问题。在流量相同的情况下，客单价越高，销售额越高。

客单价的影响因素主要包括商品类目的广度和深度、关联推荐、促销活动、推销技巧、客户购买能力、重复购买情况等。

常见的客单价分析指标主要包括动线长度、停留率（总停留次数/动线长度）、注目率（注目次数/总停留次数）、购买率（购买次数/总注目次数）、购买个数、商品单价等。某网店近 30 天客单价趋势统计数据如图 1－6 所示。

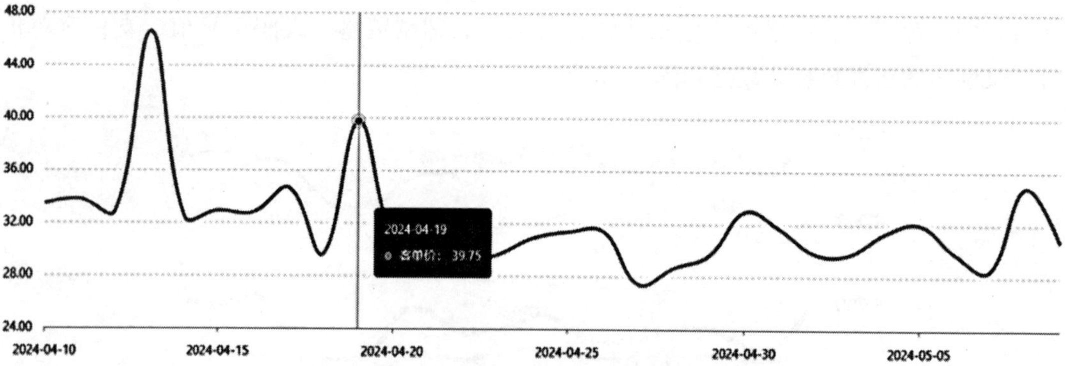

图 1－6　某网店近 30 天客单价趋势图

（五）市场行情数据

在店铺运营的各个阶段，都离不开对市场行情的判断。一般情况下，单品行情依赖于类目行情，因此，在选择经营某个单品的时候，应该依次进行行业分析、类目分析、竞争对手分析，在此基础上发掘自身优势，进行差别化运营才可以达到理想效果。通过数据对比也可以给出合理的定价依据。图 1－7 展示了拼多多平台家居生活类目的商品价格分布，从此图可以看出拼多多平台在售商品绝大多数在 49.9 元以下。

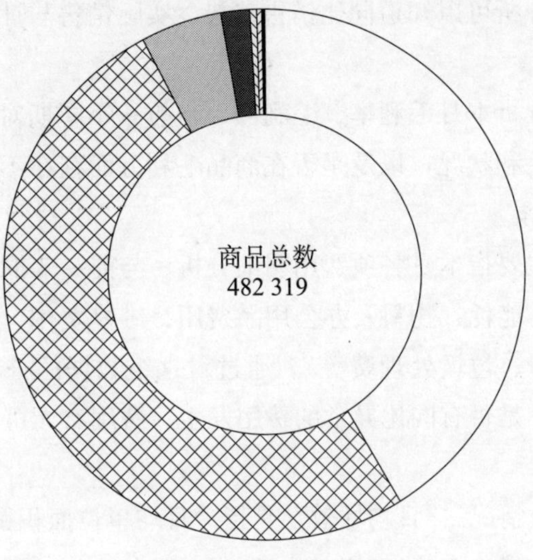

图1－7　拼多多平台家居生活类目的商品价格分布示意图

（六）客户数据（客户管理数据）

在传统零售活动中，导购员经常通过进店顾客的行为举止对客户进行简单的分类，通过分类采用对应的营销策略，这种方法往往也是有效的。在网络零售过程中，店铺经营者很难采取类似的方法进行营销活动，取而代之的是用户在店铺中留下来的一系列数据，这些数据成为我们可以借鉴的重要资料。通过对这些数据的分析，我们知道了店铺访客的一些基本信息，如地址、性别、年龄等，还可以分析出他们的消费水平、浏览偏好、停留时长等，这些特征为店铺运营提供了宝贵的信息。

在商品图片制作时可以充分利用这些信息，既能全面展示商品属性又能吸引消费者，进而提高图片点击率，提升商品转化率等一系列指标，最终提升商品、店铺权重，获得更多的自然流量。在付费推广阶段利用这些数据也能起到事半功倍的效果，不同地区的消费者偏好明显不同，有一些品牌具有一定的区域性，商家在定向推广投放的时候要注意这一点。

商业实践篇将会具体教大家如何给客户数据分类、如何收集客户数据、如何分析客户数据和利用这些数据。

（七）商品数据

商品数据主要有商品的类别结构、品牌结构、价格结构、毛利结构、结算方式结构、产地结构等，从而产生商品广度、商品深度、商品淘汰率、商品引进率、商品置换率、重点商品、畅销商品、滞销商品、季节商品等多种指标。通过对这些指标的分析来指导在线店铺商品结构的调整，加强所经营商品的竞争能力和合理配置。

1. 销售状况分析

销售状况分析主要分析本月销售情况、本月销售指标完成情况、与前一年同期对比情况。通过对这组数据的分析可以知道同比销售趋势、实际销售与计划的差距。

2. 销售毛利分析

销售毛利分析主要分析本月毛利率、毛利额，与前一年同期对比情况。通过对这组数据的分析可以知道同比毛利状况，以及是否在商品毛利方面存在不足。

3. 营运可控费用分析

营运可控费用分析主要指本月各项费用明细分析、与前一年同期对比情况。这里的各项费用是指：员工成本、能耗、物料及办公用品费用、维修费用、存货损耗、日常营运费用（包括电话费、交通费、垃圾处理费等）。通过对这组数据的分析可以清楚知道门店营运可控费用的列支情况，是否有同比异常的费用发生、费用有无可以节约的空间。

4. 坪效

坪效主要指本月坪效情况。“日均坪效”是指“日均单位面积销售额”，即

日均坪效＝日均销售金额/门店营业面积(办公与仓储面积)

5. 人均劳效（人效）

人均劳效（人效）主要指本月人均劳效情况。

本月人均劳效＝本月销售金额/本月总营业人数

6. 盘点损耗率分析

盘点损耗率分析主要指门店盘点结果的简要分析，通过分析及时发现门店在商品进、销、存各个环节存在的问题。

7. 门店商品库存分析

门店商品库存分析主要是指本月平均商品库存、库存结构、库龄情况、周转天数，与前一年同期进行对比分析。通过对该组数据的分析可以看出门店库存是否出现异常，特别是是否存在库存积压现象。

8. 特价商品业绩评估

特价商品业绩评估主要指特价商品品种数执行情况，特价商品销售情况、占比情况及与前期销售对比情况分析。“特价商品与前期销售对比情况分析”即将本档期特价商品的销售情况与特价执行前相同天数的销售情况进行对比分析，通过对这组数据的分析可以看出门店特价产生的效果以及门店在特价商品经营中存在的问题。

9. 客流量、客单价分析

客流量、客单价分析主要指本月平均每天人流量、客单价情况，与前一年同期对比情况。这组数据在分析门店客流量、客单价时特别要注重门店开始促销活动期间与促销活动前的对比分析，促销活动的开展是否对提高门店客流量、客单价起到了一定的作用。

10. 售罄率

售罄率指货品上市后特定时间段销售数量占进货数量的百分比。它是衡量货品销售状况的重要指标。在通常情况下，售罄率越高表示该类别货品销售情况越好，但它跟进货数量有着很大的关系。通过此数据可以根据货品销售情况的好坏进行及时的调整。

11. 库销比

库销比指库存金额同销售牌价额之比例。通常情况下，衡量销售牌价额的时间为 1 个月，也可以说库销比是以月为单位的。简单来说就是某一时间点的库存能够维持多长时间的销售，它是衡量库存是否合理的重要指标。在销售数据正常的情况下，库销比过高或过低都是库存情况不正常的体现。通过该组数据的分析可以看出门店库存是否出现异常、是否存在库存积压现象。

（八）竞争对手数据

通过数据分析来了解竞争对手，需要先从分析自身店铺数据开始，再过渡到分析竞争对手的数据。分析竞争对手的目的是了解对手，洞悉对手的市场策略，从而在实际经营中采取恰当的策略。进行竞争对手数据分析的主要步骤如下：

（1）一般先看店内数据，主要是看流量和转化率。流量结构和精度直接影响转化率，转化率高低又会影响流量，因此在分析时要先做流量分析，再做转化率分析。关于店内流量，要看搜索流量和付费流量。分析搜索流量时，看类目属性相关性、图片关键字、宝贝的人气分（如是否橱窗推荐、响应速度等）、价格与销量、商品标题等。

（2）看店铺的基础指标。看销量、评价质量、单品转化率、页面停留时间，以及单量等指标。当店铺具备不错的销量和评价质量后，接着看单品转化率，分析页面停留时间和询单量是否低于行业均值，若低于行业均值则要进一步优化页面展现。

（3）看店铺的访问深度，并对店铺招牌、宝贝详情页、宝贝详情页的侧边栏、店尾进行优化，再逐步优化首页。要关注顾客的交付率、客单价、店铺动态评分、客户关系管理等内容，从而全方位地提升店铺的“内功”。

（4）研究整个市场的数据和直接竞争对手的数据。市场数据的获取能够判定市场容量、市场竞争的激烈程度，从而测定新品上市时面临的竞争压力，以及发展策略；直接竞争对手的数据则能够帮助商家取长补短。商家需要了解市场容量、搜索指数、行业发展趋势、产品竞争度等市场数据。分析市场数据，有助于商家了解宏观市场行情。

商家一般要长期收集竞争对手的数据，并与自己店铺内的数据进行对比，从而进一步优化自己的店铺。在分析竞争对手的数据时，要全面了解自己、市场、竞争对手三方的数据，避免在数据分析方面有偏失，并进一步找出店铺存在的问题，再思考用什么办法来改善现状，促进发展。只有这样，数据分析才更有意义。

二、电子商务数据分析的流程

在电子商务店铺经营中，开展必要的数据分析和处理，生成各种图和表，或者提取出某些特征，或者在以上基础上总结出一些模型，对于后期的决策会很有意义。要想充分发掘数据的价值，需要遵循一定的流程来开展数据分析。

（一）确定数据分析目标

清晰的目标可以使我们的工作获得事半功倍的效果，数据分析目标可以为数据收集、数据处理和分析提供工作方向。所以在数据分析工作最初就要明确数据分析的目标是什么，想得到什么结果，如确定自己在全行业中的竞争现状、单个产品在行业中的竞争水平、客户服务水平评估等。

（二）数据采集

对于数据分析来说，采集到的数据越多越好，越多越有利于分析目标的实现。当下流行的“大数据分析”就是基于海量数据的数据分析。在采集中能够做好全面数据采集的就尽量不抽样，能够得到较长时间区间数据的就尽量延长时间区间，能够得到多个维度数据的就尽量从多维度采集数据。

在实际工作中，电子商务网络店铺数据的采集更多依赖于店铺所在的平台。平台通常会公布一些基础的数据，如订单数量、商品浏览次数、店铺收藏次数等。对于一些深度数据，多数平台会以增值服务的形式提供。这些数据大多需要购买，购买途径一般是平台本身或者是与平台合作的第三方服务机构（软件），如拼多多的店霸、淘宝的生意参谋和量子恒道等。

跨平台的数据采集比较困难，需要数据采集者分别采集不同平台的数据，再做处理方可使用。

（三）数据处理

数据处理常常涉及数据集成操作，即将来自多个数据源的数据，如数据库、数据立方、普通文件等，结合在一起并形成一个统一数据集合，以便为数据处理工作的顺利完成提供完整的基础数据。在数据处理和集成过程中，需要考虑解决以下几个问题。

1. 模式集成问题

模式集成问题就是如何使来自多个数据源的现实世界的实体相互匹配，这其中就涉及实体识别问题。

例如，确定一个数据库中的“custom_id”与另一个数据库中的“custom_number”是否表示同一实体。

数据库与数据仓库通常包含元数据，这些元数据可以避免模式集成发生错误。

2. 冗余问题

冗余问题是数据集成中经常发生的问题。若一个属性可以从其他属性中推演出来，那这个属性就是冗余属性。

例如，一个顾客数据表中的平均月收入属性就是冗余属性，显然它可以根据月收入属性计算出来。此外，属性命名的不一致也会导致集成后的数据集出现数据冗余问题。

利用相关分析可以帮助发现一些数据冗余情况。

例如，给定两个属性 A 和 B，则根据这两个属性的数值可分析出这两个属性间的相互关系。

如果两个属性之间的关联值 $r>0$，则说明两个属性之间是正关联，也就是说，若 A 增加，B 也增加。r 值越大，说明属性 A、B 的正关联关系越紧密。如果 $r=0$，则说明属性 A、B 相互独立，两者之间没有关系。如果 $r<0$，则说明属性 A、B 之间是负关联，也就是说，若 A 增加，B 就减少。r 的绝对值越大，说明属性 A、B 的负关联关系越紧密。

3. 数据值冲突检测与消除问题

在现实实体中，来自不同数据源的属性值或许不同。产生这种问题的原因可能是表示方式、比例尺度、编码的差异等。

例如，重量属性在一个系统中采用公制，而在另一个系统中却采用英制；价格属性在不同地点采用不同的货币单位。这些语义的差异为数据集成带来许多问题。

大多数初级的数据处理人员是借助已有的数据处理软件来进行数据操作，下面以 WPS 工作表为处理软件对数据进行去重、排序和分组处理。

(1) 去重。

去重是指从数据中去掉重复的数据项，减少对后期数据分析的干扰。具体的步骤如下。

【步骤 1】从拼多多电子商务平台获得 17 个当日居家用品相关数据信息，如表 1-1 所示。

表 1-1　拼多多蓝海行业列表（居家用品）

序号	类目名称	类目路径	商品数	近一天评论数
1	发饰	饰品/流行首饰/时尚饰品→项链	169 301	30 886
2	手链	饰品/流行首饰/时尚饰品→项链	98 313	8 387
3	耳饰	饰品/流行首饰/时尚饰品→项链	114 440	7 402
4	项链	饰品/流行首饰/时尚饰品→项链	82 442	5 721
5	居家鞋	居家日用→鞋用品	73 736	24 382
6	抽纸	洗护清洁剂/卫生巾/纸/香薰→纸品/湿巾	48 667	12 385
7	其他礼品/节庆用品	节庆用品/礼品→创意礼品	170 327	4 116
8	伞	居家日用→雨具	45 607	51 643
9	狗狗	宠物/宠物食品及用品→狗狗	2 819	3
10	玻璃杯	餐饮具→杯子/水杯/水壶	55 467	4 102
11	卷筒纸	洗护清洁剂/卫生巾/纸/香薰→纸品/湿巾	26 083	8 076
12	随手杯	餐饮具→杯子/水杯/水壶	24 444	1 334
13	儿童文学	书籍/杂志/报纸→儿童读物/童书	120 189	7 367
14	垃圾袋	家庭/个人清洁工具→家务/地板清洁用具	17 374	23 877
15	收纳盒	收纳整理→家庭收纳用具	52 394	1 279
16	绿植	鲜花速递/花卉仿真/绿植园艺→花卉/绿植盆栽	71 738	2 110
17	绿植	鲜花速递/花卉仿真/绿植园艺→花卉/绿植盆栽	71 738	2 110

在表 1 - 1 中找到重复项，按照路径：数据→重复项→设置高亮重复项，结果显示序号为 16 和 17 的数据项完全重复，如图 1 - 8 所示。

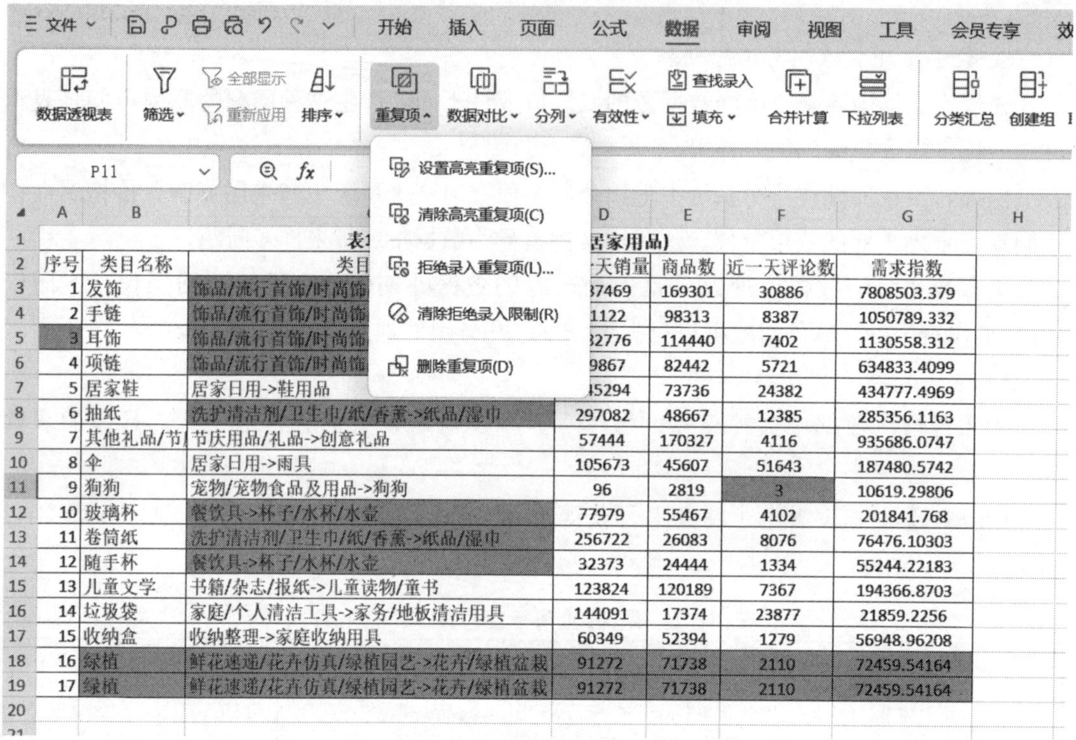

图 1 - 8　高亮重复项

【步骤 2】在原路径：数据→重复项的基础上，点击“删除重复项”，删除 1 条重复项，如图 1 - 9 所示。

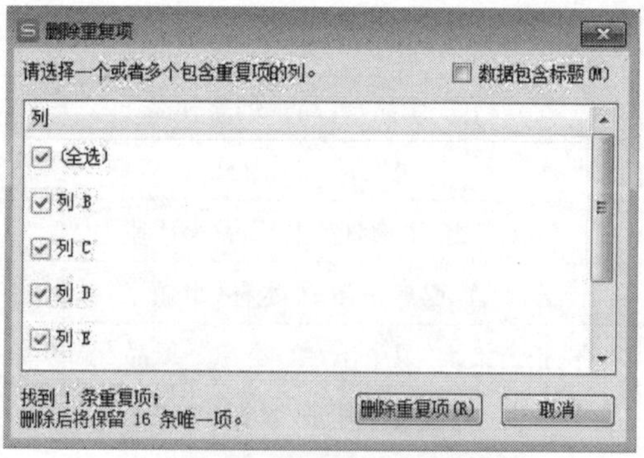

图 1 - 9　删除重复项

【步骤 3】删除重复项后可以保留 16 条有效数据，去重后的行业列表数据如图 1 - 10 所示。

当数据量非常大时，去重可以删除重复的数据，减小需要处理的数据量，提高数据存储和处理的效率。

表1-1　拼多多蓝海行业列表(居家用品)

序号	类目名称	类目路径	近一天销量	商品数	近一天评论数	需求指数
1	发饰	饰品/流行首饰/时尚饰品->项链	487469	169301	30886	7808503.379
2	手链	饰品/流行首饰/时尚饰品->项链	91122	98313	8387	1050789.332
3	耳饰	饰品/流行首饰/时尚饰品->项链	182776	114440	7402	1130558.312
4	项链	饰品/流行首饰/时尚饰品->项链	99867	82442	5721	634833.4099
5	居家鞋	居家日用->鞋用品	245294	73736	24382	434777.4969
6	抽纸	洗护清洁剂/卫生巾/纸/香薰->纸品/湿巾	297082	48667	12385	285356.1163
7	其他礼品/节	节庆用品/礼品->创意礼品	57444	170327	4116	935686.0747
8	伞	居家日用->雨具	105673	45607	51643	187480.5742
9	狗狗	宠物/宠物食品及用品->狗狗	96	2819	3	10619.29806
10	玻璃杯	餐饮具->杯子/水杯/水壶	77979	55467	4102	201841.768
11	卷筒纸	洗护清洁剂/卫生巾/纸/香薰->纸品/湿巾	256722	26083	8076	76476.10303
12	随手杯	餐饮具->杯子/水杯/水壶	32373	24444	1334	55244.22183
13	儿童文学	书籍/杂志/报纸->儿童读物/童书	123824	120189	7367	194366.8703
14	垃圾袋	家庭/个人清洁工具->家务/地板清洁用具	144091	17374	23877	21859.2256
15	收纳盒	收纳整理->家庭收纳用具	60349	52394	1279	56948.96208
16	绿植	鲜花速递/花卉仿真/绿植园艺->花卉/绿植盆栽	91272	71738	2110	72459.54164

图 1-10　去重后的行业列表数据

（2）排序。

在整理数据时，排序可以使得数据更有条理，更具有分析价值。排序的具体操作步骤如下。

【步骤 1】打开数据表“拼多多蓝海行业列表（居家用品）”，如表 1-2 所示。按照路径：数据→排序，开始排序。

表 1-2　拼多多蓝海行业列表（居家用品）

序号	类目名称	类目路径	商品数	近一天评论数
1	发饰	饰品/流行首饰/时尚饰品→项链	169 301	30 886
2	手链	饰品/流行首饰/时尚饰品→项链	98 313	8 387
3	耳饰	饰品/流行首饰/时尚饰品→项链	114 440	7 402
4	项链	饰品/流行首饰/时尚饰品→项链	82 442	5 721
5	居家鞋	居家日用→鞋用品	73 736	24 382
6	抽纸	洗护清洁剂/卫生巾/纸/香薰→纸品/湿巾	48 667	12 385
7	其他礼品/节庆用品	节庆用品/礼品→创意礼品	170 327	4 116
8	伞	居家日用→雨具	45 607	51 643
9	狗狗	宠物/宠物食品及用品→狗狗	2 819	3
10	玻璃杯	餐饮具→杯子/水杯/水壶	55 467	4 102
11	卷筒纸	洗护清洁剂/卫生巾/纸/香薰→纸品/湿巾	26 083	8 076
12	随手杯	餐饮具→杯子/水杯/水壶	24 444	1 334
13	儿童文学	书籍/杂志/报纸→儿童读物/童书	120 189	7 367

续表

序号	类目名称	类目路径	商品数	近一天评论数
14	垃圾袋	家庭/个人清洁工具→家务/地板清洁用具	17 374	23 877
15	收纳盒	收纳整理→家庭收纳用具	52 394	1 279
16	绿植	鲜花速递/花卉仿真/绿植园艺→花卉/绿植盆栽	71 738	2 110

【步骤 2】打开“排序”对话框，列关键字选择“商品数”，排序依据设为选择“数值”，次序设为“降序”，单击“确定”按钮实施排序，如图 1－11 所示。

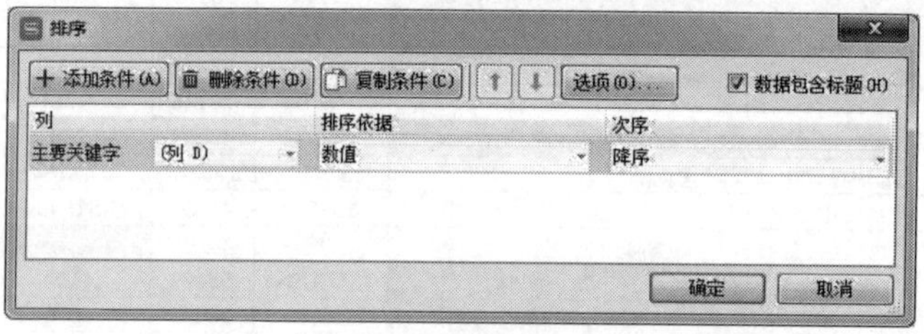

图 1－11　排序

排序的结果如图 1－12 所示。

表1-2　拼多多蓝海行业列表(居家用品)

序号	类目名称	类目路径	商品数	近一天评论数
7	其他礼品/节庆用品	节庆用品/礼品->创意礼品	170327	4116
1	发饰	饰品/流行首饰/时尚饰品->项链	169301	30886
13	儿童文学	书籍/杂志/报纸->儿童读物/童书	120189	7367
3	耳饰	饰品/流行首饰/时尚饰品->项链	114440	7402
2	手链	饰品/流行首饰/时尚饰品->项链	98313	8387
4	项链	饰品/流行首饰/时尚饰品->项链	82442	5721
5	居家鞋	居家日用->鞋用品	73736	24382
16	绿植	鲜花速递/花卉仿真/绿植园艺->花卉	71738	2110
10	玻璃杯	餐饮具->杯子/水杯/水壶	55467	4102
15	收纳盒	收纳整理->家庭收纳用具	52394	1279
6	抽纸	洗护清洁剂/卫生巾/纸/香薰->纸品/湿巾	48667	12385
8	伞	居家日用->雨具	45607	51643
11	卷筒纸	洗护清洁剂/卫生巾/纸/香薰->纸品/湿巾	26083	8076
12	随手杯	餐饮具->杯子/水杯/水壶	24444	1334
14	垃圾袋	家庭/个人清洁工具->家务/地板清洁用具	17374	23877
9	狗狗	宠物/宠物食品及用品->狗狗	2819	3

图 1－12　排序结果

（3）分组。

随着时间的推移和企业规模的扩大，商家收集的数据越来越多。为了能够更好地存储和利用数据，需要对采集的数据进行分组。下面介绍使用数据透视表对数据进行分组管理的方法。

【步骤 1】打开数据表“拼多多蓝海行业列表（居家用品）”，按照路径：数据→数据透视表，创建数据透视表，如图 1－13 所示。

表1-2　拼多多蓝海行业列表(居家用品)

序号	类目名称	类目路径	商品数	近一天评论数
7	其他礼品/节庆用品	节庆用品/礼品->创意礼品	170327	4116
1	发饰	饰品/流行首饰/时尚饰品->项链	169301	30886
13	儿童文学	书籍/杂志/报纸->儿童读物/童书	120189	7367
3	耳饰	饰品/流行首饰/时尚饰品->项链	114440	7402
2	手链	饰品/流行首饰/时尚饰品->项链	98313	8387
4	项链	饰品/流行首饰/时尚饰品->项链	82442	5721
5	居家鞋	居家日用->鞋用品	73736	24382
16	绿植	鲜花速递/花卉仿真/绿植园艺->花卉	71738	2110
10	玻璃杯	餐饮具->杯子/水杯/水壶	55467	4102
15	收纳盒	收纳整理->家庭收纳用具	52394	1279
6	抽纸	洗护清洁剂/卫生巾/纸/香薰->纸品/湿巾	48667	12385
8	伞	居家日用->雨具	45607	51643
11	卷筒纸	洗护清洁剂/卫生巾/纸/香薰->纸品/湿巾	26083	8076
12	随手杯	餐饮具->杯子/水杯/水壶	24444	1334
14	垃圾袋	家庭/个人清洁工具->家务/地板清洁用具	17374	23877
9	狗狗	宠物/宠物食品及用品->狗狗	2819	3

图 1-13　调用数据透视表

【步骤 2】打开“创建数据透视表”对话框，选择单元格区域并点选新工作表，如图 1-14 所示。

【步骤 3】设置数据透视表，字段选择类目路径和商品数，可以根据需要选择行，如图 1-15 所示。

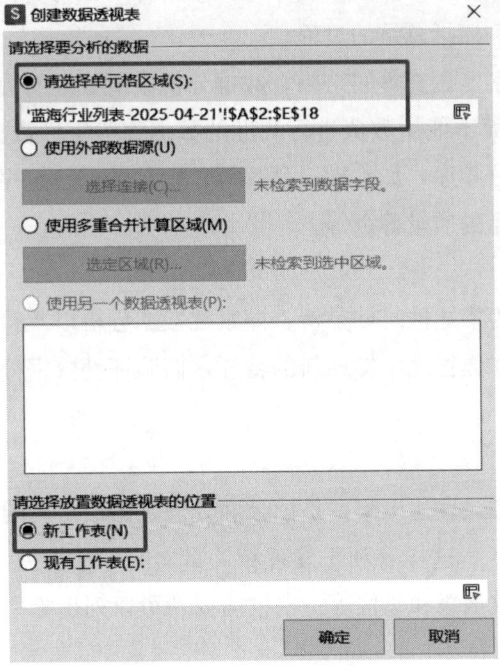

图 1-14　创建数据透视表

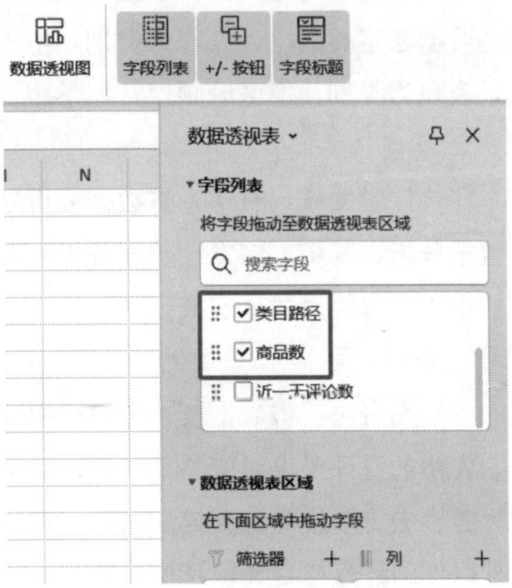

图 1-15　设置数据透视表

【步骤 4】生成数据透视表，如图 1－16 所示。

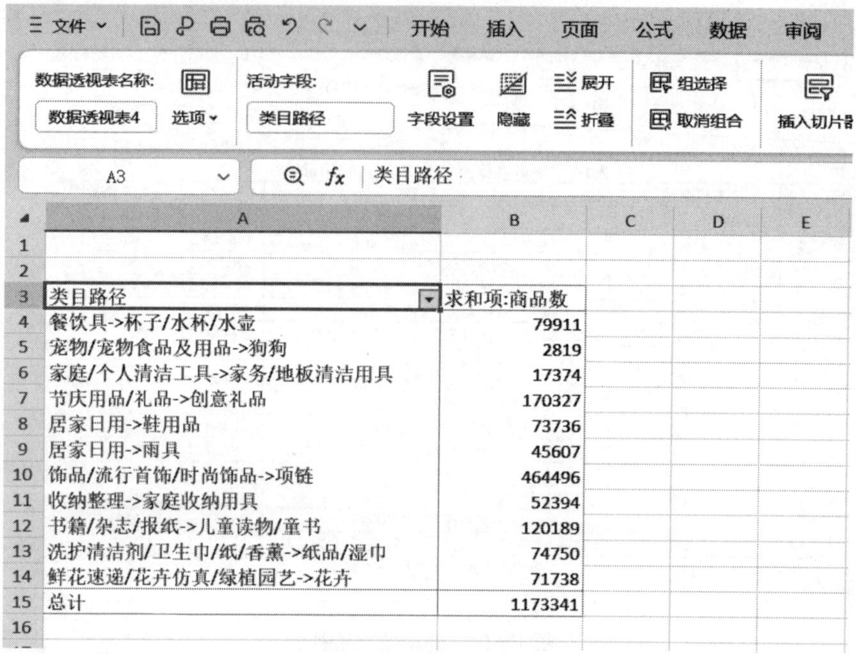

类目路径	求和项:商品数
餐饮具->杯子/水杯/水壶	79911
宠物/宠物食品及用品->狗狗	2819
家庭/个人清洁工具->家务/地板清洁用具	17374
节庆用品/礼品->创意礼品	170327
居家日用->鞋用品	73736
居家日用->雨具	45607
饰品/流行首饰/时尚饰品->项链	464496
收纳整理->家庭收纳用具	52394
书籍/杂志/报纸->儿童读物/童书	120189
洗护清洁剂/卫生巾/纸/香薰->纸品/湿巾	74750
鲜花速递/花卉仿真/绿植园艺->花卉	71738
总计	1173341

图 1－16　数据透视表

（四）数据分析

数据分析指用适当的统计、分析方法对收集来的大量数据进行分析，将它们加以汇总、理解并消化，以求最大化地开发数据的功能，发挥数据的作用。数据分析是为了提取有用信息和形成结论而对数据加以详细研究和概括总结的过程。

数据也称为观测值，是实验、测量、观察、调查等的结果。数据分析中所处理的数据分为定性数据和定量数据。只能归入某一类而不能用数值进行测度的数据称为定性数据。定性数据是定类数据，表现为类别，但不区分顺序，如性别、品牌等；定量数据是定序数据，表现为类别，但区分顺序，如学历、商品的质量等级等。

1. 类型

在统计学领域，有学者将数据分析划分为描述性统计分析、探索性数据分析以及验证性数据分析；其中，探索性数据分析侧重于在数据之中发现新的特征，而验证性数据分析则侧重于已有假设的证实或证伪。

2. 分析方法

（1）列表法。将数据按一定规律用列表方式表达出来，是记录和处理数据最常用的方法。表格的设计要求对应关系清楚、简单明了，这样有利于发现相关量之间的相关关系；在标题栏中要求注明各个量的名称、符号、数量级和单位等；根据需要还可以列出除原始数据以外的计算栏目和统计栏目等。

（2）作图法。作图法可以醒目地表达各个物理量间的变化关系。从图线上可以简便求出实验需要的某些结果，还可以把某些复杂的函数关系，通过一定的变换用图形表示出来。

图表和图形的生成方式主要有两种：手动制表和用程序自动生成。其中用程序自动生成是通过相应的软件，如 SPSS、Excel、MATLAB 等。将调查的数据输入程序中，通过对这些软件进行操作即可得出最后结果。结果用图表或者图形的方式表现出来，大大节省了设计师的时间，帮助设计者们更好地分析和预测市场所需要的产品，为进一步的设计做铺垫。同时这些分析形式也运用在产品销售统计中，这样可以直观地给出最近的产品销售情况，并及时地分析和预测未来的市场销售情况等。所以数据分析法在工业设计中运用非常广泛，而且是极为重要的。

3. 分析工具

使用 Excel 自带的数据分析功能可以完成很多专业软件才有的数据统计、分析，其中包括：直方图、相关系数、协方差、各种概率分布、抽样与动态模拟、总体均值判断、均值推断、线性、非线性回归、多元回归分析、移动平均等内容。在商业智能领域常用的软件有 Cognos、Style Intelligence、Microstrategy、Oracle 以及 Yonghong Z-Suite BI 套件等。

（五）数据解释

就数据的使用者来说，数据分析过程并不是最值得关心的内容，对数据分析结果的解释和展示才是最应该关心的内容。在完整的数据分析中对数据结果的合理解释至关重要。没有对数据进行合理的解释，非但不能使数据对使用者的决策提供帮助，还有可能造成误导。

数据解释的方法很多，传统上多以文本形式展示。随着计算机科学技术的发展，各类优化数据表现的程序设计语言和数据处理软件越来越多，越来越好用。数据解释水平的提高可以从注重可视化技术的运用方面着手。

数据可视化，是关于数据视觉表现形式的科学技术研究。这种数据的视觉表现形式被定义为：一种以某种概要形式抽提出来的信息，包括相应信息单位的各种属性和变量。它是一个处于不断演变之中的概念，其边界在不断地扩大。主要指的是较为高级的技术方法，而这些技术方法允许利用图形、图像处理、计算机视觉以及用户界面，通过表达、建模以及对立体、表面、属性和动画的显示，对数据加以可视化解释。

数据可视化的起源，可以追溯到 20 世纪 50 年代的早期计算机图形学，当时，人们利用计算机创建出了首批图形图表。其发展有三个阶段，分别是科学可视化、信息可视化、数据可视化。

1. 科学可视化

随着计算机运算能力的迅速提升，人们建立了规模越来越大、复杂程度越来越高的数值模型，从而造就了形形色色、体积庞大的数值型数据集。同时，人们不但利用医学扫描仪和显微镜之类的数据采集设备产生大型的数据集，而且还利用可以保存文本、数值和多媒体信息的大型数据库来收集数据。因而，就需要高级的计算机图形学技术与方法来处理和可视化这些规模庞大的数据集。

短语“Visualization in Scientific Computing”（科学计算之中的可视化）后来变成了

“Scientific Visualization”（科学可视化），而前者最初指的是作为科学计算之组成部分的可视化，即科学与工程实践中对于计算机建模和模拟的运用。

2. 信息可视化

20 世纪 90 年代初期，“信息可视化”兴起，旨在为许多应用领域之中对于抽象的异质性数据集的分析工作提供支持。

3. 数据可视化

近年来，数据可视化日益备受关注，包括那些来自商业、财务、行政管理、数字媒体等方面的大型异质性数据集合。因此，人们正在逐渐接受这个同时涵盖科学可视化与信息可视化领域的新生术语“数据可视化”。与立体建模之类的特殊技术方法相比，数据可视化所涵盖的技术方法要广泛得多。数据可视化技术的主要应用软件有：报表类，如 JReport、Excel、水晶报表、FineReport、ActiveReports 等；BI 分析工具，如 Style Intelligence、BO、BIEE、象形科技 ETHINK、Yonghong Z-Suite 等；电商平台的数据分析可视化软件，如拼多多的电霸、淘宝的量子恒道等。

视觉化方式能快速抓住要点信息，电商数据可视化是获得信息的最佳方式之一。

除了数据可视化之外，近年来兴起的数据故事化也是数据解释的重要途径。数据富足时代，如何发现隐藏在数据表象下数据的深层次价值日益成为数据科学家们关注的重要方向。数据价值未有充分发挥的重要原因之一是大量数据无法被人们充分认识，大多停留在数据感知的水平。如此一来，再多的数据，也仅仅是量的增加，爆发式增长的海量数据由于被认知程度低进而形成数据垃圾。探索理想的数据表达方式，实现人对数据的深层次洞察，促进数据的价值发现变得越来越重要。数据可视化对于从海量数据中发现规律、增强数据表现、提升交互效率具有重要作用，良好的视觉效果可以帮助用户降低理解难度，高效分析数据和洞悉价值。但数据可视化主要解决的是数据感知问题，而数据故事化更加关注的是如何将数据感知转换为数据认知。数据故事化实现数据、可视化与叙事的关联融合，有利于公众感知及认知复杂数据，提高数据重用率。

作为一款优秀的数据故事化软件，Tableau 提供了 7 种类型的数据故事模型，分别是趋势（Change Over Time）、下钻（Drill Down）、放大（Zoom Out）、对比（Contrast）、交叉（Intersections）、因子（Factors）、异常（Outliers）等，如图 1 - 17。趋势从讨论事件发生的情况或者不断发生的原因开始，进而探讨我们可以做些什么干预此类事件的发生，依托时间为主要线索，叙述事件的发展趋势。下钻从一个预设的数据故事情景入手，通过逐步细化使得受众更好地洞察在特定类别中故事的细节，进而讨论特定的人、地点或者事务的差异及表现。放大是从一个大的场景开始介绍受众所关心的事情，进行事件与大场景的比较，阐明局部对整体的影响。对比是通过显示两个主题的不同，讨论项目的不同、如何实现项目的一致、应该关注哪个领域并评价该领域的成果。交叉重点描述一个类别超过另一个类别时的重要转变，讨论导致转变的原因、转变的好坏、转变的影响。因子通常将一个主题划分成类型或者类别进行解释，重点关注特定类别、项目对所关注指标的影响大小。异常显示极端或特别不寻常的事物，讨论导致其产生的根本原因。

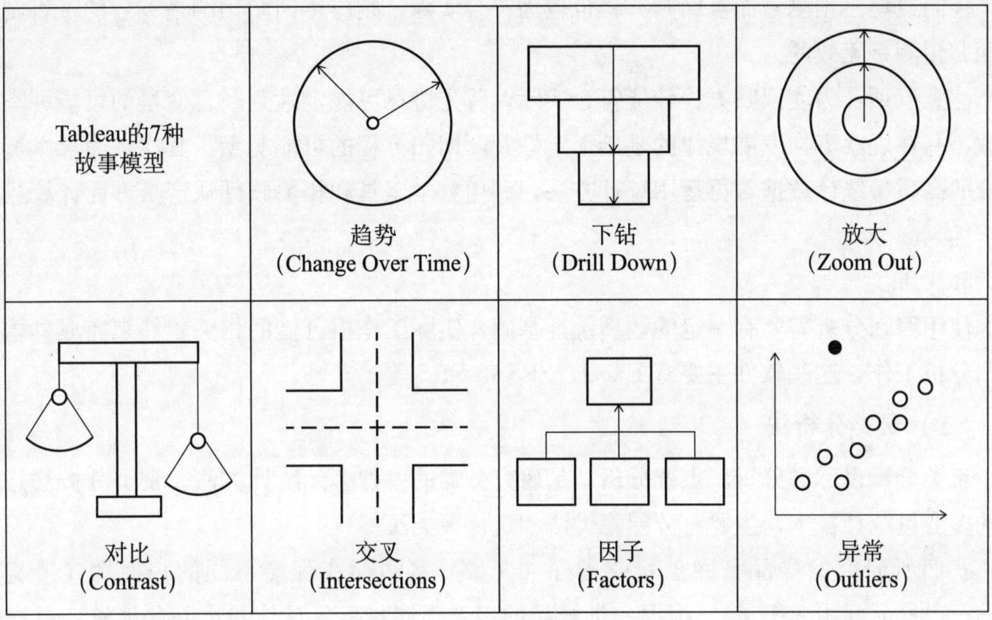

图 1-17 Tableau 的 7 种故事模型

三、常用的数据分析方法

(一) 回归分析法

回归分析法指利用数据统计原理，对大量统计数据进行数学处理，通过确定因变量与某些自变量的相关关系，建立一个相关性较好的回归方程（函数表达式），并加以类推，用于预测今后因变量变化的分析方法。

1. 分类

(1) 根据因变量和自变量的个数来分类：一元回归分析和多元回归分析。

(2) 根据因变量和自变量的函数表达式来分类：线性回归分析和非线性回归分析。

2. 主要解决的问题

(1) 确定变量之间是否存在相关关系，若存在，则找出数学表达式。

(2) 根据一个或几个变量的值，预测或控制另一个或几个变量的值，且要估计这种控制或预测可以达到何种精确度。

3. 回归分析法的步骤

(1) 根据自变量与因变量的现有数据以及关系，初步设定回归方程。

(2) 求出合理的回归系数。

(3) 进行相关性检验，确定相关系数。

(4) 在符合相关性要求后，即可根据已得的回归方程与具体条件相结合，来确定事物的未来状况，并计算预测值的置信区间。

4. 有效性和注意事项

有效性：用回归分析法进行预测首先要对各个自变量做出预测。若各个自变量可以由人工控制或易于预测，而且回归方程也较为符合实际，则应用回归预测是有效的，否则应用回归预测是无效的。

注意事项：为使回归方程较能符合实际，首先应尽可能定性判断自变量的可能种类和个数，并在观察事物发展规律的基础上定性判断回归方程的可能类型；其次，力求掌握较充分的高质量统计数据，再运用统计方法，利用数学工具和相关软件从定量方面计算或改进定性判断。

5. 应用

使用回归分析需要有一定的数理统计基础，实际工作中可借助相关软件来完成具体的回归分析工作，这些软件主要有 Excel、SPSS、SAS 等。

（二）聚类分析法

聚类分析也称群分析、点群分析，是研究分类的一种多元统计方法。聚类分析法是理想的多变量统计技术，主要有分层聚类法和迭代聚类法。

我们所研究的样品（网点）或指标（变量）之间存在程度不同的相似性（亲疏关系——以样品间距离衡量）。根据一批样品的多个观测指标，具体找出一些能够度量样品或指标之间相似程度的统计量，以这些统计量为划分类型的依据，把一些相似程度较大的样品（或指标）聚合为一类，把另外一些彼此之间相似程度较大的样品（或指标）又聚合为另一类，直到把所有的样品（或指标）聚合完毕，这就是聚类分析的基本思想。在聚类分析中，通常根据不同的分类对象分为 R 型聚类分析和 Q 型聚类分析两大类。

R 型聚类分析是对变量进行分类处理，Q 型聚类分析是对样本进行分类处理。

1. R 型聚类分析的特点

（1）不仅可以了解个别变量之间关系的亲疏程度，而且可以了解各个变量组合之间的亲疏程度。

（2）根据变量的分类结果以及它们之间的关系，可以选择主要变量进行回归分析。

2. Q 型聚类分析的特点

（1）可以综合利用多个变量的信息对样本进行分类。

（2）分类结果是直观的，聚类谱系图非常清楚地表现其数值分类结果。

（3）聚类分析所得到的结果比传统分类方法更细致、全面、合理。

为了进行聚类分析，首先需要定义样品间的距离，常见的距离有绝对值距离、欧氏距离、切比雪夫距离等。

聚类有以下几种方法：

（1）直接聚类法。

先把各个分类对象单独视为一类，然后根据距离最小的原则，依次选出一对分类对象，并成新类。如果其中一个分类对象已归于一类，则把另一个也归入该类；如果一对分类对象正好属于已归的两类，则把这两类并为一类。每一次归并，都删去该对象所在的列与列序相同的行。经过 $m-1$ 次就可以把全部分类对象归为一类，这样就可以根据归并的先后顺序绘出聚类谱系图。

（2）最短距离聚类法。

最短距离聚类法，是在原来的 $m \times m$ 距离矩阵的非对角元素中找出分类对象，把分类对象 G_p 和 G_q 归并为一新类 G_r，然后按公式计算原来各类与新类之间的距离，这样就得到一个新的（$m-1$）阶的距离矩阵。从新的距离矩阵中选出最小者 D_{ij}，把 G_i 和 G_j 归并成新类，再计算各类与新类的距离，一直这样操作，直至各分类对象被归为一类为止。

（3）最远距离聚类法。

最远距离聚类法与最短距离聚类法的区别在于计算原来的类与新类距离时采用的公式不同。最远距离聚类法是用最远距离来衡量样本之间的距离。

（三）相关分析法

社会经济现象之间存在着大量的相互联系、相互依赖、相互制约的数量关系。这种关系可分为两种类型：一类是函数关系，它反映着现象之间严格的依存关系，也称确定性的依存关系，在这种关系中，对于变量的每一个数值，都有一个或几个确定的值与之对应；另一类为相关关系，在这种关系中，变量之间存在着不确定、不严格的依存关系，对于变量的某个数值，可以有另一变量的若干数值与之相对应，这若干数值围绕着它们的平均数呈现出有规律的波动。例如，批量生产的某产品产量与相对应的单位产品成本、某些商品价格的升降与消费者需求的变化，就存在着这样的相关关系。

1. 实践中进行相关分析要依次解决的问题

（1）确定现象之间有无相关关系以及相关关系的类型。对不熟悉的现象，则需收集变量之间大量的对应资料，用绘制相关图的方法做初步判断。从变量之间相互关系的方向看，变量之间有时存在着同增同减的同方向变动，是正相关关系；变量之间存在着一增一减的反方向变动，是负相关关系。从变量之间相关的表现形式看有直线关系和曲线相关；从相关关系涉及的变量的个数看，有一元相关或简单相关关系和多元相关或复相关关系。

（2）判定现象之间相关关系的密切程度。通常是相关系数 R 及绝对值在 0.8 以上表明高度相关，必要时应对 R 进行显著性检验。

（3）拟合回归方程。如果现象间相关关系密切，就根据其关系的类型建立数学模型，用相应的数学表达式——回归方程来反映这种数量关系，这就是回归分析。

（4）判断回归分析的可靠性。要用数理统计的方法对回归方程进行检验。只有通过检验的回归方程才能用于预测和控制。

（5）根据回归方程进行内插外推预测和控制。

2. 应用相关分析与回归分析要注意的问题

（1）相关分析要求两个变量都必须是随机的；回归分析则要求因变量必须是随机的，自变量则不能是随机的而是规定的值，这与在回归方程中用给定的自变量值来估计平均的因变量值是一致的。

（2）防止虚假相关和虚假回归。在对两个时间数列进行相关分析和回归分析时，常因各期指标值受时间因素的强烈影响而损伤了所需要的随机性；两个时间数列表面上似有同升同降的变动，实际上并无本质联系。因此，对这类资料求出的高度相关系数或回归联系，往往是一种假象。所以，在用相关分析法研究复杂的社会经济现象时，需要有科学的理论指导和正确的判断。

（四）描述性统计分析

描述性统计分析，是指运用制表和分类、图形以及计算概括性数据来描述数据特征的各项活动。描述性统计分析要对调查总体所有变量的有关数据进行统计性描述，主要包括数据的频数分析、集中趋势分析、离散程度分析、分布以及一些基本的统计图形。

1. 数据的频数分析

在对数据进行预处理时，利用频数分析和交叉频数分析检验异常值。

2. 数据的集中趋势分析

主要用来反映数据的一般水平，常用的指标有平均值、中位数和众数等。

3. 数据的离散程度分析

主要是用来反映数据之间的差异程度，常用的指标有方差和标准差。

4. 数据的分布

在统计分析中，通常要假设样本所属总体的分布属于正态分布，因此需要用偏度和峰度两个指标来检查样本数据是否符合正态分布。

5. 绘制统计图

用图形的形式来表达数据，比用文字表达更清晰、更简明。在 SPSS 软件中可以很容易地绘制各个变量的统计图形，包括条形图、饼图和折线图等。

（五）交叉分析法

交叉分析法又称立体分析法，是在纵向分析法和横向分析法的基础上，从交叉、立体的角度出发，由浅入深、由低级到高级的一种分析方法。这种方法虽然复杂，但它弥补了“各自为政”分析方法所带来的偏差。

交叉分析法通常用于分析两个变量之间的关系，实际应用中我们把这个概念推广到分析行变量和列变量之间的关系。这样行变量可能有多个变量，列变量也可能有多个变量，甚至可以只有行变量没有列变量，或者只有列变量没有行变量。

（六）时间序列

时间序列（或称动态数列）是指将同一统计指标的数值按其发生的时间先后顺序排列而成的数列。时间序列分析的主要目的是根据已有的历史数据对未来进行预测。根据观察时间的不同，时间序列中的时间可以是年份、季度、月份或其他任何时间形式。

时间序列是按照时间排序的一组随机变量，它通常是在相等间隔的时间段内依照给定的采样率对某种潜在过程进行观测的结果。时间序列数据本质上反映的是某个或者某些随机变量随时间不断变化的趋势，而时间序列预测方法的核心就是从数据中总结出这种规律，并利用其对将来的数据做出估计。

构成要素包括长期趋势、季节变动、循环变动、不规则变动。

长期趋势（T）现象是在较长时期内受某种根本性因素作用而形成的总的变动趋势。

季节变动（S）现象是在一年内随着季节的变化而发生的有规律的周期性变动。

循环变动（C）现象是以若干年为周期所呈现出的波浪起伏形态的有规律的变动。

不规则变动（I）是一种无规律可循的变动，包括严格的随机变动和不规则的突发性影响很大的变动两种类型。

（七）对比分析法

对比分析法也称比较分析法，是把客观事物加以比较，以达到认识事物的本质和规律并做出正确评价的目的。

对比分析法通常是把两个相互联系的指标数据进行比较，从数量上展示和说明研究对象规模的大小、水平的高低、速度的快慢，以及各种关系是否协调。在对比分析中，选择合适的对比标准是十分关键的步骤。选择合适的对比标准，才能做出客观的评价；选择不合适的对比标准，评价可能得出错误的结论。

1. 对比分析法的形式

对比分析法根据分析的特殊需要又有以下两种形式：

（1）绝对数比较。它是利用绝对数进行对比，从而寻找差异的一种方法。

（2）相对数比较。它是由两个有联系的指标对比计算得出，用以反映客观现象之间数量联系程度的综合指标，其数值表现为相对数。

由于研究目的和对比基础不同，相对数可以分为以下几种：

结构相对数：将同一总体内的部分数值与全部数值对比求得比重，用以说明事物的性质、结构或质量，如居民食品支出额占消费支出总额比重、产品合格率等。

比例相对数：将同一总体内不同部分的数值对比，表明总体内各部分的比例关系，如人口性别比例、投资与消费比例等。

比较相对数：将同一时期两个性质相同的指标数值对比，说明同类现象在不同空间条件下的数量对比关系，如不同地区商品价格对比，不同行业、不同企业间某项指标对比等。

强度相对数：将两个性质不同但有一定联系的总量指标对比，用以说明现象的强度、密度和普遍程度，如人均国内生产总值用“元/人”表示、人口密度用“人/平方千米”表示，也有用百分数或千分数表示的，如人口出生率用“‰”表示。

计划完成程度相对数：将某一时期实际完成数与计划数进行对比，用以说明计划完成程度。

动态相对数：将同一现象在不同时期的指标数值进行对比，用以说明发展方向和变化的速度，如发展速度、增长速度等。

2. 对比分析法的标准

对比分析法的标准存在以下几种选择：

（1）时间标准。

时间标准即选择不同时间的指标数值作为对比标准，最常用的是与上年同期比较即

“同比”，还可以与前一时期比较，此外还可以与达到历史最好水平的时期或历史上一些关键时期进行比较。

（2）空间标准。

空间标准即选择不同空间指标数据进行比较。与相似的空间比较，如某市与某些条件相似的城市比较；与先进空间比较，如发展中国家与发达国家比较；与扩大的空间标准比较，如某市水平与全国平均水平比较。

（3）经验或理论标准。

经验标准是通过对大量历史资料的归纳总结而得到的标准，如衡量生活质量的恩格尔系数；理论标准则是通过已知理论经过推理得到的依据。

（4）计划标准。

计划标准即与计划数、定额数、目标数进行对比。市场经济并不排斥科学合理的计划，因此，计划标准对统计评价仍有一定意义。

3. 对比分析法的原则

相联系的两个指标进行对比，可表明现象的强度、密度、普遍程度，如人均国内生产总值、人口密度、人均收入以及某些技术经济指标等。对比分析按说明的对象不同可分为单指标对比，即简单评价；多指标对比，即综合评价。之所以要对对比分析界定严格而明确的比较标准，是因为在实际操作的过程中必须遵循可比性的原则。具体地说，就是以下几个方面：

（1）指标的内涵和外延可比。

（2）指标的时间范围可比。

（3）指标的计算方法可比。

（4）总体性质可比。

两个完全不具有可比性的对象，在一起进行对比分析是徒劳无功的。

（八）分组分析法

分组分析法是统计分析的基本方法之一，是根据事物内在的特点，将一定的社会经济现象，按照所定的标志划分成性质不同的各个部分，借以区分社会经济现象的类型，揭示社会经济现象的结构，确定被研究对象之间的依存关系，从而发现未被利用的后备力量的一种分析方法。

分组分析的目的，主要是查明平均汇总指标的内容，把先进和落后区别开，以便推广先进经验，克服存在的缺点，依照具体任务的不同采用不同的分组形式。例如研究工人技术水平，可按工人技术等级分组；考核完成计划情况，可用完成计划的100％这一数量作为分组的界限。

（九）矩阵分析法

矩阵图上各元素间的关系如果用数据定量化表示，就能更准确地整理和分析结果。这种可以用数据表示的矩阵图法，叫作矩阵分析法。矩阵分析法是利用数据分析问题，但结果要以图形表示的方法。它是一种定量分析问题的方法。应用这种方法，往往需要借助电子计算机来求解。

（十）标签云

标签云是一套相关的标签以及与其相应的权重。典型的标签云有 30 至 150 个标签。标签云通常是可以交互的：标签是典型的超链接，让用户可以仔细了解它们的内容。图 1-18 所示为一个标签云的例子。

图 1-18　标签云

根据标签云的作用（而非样式），在应用中可以将其分成三大类。第一类用于描述网站中的每个独立条目；第二类则着力于从整体上刻画网站所有条目的标签情况；第三类侧重于作为一个项目的工具。具体如下：

第一类标签云：每一个条目都有自己独立的标签云，标签字体越大，此条目中用户用过这个标签的次数就越多，在页面公开统计点击率且不要求精准数据的情况下十分适用。

第二类标签云：网站一般会有一个超大型标签云，标签字体越大，网站里用过这个标签的条目数就越多。第二类标签云可以显示出标签的热门程度。

第三类标签云：在此类中，标签作为一个数据项目的工具，用于表示在整个集合里各个项目的数据量的大小。

从广义来说，相似的可视化技术并不限于用于标签云，还可以用在文字云或数据云上。

四、电子商务数据分析的工具

（一）R 语言

R 语言用于统计分析、绘图的语言和操作环境，是一个免费、源代码开放的软件，是用于统计计算和统计制图的优秀工具。

1. 发展历史

R 语言是 S 语言的一个分支。S 语言是由 AT&T 贝尔实验室（AT&T Bell Laboratories）开发的一种用来进行数据探索、统计分析和作图的解释型语言。最初 S 语言的实现版本主要是 S-PLUS。S-PLUS 是一个商业软件，它基于 S 语言，并由 MathSoft 公司的统计科学部进一步完善。R 语言可以看作贝尔实验室开发的 S 语言的一种实现。两者在程序语法上可以说是几乎一样的，只是在函数方面有细微差别。通常用 S 语言编写的代码都可以不作修改地在 R 环境下运行。

2. R 语言的特点

R 语言作为一种统计分析软件，集统计分析与图形显示于一体，可以运行于 UNIX、Windows、Macintosh 的操作系统上。相比于其他统计分析软件，R 语言有以下特点：

（1）R 语言是自由软件。这意味着它是完全免费、开放源代码的，可以在它的网站及其镜像中下载任何有关的安装程序、源代码、程序包、文档资料。标准的安装文件自身就带有许多模块和内嵌统计函数，安装好后可以直接实现许多常用的统计功能。

（2）R 语言是一种可编程的语言。作为一个开放的统计编程环境，语法通俗易懂，用户很容易学会和掌握。而且学会之后，用户可以编制自己的函数来扩展现有的语言。这也就是它的更新速度比一般统计软件，如 SPSS、SAS 等快得多的原因。大多数最新的统计方法和技术都可以在 R 语言中直接得到。

（3）所有 R 语言的函数和数据集是保存在程序包里面的。只有当一个程序包被载入时，它的内容才可以被访问。一些常用、基本的程序包已经被收入了标准安装文件中，随着新的统计分析方法的出现，标准安装文件中所包含的程序包也随着版本的更新而不断变化。

（4）R 语言具有很强的互动性。除了图形输出是在另外的窗口，它的输入输出窗口都是在同一个窗口进行的。输入语法中如果出现错误会马上在窗口中得到提示，对以前输入过的命令有记忆功能，可以随时再现、编辑修改以满足用户的需要。输出的图形可以直接保存为 JPG、BMP、PNG 等图片格式，还可以直接保存为 PDF 文件。另外，和其他编程语言和数据库之间有很好的接口。

（5）如果加入 R 语言的帮助邮件列表，每天都可能会收到几十份关于 R 语言的邮件资讯。可以和全球一流的统计计算方面的专家讨论各种问题，这可以说是全世界最大、最前沿的统计学家思维的聚集地。

3. 语言环境

R 语言是一套由数据处理、计算和图形展示功能整合而成的套件，包括：一套完整的数组（特别是矩阵）计算操作符；一套完整体系的数据分析工具，为数据分析和显示提供强大的图形功能；一套（源自 S 语言）完善、简单、有效的编程语言（包括条件、循环、自定义函数、输入输出功能）。在这里使用“环境”（Environment）是为了说明 R 语言的定位是一个完善、统一的系统，而非其他数据分析软件那样作为一个专门、不灵活的附属工具。

R语言很适合被用于发展中的新方法所进行的交互式数据分析。R语言是一个动态的环境，所以新发布的版本并不总是与之前发布的版本完全兼容。某些用户欢迎这些变化是因为新技术和新方法所带来的好处；有些用户则会担心旧的代码不再可用。

4. 功能

R语言的功能包括：数据存储和处理；数组运算（其向量、矩阵运算方面尤其强大）；统计分析；统计制图；用户用简便而强大的编程语言可操纵数据的输入和输出，可实现分支、循环，可自定义功能。

与其说R语言是一种统计软件，还不如说R语言是一种数学计算的环境，因为R语言并不仅仅是提供若干统计程序、使用者只需指定数据库和若干参数便可进行一个统计分析。更重要的是它提供一些集成的统计工具，各种数学计算、统计计算的函数，从而使使用者能灵活机动地进行数据分析，甚至创造出符合需要的新的统计计算方法。

5. R语言与统计

在对R语言环境的介绍中我们没有提到统计，不过很多人都把R语言作为一个统计系统来使用。我们倾向于把它当作环境，经典和现代统计技术都在其中得到应用。通过R语言可以使用绝大多数的经典或者最新的统计方法，不过用户需要花一些工夫来找出这种方法。

S语言和R语言在本质上有一个很重要的不同。在S语言中，统计分析通常由一系列的步骤完成，同时将交互的结果存储在对象中。SAS和SPSS在一个回归或者判别分析中会给出丰富的输出结果，R语言只是给出一个最小的输出，而将结果保存在一个适当的对象中由R函数进行后续查询。

（二）SPSS

SPSS（Statistical Product and Service Solutions，统计产品与服务解决方案），最初软件全称为“社会科学统计软件包”（Solutions Statistical Package for the Social Sciences），随着SPSS产品服务领域的扩大和服务深度的增加，SPSS公司已于2000年正式将英文全称更改为“统计产品与服务解决方案”，这标志着SPSS的战略方向做出重大调整。SPSS为IBM公司推出的一系列用于统计学分析运算、数据挖掘、预测分析和决策支持任务的软件产品及相关服务的总称，有Windows和Mac OS X等版本。图1-19和图1-20分别是SPSS软件的变量视图和数据视图。

1984年SPSS总部首先推出了世界上第一个统计分析软件微机版本SPSS/PC+，开创了SPSS微机系列产品的开发方向，极大地扩充了它的应用范围，并使其能很快地应用于自然科学、技术科学、社会科学的各个领域。世界上许多有影响的报刊纷纷就SPSS的自动统计绘图、数据的深入分析、使用方便、功能齐全等方面给予了高度的评价。

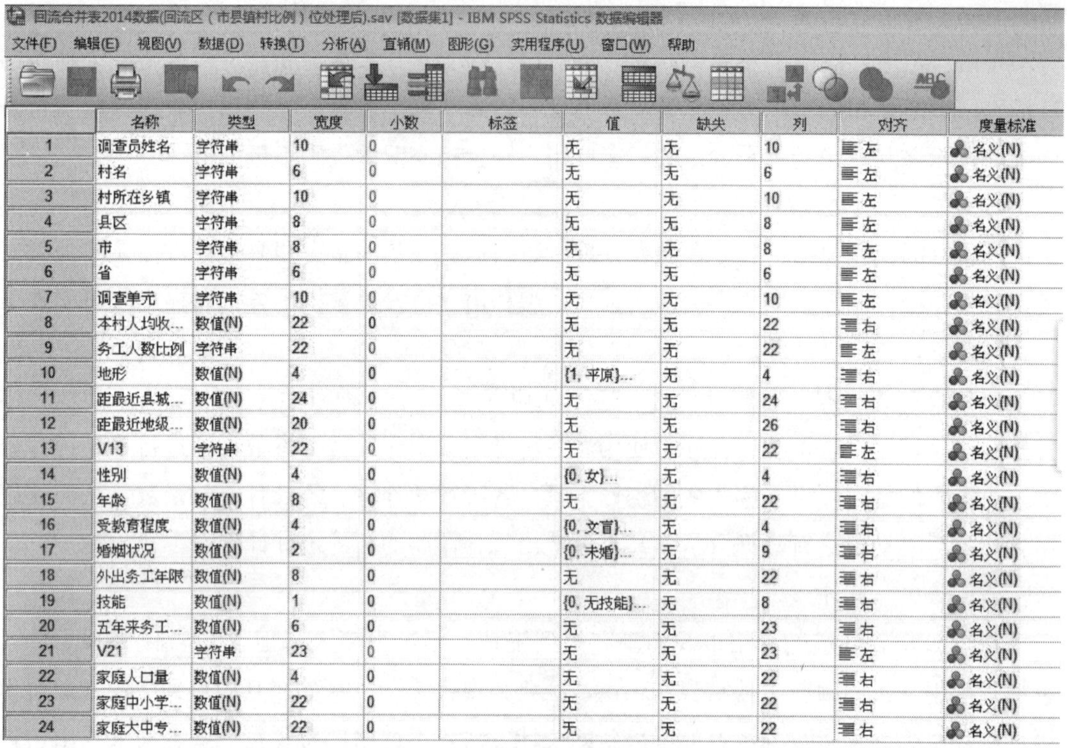

	名称	类型	宽度	小数	标签	值	缺失	列	对齐	度量标准
1	调查员姓名	字符串	10	0		无	无	10	左	名义(N)
2	村名	字符串	6	0		无	无	6	左	名义(N)
3	村所在乡镇	字符串	10	0		无	无	10	左	名义(N)
4	县区	字符串	8	0		无	无	8	左	名义(N)
5	市	字符串	8	0		无	无	8	左	名义(N)
6	省	字符串	6	0		无	无	6	左	名义(N)
7	调查单元	字符串	10	0		无	无	10	左	名义(N)
8	本村人均收...	数值(N)	22	0		无	无	22	右	名义(N)
9	务工人数比例	字符串	22	0		无	无	22	左	名义(N)
10	地形	数值(N)	4	0		{1, 平原}...	无	4	右	名义(N)
11	距最近县城...	数值(N)	24	0		无	无	24	右	名义(N)
12	距最近地级...	数值(N)	20	0		无	无	26	右	名义(N)
13	V13	字符串	22	0		无	无	22	左	名义(N)
14	性别	数值(N)	4	0		{0, 女}...	无	4	右	名义(N)
15	年龄	数值(N)	8	0		无	无	22	右	名义(N)
16	受教育程度	数值(N)	4	0		{0, 文盲}...	无	4	右	名义(N)
17	婚姻状况	数值(N)	2	0		{0, 未婚}...	无	9	右	名义(N)
18	外出务工年限	数值(N)	8	0		无	无	22	右	名义(N)
19	技能	数值(N)	1	0		{0, 无技能}...	无	8	右	名义(N)
20	五年来务工...	数值(N)	6	0		无	无	23	右	名义(N)
21	V21	字符串	23	0		无	无	23	左	名义(N)
22	家庭人口量	数值(N)	4	0		无	无	22	右	名义(N)
23	家庭中小学...	数值(N)	22	0		无	无	22	右	名义(N)
24	家庭大中专...	数值(N)	22	0		无	无	22	右	名义(N)

图 1－19　SPSS 变量视图

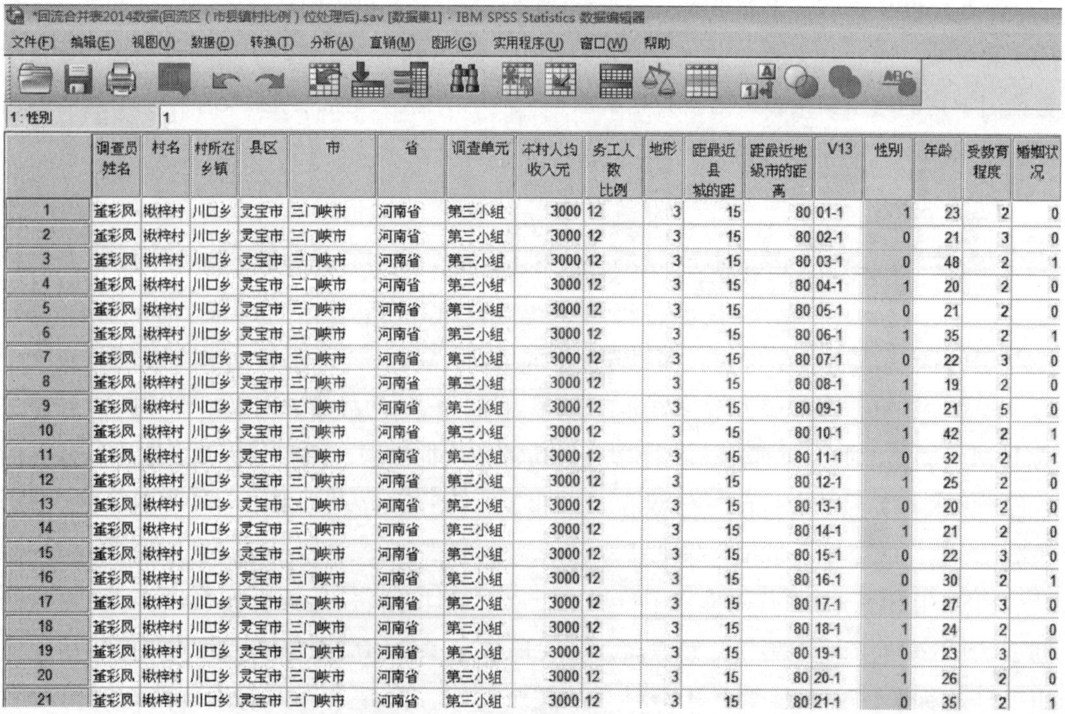

	调查员姓名	村名	村所在乡镇	县区	市	省	调查单元	本村人均收入元	务工人数比例	地形	距最近县城的距	距最近地级市的距离	V13	性别	年龄	受教育程度	婚姻状况
1	董彩凤	楸梓村	川口乡	灵宝市	三门峡市	河南省	第三小组	3000	12	3	15	80	01-1	1	23	2	0
2	董彩凤	楸梓村	川口乡	灵宝市	三门峡市	河南省	第三小组	3000	12	3	15	80	02-1	0	21	3	0
3	董彩凤	楸梓村	川口乡	灵宝市	三门峡市	河南省	第三小组	3000	12	3	15	80	03-1	0	48	2	1
4	董彩凤	楸梓村	川口乡	灵宝市	三门峡市	河南省	第三小组	3000	12	3	15	80	04-1	1	20	2	0
5	董彩凤	楸梓村	川口乡	灵宝市	三门峡市	河南省	第三小组	3000	12	3	15	80	05-1	0	21	2	0
6	董彩凤	楸梓村	川口乡	灵宝市	三门峡市	河南省	第三小组	3000	12	3	15	80	06-1	1	35	2	1
7	董彩凤	楸梓村	川口乡	灵宝市	三门峡市	河南省	第三小组	3000	12	3	15	80	07-1	0	22	3	0
8	董彩凤	楸梓村	川口乡	灵宝市	三门峡市	河南省	第三小组	3000	12	3	15	80	08-1	1	19	2	0
9	董彩凤	楸梓村	川口乡	灵宝市	三门峡市	河南省	第三小组	3000	12	3	15	80	09-1	1	21	5	0
10	董彩凤	楸梓村	川口乡	灵宝市	三门峡市	河南省	第三小组	3000	12	3	15	80	10-1	1	42	2	1
11	董彩凤	楸梓村	川口乡	灵宝市	三门峡市	河南省	第三小组	3000	12	3	15	80	11-1	0	32	2	1
12	董彩凤	楸梓村	川口乡	灵宝市	三门峡市	河南省	第三小组	3000	12	3	15	80	12-1	1	25	2	0
13	董彩凤	楸梓村	川口乡	灵宝市	三门峡市	河南省	第三小组	3000	12	3	15	80	13-1	0	20	2	0
14	董彩凤	楸梓村	川口乡	灵宝市	三门峡市	河南省	第三小组	3000	12	3	15	80	14-1	1	21	2	0
15	董彩凤	楸梓村	川口乡	灵宝市	三门峡市	河南省	第三小组	3000	12	3	15	80	15-1	0	22	3	0
16	董彩凤	楸梓村	川口乡	灵宝市	三门峡市	河南省	第三小组	3000	12	3	15	80	16-1	0	30	2	1
17	董彩凤	楸梓村	川口乡	灵宝市	三门峡市	河南省	第三小组	3000	12	3	15	80	17-1	1	27	3	0
18	董彩凤	楸梓村	川口乡	灵宝市	三门峡市	河南省	第三小组	3000	12	3	15	80	18-1	1	24	2	0
19	董彩凤	楸梓村	川口乡	灵宝市	三门峡市	河南省	第三小组	3000	12	3	15	80	19-1	0	23	3	0
20	董彩凤	楸梓村	川口乡	灵宝市	三门峡市	河南省	第三小组	3000	12	3	15	80	20-1	1	26	2	0
21	董彩凤	楸梓村	川口乡	灵宝市	三门峡市	河南省	第三小组	3000	12	3	15	80	21-1	0	35	2	1

图 1－20　SPSS 数据视图

SPSS 自 SPSS16.0 起推出 Linux 版本。SPSS 最新版本为 IBM SPSS Statistics 29.0，已支持 Windows、Mac OS X、Linux 及 UNIX。

1. 发展历史

SPSS 是世界上最早的统计分析软件，由美国斯坦福大学的三位研究生 Norman H. Nie、C. Hadlai（Tex）Hull 和 Dale H. Bent 于 1968 年开发。同时，成立了 SPSS 公司，于 1975 年成立法人组织、在芝加哥组建了 SPSS 总部。

2009 年 7 月 28 日，IBM 公司宣布用 12 亿美元现金收购统计分析软件提供商 SPSS 公司，将其更名为 IBM SPSS Statistics。

2. 软件功能

SPSS 是世界上最早采用图形菜单驱动界面的统计软件，它最突出的特点就是操作界面极为友好，输出结果美观漂亮。它将几乎所有的功能都以统一、规范的界面展现出来，用 Windows 的窗口方式展示各种管理和分析数据方法的功能，用对话框展示出各种功能选择项。用户只要掌握一定的 Windows 操作技能，精通统计分析原理，就可以使用该软件为特定的科研工作服务。SPSS 采用类似 Excel 表格的方式输入与管理数据，数据接口较为通用，能方便地从其他数据库中读入数据。其统计过程包括常用的、较为成熟的统计过程，完全可以满足非统计专业人士的工作需要。输出结果十分美观，存储时则是专用的 SPO 格式，可以转存为 HTML 格式和文本格式。对于熟悉老版本编程运行方式的用户，SPSS 还特别设计了语法生成窗口，用户只需在菜单中选好各个选项，然后按“粘贴”按钮就可以自动生成标准的 SPSS 程序，极大地方便了中、高级用户。

SPSS for Windows 是一个组合式软件包，它集数据录入、整理、分析功能于一身。用户可以根据实际需要和计算机的功能选择模块，以降低对系统硬盘容量的要求，有利于该软件的推广应用。SPSS 的基本功能包括数据管理、统计分析、图表分析、输出管理等。SPSS 统计分析过程包括描述性统计、均值比较、一般线性模型、相关分析、回归分析、对数线性模型、聚类分析、数据简化、生存分析、时间序列分析、多重响应等几大类，每类中又分好几个统计过程，比如回归分析中又分线性回归分析、曲线估计、Logistic 回归（见图 1-21 和图 1-22）、Probit 回归、加权估计、两阶段最小二乘法、非线性回归等多个统计过程，而且每个过程中又允许用户选择不同的方法及参数。SPSS 也有专门的绘图系统，可以根据数据绘制各种图形。

SPSS for Windows 的分析结果清晰、直观，而且可以直接读取 Excel 及 DBF 数据文件，它和 SAS、BMDP 并称为国际上最有影响的三大统计软件。在国际学术界有条不成文的规定，即在国际学术交流中，凡是用 SPSS 软件完成的计算和统计分析，可以不必说明算法，由此可见其影响之大和信誉之高。

SPSS for Windows 由于操作简单，已经在我国的社会科学、自然科学的各个领域发挥了巨大作用。该软件还可以应用于经济学、数学、统计学、物流管理、生物学、心理学、地理学、医疗卫生、体育、农业、林业、商业等各个领域。

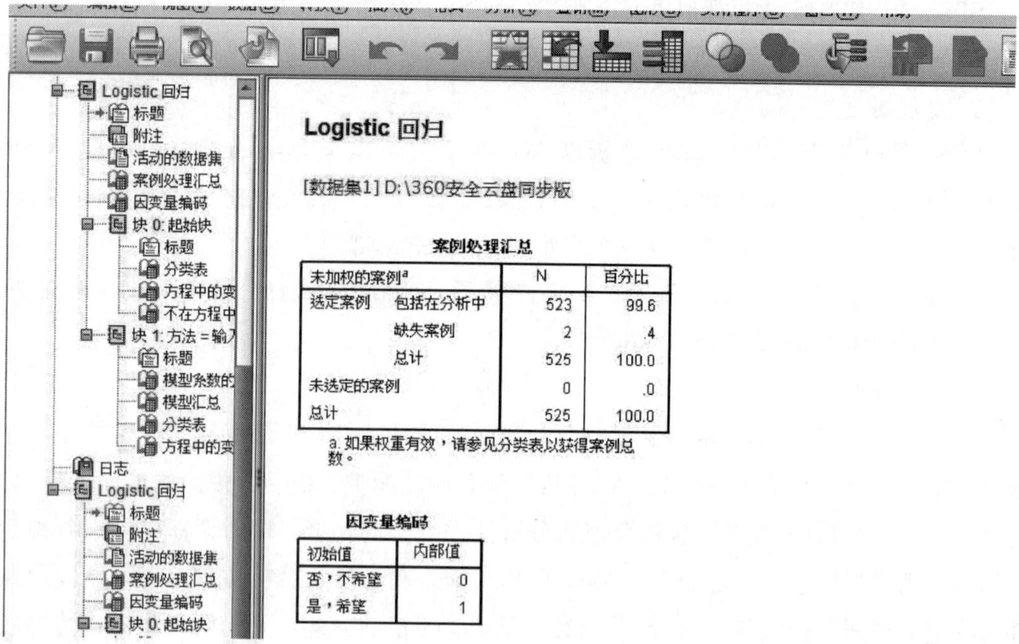

Logistic 回归

[数据集1] D:\360安全云盘同步版

案例处理汇总

未加权的案例[a]		N	百分比
选定案例	包括在分析中	523	99.6
	缺失案例	2	.4
	总计	525	100.0
未选定的案例		0	.0
总计		525	100.0

a. 如果权重有效，请参见分类表以获得案例总数。

因变量编码

初始值	内部值
否，不希望	0
是，希望	1

图 1-21　SPSS 数据分析软件的 Logistic 回归分析

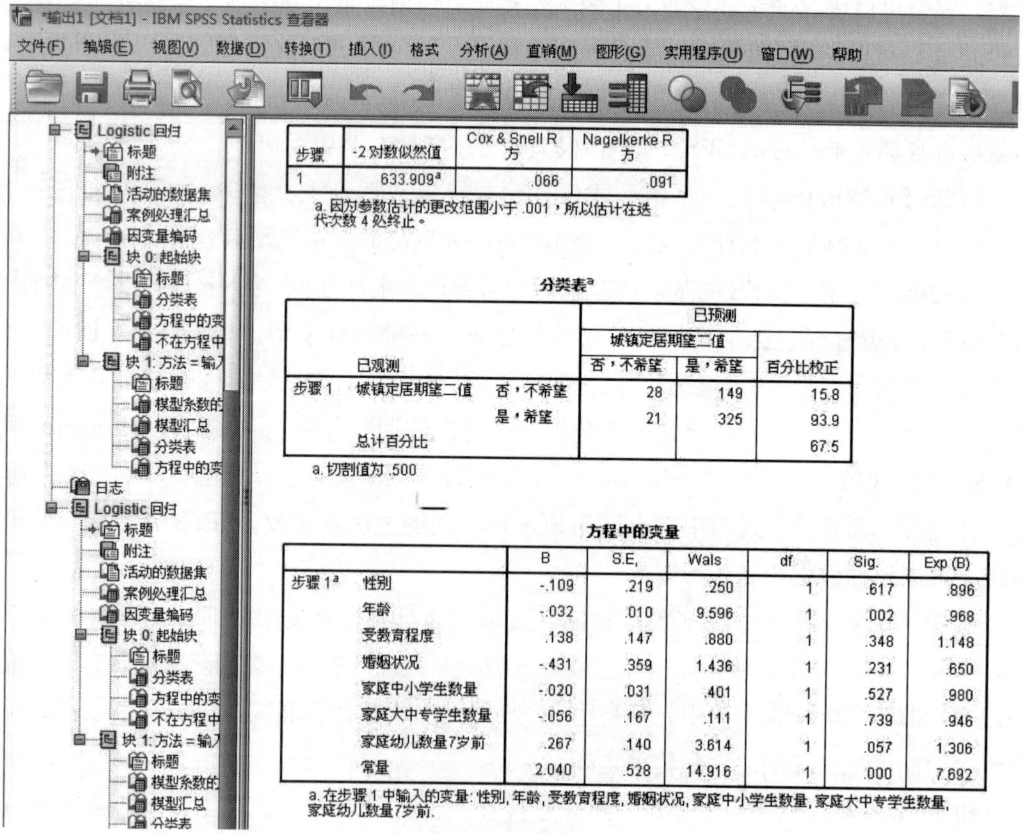

步骤	-2 对数似然值	Cox & Snell R 方	Nagelkerke R 方
1	633.909[a]	.066	.091

a. 因为参数估计的更改范围小于 .001，所以估计在迭代次数 4 处终止。

分类表[a]

已观测			已预测：城镇定居期望二值 否，不希望	是，希望	百分比校正
步骤 1	城镇定居期望二值	否，不希望	28	149	15.8
		是，希望	21	325	93.9
	总计百分比				67.5

a. 切割值为 .500

方程中的变量

		B	S.E.	Wals	df	Sig.	Exp (B)
步骤 1[a]	性别	-.109	.219	.250	1	.617	.896
	年龄	-.032	.010	9.596	1	.002	.968
	受教育程度	.138	.147	.880	1	.348	1.148
	婚姻状况	-.431	.359	1.436	1	.231	.650
	家庭中小学生数量	-.020	.031	.401	1	.527	.980
	家庭大中专学生数量	-.056	.167	.111	1	.739	.946
	家庭幼儿数量7岁前	.267	.140	3.614	1	.057	1.306
	常量	2.040	.528	14.916	1	.000	7.692

a. 在步骤 1 中输入的变量: 性别, 年龄, 受教育程度, 婚姻状况, 家庭中小学生数量, 家庭大中专学生数量, 家庭幼儿数量7岁前.

图 1-22　回归分析结果

3. 应用功能

（1）数据管理与探索分析。

IBM SPSS Statistics 29.0 在数据管理方面提供了全方位的解决方案，能够处理从简单到复杂的各类数据需求。系统支持超过 30 种数据格式的导入，包括常见的 Excel、CSV、TXT 等平面文件，以及 SAS、Stata 等专业统计软件格式，还能直接连接 SQL Server、Oracle 等关系型数据库。其革命性的自动数据准备（ADP）模块采用机器学习算法，不仅能识别异常值和缺失值，还能智能推荐最优的处理方案，如均值填充、回归插补或直接删除等。数据可视化方面，软件提供了 20 余种图表类型，从基础的条形图、折线图到高级的热力图、雷达图，用户可以通过直观的拖拽式界面快速生成专业图表。描述性统计功能不仅包含常规的均值、标准差等指标，还能计算偏度、峰度等高级统计量，帮助用户全面把握数据分布特征。数据重构工具支持复杂的数据转换操作，如数据透视（Pivot）、转置（Transpose）等，满足各类分析场景的需求。

（2）基础与高级统计分析。

IBM SPSS Statistics 29.0 的统计分析功能覆盖了从描述统计到复杂模型的全流程需求。在基础统计方面，频数分析不仅能计算简单的计数和百分比，还能输出累积百分比、有效百分比等进阶指标；交叉表分析支持多达五维的列联表，并提供卡方检验、Fisher 精确检验等十余种关联性检验方法。T 检验系列不仅包含独立样本、配对样本等常规检验，还提供效应量计算和置信区间估计；方差分析模块支持单因素、多因素设计，并能处理固定效应和随机效应模型，还能进行多重比较校正。回归分析方面，除了常规的线性回归，还提供加权回归、两阶段最小二乘法等特殊回归技术；逻辑回归不仅支持二分类，还能处理有序和多分类情形。贝叶斯统计模块是 29 版的重大更新，采用 MCMC 算法实现参数估计，提供后验分布可视化、收敛诊断等专业功能。非参数检验模块包含 20 余种方法，从符号检验到游程检验一应俱全。生存分析支持右删失、左删失和区间删失数据，能处理时变协变量等复杂情形。

（3）机器学习与预测建模。

IBM SPSS Statistics 29.0 的机器学习功能实现了质的飞跃。聚类分析方面，除了传统的 K-means 和层次聚类，新增的谱聚类和 DBSCAN 算法能处理非球形分布数据；两步聚类采用 BIC 准则自动确定最佳类别数，并能处理混合型变量。降维技术不仅包含经典的 PCA 和因子分析，还新增了 t-SNE 等非线性降维方法。判别分析支持线性判别和二次判别，并能处理类别不平衡问题。在监督学习方面，决策树模块包含 CART、CHAID 等算法，提供完整的剪枝和交叉验证功能；随机森林采用并行计算技术，能处理超高维数据；支持向量机模块提供线性核、多项式核等多种核函数选择；神经网络支持深度学习架构，能自定义隐藏层数和激活函数。时间序列分析方面，除了传统的 ARIMA，还支持状态空间模型和 GARCH 模型，能处理具有异方差性的金融数据。所有模型都提供完整的评估指标，如 ROC 曲线、提升图等，并支持模型比较和优化。

（4）扩展与自动化功能。

IBM SPSS Statistics 29.0 的扩展能力是其核心竞争力之一。语法编辑器支持代码高亮、自动补全等专业功能，能记录所有 GUI 操作的对应语法，便于重复使用和分享。Python 集成方面，支持调用 NumPy、Pandas 等科学计算库，并能直接在 SPSS 中运行 Python 脚本；R 插件可以无缝调用 CRAN 上的数千个程序包。扩展中心提供 200 余个官方和第三方扩展，涵盖文本挖掘、空间统计等专业领域。自动化报告功能支持 Markdown 格式，能生成交互式 HTML 报告，并自动更新分析结果。批量处理功能可以同时运行多个分析任务，显著提升工作效率。此外，软件还提供完整的 API 接口，支持与企业级系统集成，实现分析流程的自动化。

（5）跨行业应用解决方案。

IBM SPSS Statistics 29.0 在各行业都有深入应用。在社会科学领域，提供量表信效度分析、项目反应理论等专业方法；市场研究方面，提供联合分析、离散选择模型等高级技术；医疗健康领域支持 ROC 分析、Meta 分析等生物统计方法；金融业提供风险价值计算、信用评分卡建模等专业工具；制造业包含可靠性分析、过程能力分析等质量控制方法。教育版还特别设计了教学辅助功能，如逐步提示、错误检查等。软件针对每个行业都提供了专门的解决方案包，包含预置的分析流程、报告模板和专业指导，帮助用户快速上手。此外，其多语言界面和本地化支持使其在全球范围内广受欢迎，成为跨学科研究的通用平台。

（三）Python

Python 是一种跨平台的计算机程序设计语言，最初被设计用于编写自动化脚本(Shell)，随着版本的不断更新和语言功能的添加，现多用于独立的、大型项目的开发。Python 在主流程序设计语言的排行位次如图 1-23 所示。

May 2024	May 2023	Change	Programming Language	Ratings	Change
1	1		Python	16.33%	+2.88%
2	2		C	9.98%	-3.37%
3	4	↑	C++	9.53%	-2.43%
4	3	↓	Java	8.69%	-3.53%
5	5		C#	6.49%	-0.94%
6	7	↑	JavaScript	3.01%	+0.57%
7	6	↓	Visual Basic	2.01%	-1.83%
8	12	↑↑	Go	1.60%	+0.61%
9	9		SQL	1.44%	-0.03%
10	19	↑↑	Fortran	1.24%	+0.46%

图 1-23　程序设计语言排行

1. *发展历程*

Python 的创始人为荷兰人吉多·范罗苏姆（Guido van Rossum）。1989 年圣诞节期间，吉多为了打发时间，决心开发一个新的脚本解释程序，作为 ABC 语言的一种继承。之所以选中 Python（大蟒蛇）作为该编程语言的名字，是因为吉多很喜欢英国的电视喜剧片《蒙提·派森的飞行马戏团》(Monty Python's Flying Circus)。

ABC语言是由吉多参与设计的一种教学语言。就吉多本人看来，ABC这种语言非常优美和强大，是专门为非专业程序员设计的。但是ABC语言并没有成功，究其原因，吉多认为是其非开放性造成的。吉多决心在Python中避免这一错误。同时，他还想实现在ABC中闪现过但未曾实现的东西。

就这样，Python在吉多手中诞生了。可以说，Python是从ABC语言发展起来，主要受到了Modula-3（另一种相当优美且强大的语言，为小型团体所设计的）的影响，并且结合了Unix shell和C的习惯。

Python已经成为最受欢迎的程序设计语言之一。自从2004年以后，Python的使用率呈线性增长。Python 2于2000年10月16日发布，稳定版本是Python 2.7。Python 3于2008年12月3日发布，不完全兼容Python 2。2011年1月，它被TIOBE编程语言排行榜评为2010年度语言。

由于Python语言的简洁性、易读性以及可扩展性，在国外用Python做科学计算的研究机构日益增多，一些知名大学已经采用Python来教授程序设计课程。例如卡耐基梅隆大学的编程基础、麻省理工学院的计算机科学及编程导论就使用Python语言讲授。众多开源的科学计算软件包都提供了Python的调用接口，如著名的计算机视觉库OpenCV、三维可视化库VTK、医学图像处理库ITK。而Python专用的科学计算扩展库就更多了，如十分经典的3个科学计算扩展库：NumPy、SciPy和Matplotlib，它们分别为Python提供了快速数组处理、数值运算以及绘图功能。因此Python语言及其众多的扩展库所构成的开发环境十分适合工程技术、科研人员处理实验数据、制作图表，甚至开发科学计算应用程序。

2. 风格

Python在设计上坚持了清晰划一的风格，这使得Python成为一门易读、易维护，并且被大量用户所欢迎的、用途广泛的语言。

Python的作者有意地设计了限制性很强的语法，使得不好的编程习惯都不能通过编译，其中很重要的一项就是Python的缩进规则（例如if语句的下一行不向右缩进）。

一个和其他大多数语言（如C语言）的区别就是，一个模块的界限，完全是由每行的首字符在这一行的位置来决定的（而C语言是用一对花括号{}来明确定出模块的边界，与字符的位置毫无关系）。这一点曾经引起过争议。因为自从C这类语言诞生后，语言的语法含义与字符的排列方式就分离开，曾经被认为是一种程序语言的进步。不过不可否认的是，通过强制程序员们缩进（包括if、for和函数定义等所有需要使用模块的地方），Python确实使得程序更加清晰和美观。

3. 设计定位

Python的设计理念是“优雅”“明确”“简单”。因此，Perl语言中“总是有多种方法来做同一件事”的理念在Python开发中通常是难以忍受的。Python的开发理念是“用一种方法，最好是只有一种方法来做一件事”。在设计Python语言时，如果面临多种选择，Python开发者一般会拒绝花哨的语法，而选择明确的没有或者很少有歧义的语法。

由于这种设计观念的差异，Python 源代码通常被认为比 Perl 具备更好的可读性，并且能够支撑大规模的软件开发。

Python 开发者尽量避开不成熟或者不重要的优化。一些针对非重要部位的加快运行速度的补丁通常不会被合并到 Python 内，所以很多人认为 Python 速度很慢。不过，根据二八定律，大多数程序对速度要求不高。在某些对运行速度要求很高的情况，Python 设计者倾向于使用 JIT 技术，或者使用 C/C++语言改写这部分程序。可用的 JIT 技术是 PyPy。

Python 是完全面向对象的语言。函数、模块、数字、字符串都是对象，并且完全支持继承、重载、派生、多继承，有益于增强源代码的复用性。Python 支持重载运算符和动态类型。相对于 Lisp 这种传统的函数式编程语言，Python 对函数式设计只提供了有限的支持。两个标准库（Functools、Itertools）提供了 Haskell 和 Standard ML 中久经考验的函数式程序设计工具。

Python 虽然可能被粗略地分类为“脚本语言”（Script Language），但实际上一些大规模软件开发计划如 Zope、Mnet 及 BitTorrent 都广泛地使用它。Python 的支持者喜欢称它为一种高级动态编程语言，原因是“脚本语言”泛指仅作简单程序设计任务的语言，如 ShellScript、VBScript 等只能处理简单任务的编程语言，并不能与 Python 相提并论。

Python 本身被设计为可扩充的，并非所有的特性和功能都集成到语言核心。Python 提供了丰富的 API 和工具，以便程序员能够轻松地使用 C 语言、C++来编写扩充模块。Python 编译器本身也可以被集成到其他需要脚本语言的程序内。因此，很多人还把 Python 作为一种“胶水语言”（Glue Language）使用，将其他语言编写的程序进行集成和封装。在 Google 内部的很多项目，如 Google Engine 使用 C++编写性能要求极高的部分，然后用 Python 或 Java/Go 调用相应的模块。

4. *应用*

系统编程：提供 API（Application Programming Interface，应用程序编程接口），能方便进行系统维护和管理，Linux 的标志性语言之一，是很多系统管理员理想的编程工具。

图形处理：有 PIL、Tkinter 等图形库支持，能方便进行图形处理。

数学处理：NumPy 扩展提供大量与许多标准数学库的接口。

文本处理：Python 提供的 re 模块能支持正则表达式，还提供 SGML、XML 分析模块，许多程序员利用 Python 进行 XML 程序的开发。

数据库编程：程序员可通过遵循 Python DB-API（数据库应用程序编程接口）规范的模块与 Microsoft SQL Server、Oracle、Sybase、DB2、MySQL、SQLite 等数据库通信。Python 自带一个 Gadfly 模块，提供了完整的 SQL 环境。

网络编程：提供丰富的模块支持 Sockets 编程，能方便快速地开发分布式应用程序。很多大规模软件开发计划如 Zope、Mnet 及 BitTorrent. Google 都在广泛地使用它。

Web 编程：应用的开发语言，支持最新的 XML 技术。

多媒体应用：Python 的 PyOpenGL 模块封装了“OpenGL 应用程序编程接口”，能进行二维和三维图像处理。PyGame 模块可用于编写游戏软件。

PYMO引擎：PYMO全称为Python Memories Off，是一款运行于Symbian S60V3、Symbian3、S60V5、Symbian3、Android系统上的AVG游戏引擎。

黑客编程：Python有一个hack的库，内置了相当规模的函数。

（四）Excel

1. Microsoft Excel

Microsoft Excel是Microsoft为使用Windows和Apple Macintosh操作系统的电脑编写的一款电子表格软件。直观的界面、出色的计算功能和图表工具，再加上成功的市场营销，使Excel成为流行的个人计算机数据处理软件。1993年，作为Microsoft Office的组件发布了5.0版之后，Excel就开始成为所适用操作平台上的电子制表软件的霸主。Microsoft Office Excel的空白页如图1-24所示。

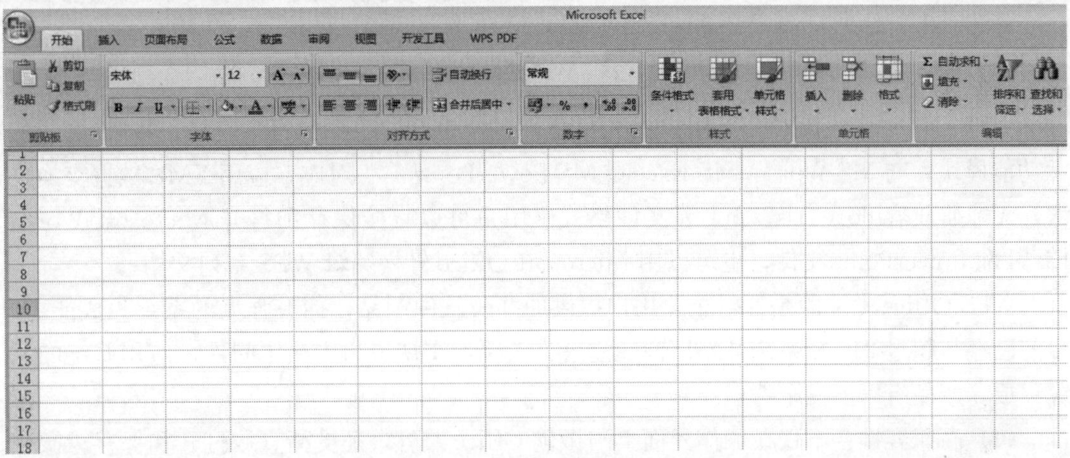

图1-24 Microsoft Office Excel空白页

Microsoft Office是一套由微软公司开发的办公软件套装，它可以在Microsoft Windows、Windows Phone、Mac系列、iOS和Android等系统上运行。与其他办公室应用程序一样，它包括联合的服务器和基于互联网的服务。

Office最初是一个推广名称，出现于1990年代早期，指一些以前曾单独发售的软件的合集。当时主要的推广重点是：购买合集比单独购买要省很多钱。最初的Office版本包含Word、Excel和PowerPoint，“专业版”包含Microsoft Access。近年来，Office应用程序逐渐集成，共享特性，如拼写和语法检查、OLE数据集成和VBA脚本语言。微软将Office延伸为一个开发平台，可以借由专用商店下载第三方软件搭配使用。

2. WPS Excel

WPS Excel属于WPS Office办公软件套装中的部分功能。WPS Office是由金山软件股份有限公司自主研发的一款办公软件套装，可以实现办公软件最常用的文字、表格、演示等多种功能，具有内存占用低、运行速度快、体积小巧、强大插件平台支持、免费提供海量在线存储空间及文档模板、支持阅读和输出PDF文件、全面兼容微软Office97-2010格式（doc/docx/xls/xlsx/ppt/pptx等）等优势。WPS Office覆盖Windows、Linux、Android、iOS等多个平台，并支持桌面和移动办公，WPS移动版通过Google Play平台，已覆盖 50 多个国家和地区。WPS Excel 空白页如图 1－25 所示。

图 1－25　WPS Excel 空白页

WPS Office 个人版对个人用户永久免费，包含 WPS 文字、WPS 表格、WPS 演示三大功能模块，与 MS Word、MS Excel、MS PowerPoint 一一对应，应用 XML 数据交换技术，无障碍兼容 doc、xls、ppt 等文件格式。用户可以直接保存和打开 Microsoft Word、Excel 和 PowerPoint 文件，也可以用 Microsoft Office 轻松编辑 WPS 系列文档。

WPS Office 专业版是针对企业用户提供的办公软件产品，拥有强大的系统集成能力，目前已经与超过 240 家系统开发厂商建立合作关系，实现了与主流中间件、应用系统的无缝集成。产品有以下三个特点：

（1）高兼容性：不仅在操作界面上与微软 Office 兼容，还支持直接打开和保存为微软 Office 格式的文档，同时，WPS Office 成熟的二次开发平台，保证了与微软 Office 一致的二次开发接口、API 接口、对象模型，兼容的 VBA 环境，支持 COM 加载插件等机制，实现了平滑迁移现有的电子政务平台、应用系统。

（2）支持 XML 标准：支持 OOXML、UOF（标文通），遵循 XML 标准，让政府和企业办公中的数据交换与数据检索更方便高效。

（3）多种界面切换：WPS Office 提供了多套风格不同的界面，在经典界面与新界面之间，用户可以无障碍转换。熟悉的界面、熟悉的操作习惯呈现，让老用户得以保留长期积累的习惯和认知，同时能以最小的学习成本去适应和接受新的界面与体验。

（五）EViews

EViews 是 Econometrics Views 的缩写，通常称为计量经济学软件包，是专门为大型机构开发的、用以处理时间序列数据的时间序列软件包。核心是设计模型、收集资料、估计模型、检验模型、应用模型（结构分析、经济预测、政策评价）。

EViews 的前身是 1981 年第 1 版的 Micro TSP。虽然 EViews 是经济学家开发的，而且主要用于经济学领域，但是从软件包的设计来看，EViews 的运用领域并不局限于处理经济时间序列。即使是跨部门的大型项目，也可以采用 Eviews 进行处理。

EViews 处理的基本数据对象是时间序列，每个序列有一个名称，只要提及序列的名称就可以对序列中所有的观察值进行操作，EViews 允许用户以简便的可视化的方式从键盘或磁盘文件中输入数据，根据已有的序列生成新的序列，在屏幕上显示序列或打印机上打印输出序列，对序列之间存在的关系进行统计分析。EViews 具有操作简便且可视化的操作风格，体现在从键盘输入数据序列、依据已有序列生成新序列、显示和打印序列以及对序列之间存在的关系进行统计分析等方面。

EViews 具有现代 Windows 软件可视化操作的优良性，可以使用鼠标对标准的 Windows 菜单和对话框进行操作。操作结果出现在窗口中并能采用标准的 Windows 技术对操作结果进行处理。此外，EViews 还拥有强大的命令功能和批处理语言功能。在 EViews 的命令行中输入、编辑和执行命令，在程序文件中建立和存储命令，以便在后续的研究项目中使用这些程序。

EViews 的应用领域涵盖应用经济计量学、总体经济的研究和预测、销售预测、财务分析、成本分析和预测、蒙特卡罗模拟、经济模型的估计和仿真、利率与外汇预测等。

（六）Google Charts

Google Charts 是一项不用安装任何软件，只使用浏览器就可以用来为统计数据自动生成图片的在线应用。它可以提供五种图，分别是折线图（Line Charts）、柱状图（Bar Charts）、饼图（Pie Charts）、维恩图（Venn Diagrams）和散点图（Scatter Plots）。

（七）百度统计

百度统计是百度推出的一款免费的专业网站流量分析工具，能够告诉用户访客是如何找到并浏览网站的。有了这些信息，可以帮助用户改善访客的网站使用体验，不断提升网站的投资回报率。百度统计首页如图 1-26 所示。

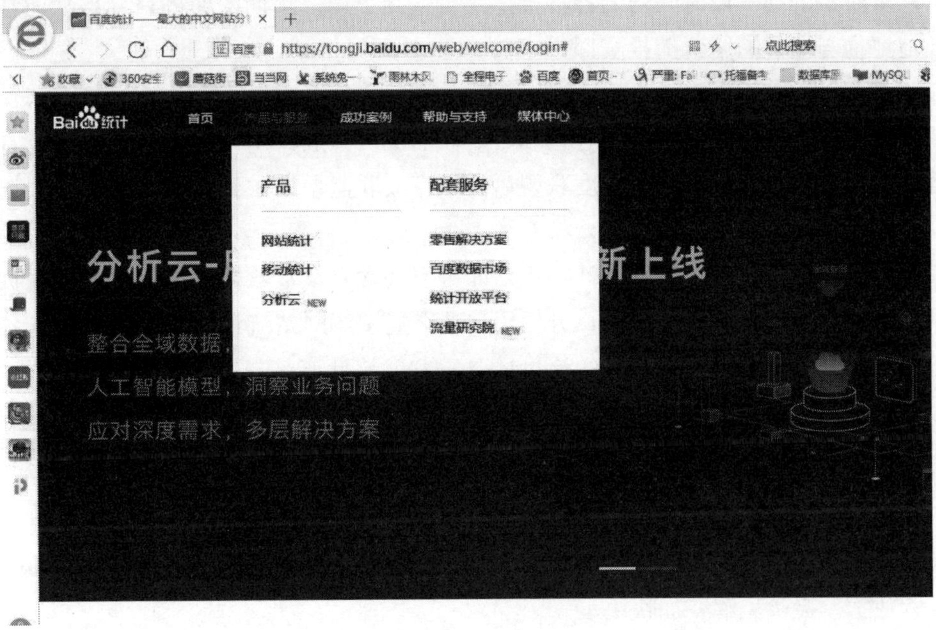

图 1-26　百度统计首页

百度统计提供了几十种图形化报告，全程跟踪访客的行为路径。同时，百度统计集成百度推广数据，帮助用户及时了解百度推广效果并优化推广方案。

1. 主要功能

基于百度强大的技术实力，百度统计提供了丰富的数据指标，系统稳定，功能强大且操作简易。百度统计是提供给广大网站管理员免费使用的网站流量统计系统，能帮助用户跟踪网站的真实流量，并优化网站的运营决策。

目前百度统计提供的功能包括以下几方面。

（1）流量分析。

用户可以通过百度统计查看一段时间内用户网站的流量变化趋势，及时了解一段时间内网民对用户网站的关注情况及各种推广活动的效果。百度统计可以针对不同的地域对用户网站的流量进行细分。

（2）来源分析。

用户可以通过百度统计了解各种来源类型给用户网站带来的流量情况，包括搜索引擎（精确到具体搜索引擎、具体关键词）、推介网站、直达等。通过来源分析，用户可以及时了解到哪种类型的来源给用户网站带来更多访客。

（3）网站分析。

用户可以通过百度统计查看访客对用户网站内各个页面的访问情况，及时了解哪些页面最吸引访客以及哪些页面最容易导致访客流失，从而帮助用户更有针对性地改善网站质量。

（4）转化分析。

用户可以通过百度统计设置用户网站的转化目标页面，比如留言成功页面等，然后用户就可以及时了解到一段时间内的各种推广是否达到了用户预期的业务目标，从而帮助用户有效地评估与提升网络营销投资回报率。

2. 使用方法

目前百度统计仅对百度推广的客户和百度联盟成员开放，用户可以在百度统计首页登录查看，也可在登录百度推广或百度联盟后在推广或联盟系统中直接点击进入，根据页面提示安装代码后即可使用。

代码正确添加后，进入百度统计，用户即可看到含有丰富数据的概况页。概况页为用户提供用户网站最重要的流量报告，方便用户从全局了解网站流量情况。然后进入各个报告，可以从不同角度细致了解网站的流量情况。百度统计产品与服务介绍页面如图 1 - 27 所示。

（八）Tableau

Tableau 是一款可视化分析平台，同时该平台也支持数据故事化，能够帮助使用者查看和理解数据并根据数据采取行动。可以利用 Tableau AI、Pulse、Einstein Copilot 等功能，探索数据，提供见解，加快决策。

其中文站点首页如图 1 - 28 所示。

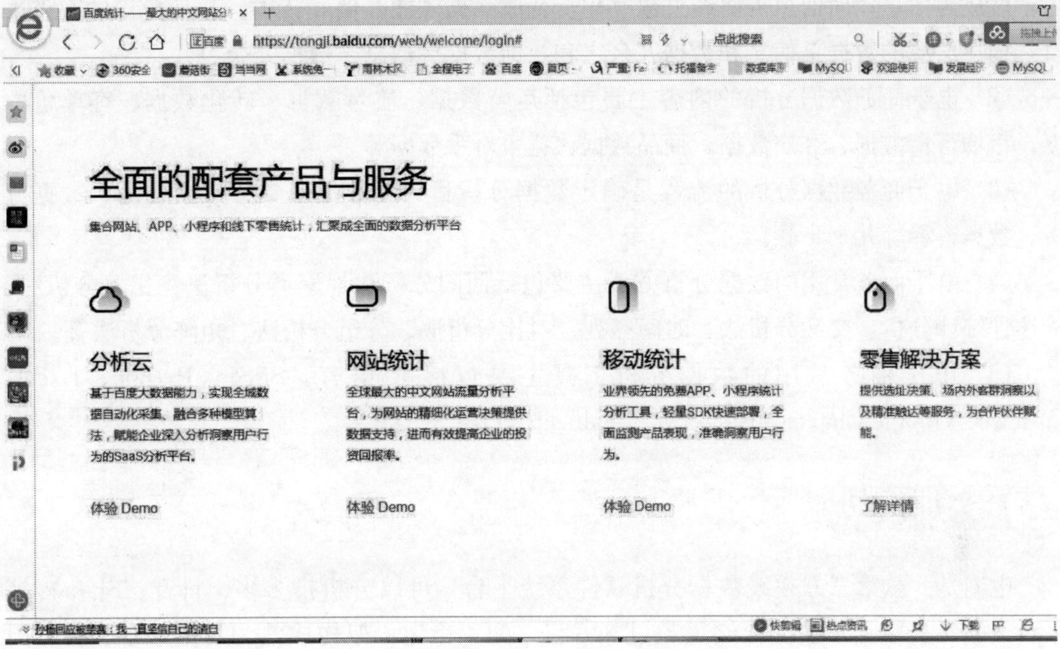

图 1－27　百度统计产品与服务

图 1－28　Tableau 中文站点首页

项目小结

通过本项目的学习，应重点掌握以下知识：

（1）数据是反映客观事物属性的记录，是信息的具体表现形式。数据经过加工处理之后，就成为信息；而信息需要经过数字化转变成数据才能存储和传输。从信息论的观点来看，描述信源的数据是信息和数据冗余之和，即数据＝信息＋数据冗余。

（2）电子商务数据分析的内容主要包括运营数据、流量数据、转化数据、客单价数据、市场行情数据、客户数据、商品数据、竞争对手数据等。

（3）电子商务数据分析的流程是确定数据分析目标、数据采集、数据处理、数据分析、数据解释等几个步骤。

（4）电子商务常用的数据分析方法主要包括回归分析法、聚类分析法、相关分析法、描述性统计分析、交叉分析法、时间序列、对比分析法、分组分析法、矩阵分析法等。

（5）电子商务常用的数据分析工具主要包括 R 语言、SPSS、Python、Excel、EViews、Google Charts、百度统计、Tableau 等。

实训活动

电霸是一款第三方在线数据分析软件系统平台，可以分析拼多多、抖音、Shopee 等平台上的各类数据，数据存储量超过 3.8 亿，配置稳定、架构成熟、数据丰富、服务周到。电霸的发展历程如图 1－29 所示。

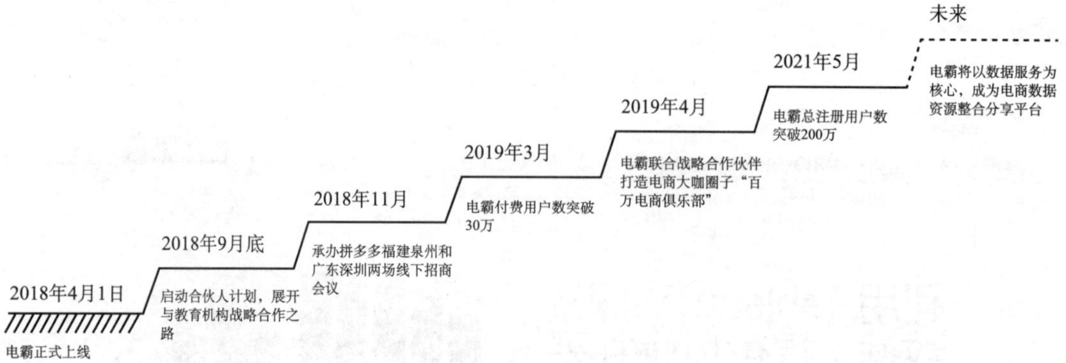

图 1－29　电霸的发展历程

任务要求：

电霸可以分析拼多多、抖音、Shopee 等多个平台上的数据，请用电霸分析拼多多平台的产品功能，用一种直观的方式进行展示。

思考与练习

一、判断题

1. 数据就是信息，两者基本没有差别。（　　）

2. 查看数据集的基本统计描述，能够帮助我们了解数据的全貌，但不能识别数据的分布特征。（　　）

3. 一般来说只要采集的数据量大，数据质量就高。（　　）

4. 在一次考试中，小明的语文成绩是 100 分、英语成绩是 99 分，说明小明的语文比英语学得好。(　　)

5. 5 分钟回复率、3 分钟人工回复率、平均人工响应时长、询单转化率、客服销售额是交易数据。(　　)

6. 一个网店有了流量，就有了成交量。(　　)

7. 分析竞争对手的目的是了解对手，洞悉对手的市场策略，从而便于在实际经营中采取恰当的策略。(　　)

8. 对于数据分析来说，采集到的数据越多越好，越多越有利于分析目标的实现。当下流行的“大数据分析”就是基于海量数据的数据分析。(　　)

9. 去重是指从数据中去掉重复的数据项，减少对后期数据分析的干扰。(　　)

10. 数据分析指用适当的统计、分析方法对收集来的大量数据进行分析，将它们加以汇总和理解并消化，以求最大化地开发数据的功能，发挥数据的作用。(　　)

二、单项选择题

1. (　　) 不是描述数据集中趋势的统计量。

A. 均值　　B. 中位数　　C. 众数　　D. 标准差

2. (　　) 不是描述离散趋势的统计量。

A. 值域　　B. 分位数　　C. 标准差　　D. 变异系数

3. (　　) 不是数据分析方法。

A. 相关分析法　　B. 聚类分析法

C. 回归分析法　　D. 程序设计

4. 对比分析法也称比较分析法，是把 (　　) 加以比较，以达到认识事物的本质和规律并做出正确的评价。

A. 客观事物　　B. 主观事物

C. 主观数据　　D. 图形图片

5. (　　) 是世界上最早的统计分析软件。

A. SPSS　　B. R 语言

C. Python　　D. EViews

三、简答题

1. 数据、信息与知识的区别与联系是什么?

2. 客单价的影响因素主要包括哪些?

3. 电子商务数据分析的流程是什么?

4. 简要介绍 Python 的主要功能。

5. Excel 的主要功能有哪些?

6. Tableau 的主要功能是什么?

第二篇　技能操作

项目二 规范数据的输入

项目导读

在对电子商务数据进行分析与计算之前，必须先将数据输入 Excel 表格中，本项目就是对数据输入进行的介绍。

学习目标

知识目标

- 了解 Excel 中常用的数据类型
- 熟悉填充功能和数据有效性的设置
- 掌握各种数据类型的输入方法

能力目标

- 能够快速、准确地录入和编辑大量数据，提高工作效率
- 能够通过教材资源、网络资源等方式，自主解决在数据输入中遇到的问题

素养目标

- 培养自主学习和持续改进能力，能够通过自主学习，不断提升对 Excel 的运用水平，适应各种新型数据的输入需求
- 理解并遵守信息安全和数据隐私的原则，具备处理敏感数据的道德素养

案例导入

小峰入职拼多多平台康乐零食小店后，每天都需要导出直通车数据，并且进行分析整理，从而提取出有用信息。但是在分析整理数据之前，小峰发现数据表里的数据非常多，类型也不一样，还有重复的。那么如何快速又准确地制作自己想要的数据表呢？

点评：规范地输入不同类型的数据，并且利用 Excel 的填充功能和有效性设置整理数据，养成良好的信息素养和习惯，才能更好地服务于数据分析工作。

任务一 输入基本数据

数据输入是一项极其重要的工作，Excel 电子表格可以兼容多种数据格式。不同类型的数据，输入时的要点也不同，下面介绍常见的数据类型及输入方式。

一、常见的数据类型

常见的数据类型有文本、数值、日期、时间等，用户可以根据实际需求在 Excel 中输入相对应的数据。

二、输入文本

在工作表中输入文本数据，只需要用鼠标选中单元格，并通过键盘输入文本数据，按 Enter 键即可，文本默认左对齐。例如，在 A1 单元格中输入标题“直通车明细数据”，如图 2-1 所示。

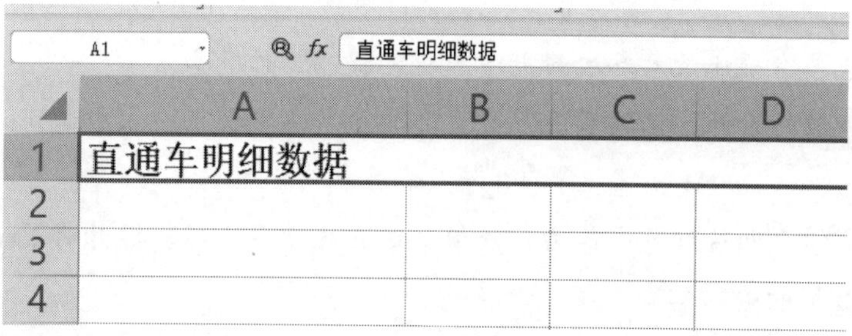

图 2-1 输入文本

如果在单元格中输入以 0 开头的编号，例如“001”，前面的 0 将会被自动舍弃，直接显示“1”。此时需要先将需要输入编号的单元格的格式设置为文本，再输入编号，步骤如下。

【步骤 1】选中要输入编号的单元格，单击右键，在弹出的快捷菜单中选择“设置单元格格式”，如图 2-2 所示。

【步骤 2】在弹出的对话框中，在“数字”选项卡的“分类”列表中选择“文本”，并单击“确定”，如图 2-3 所示。

【步骤 3】在设置过的单元格中输入以 0 开头的编号，即可正常显示，如图 2-4 所示。

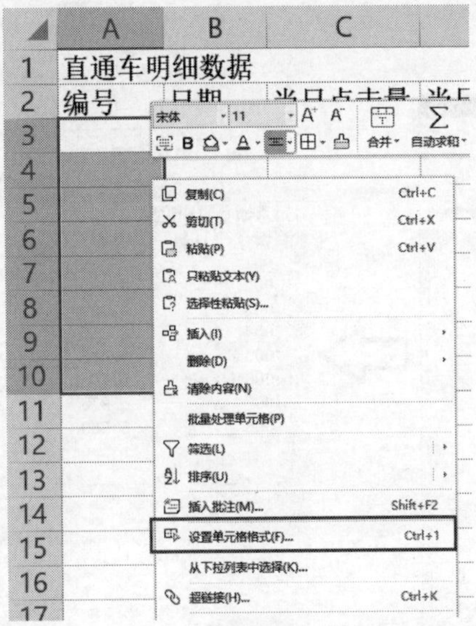

图 2-2 设置单元格格式

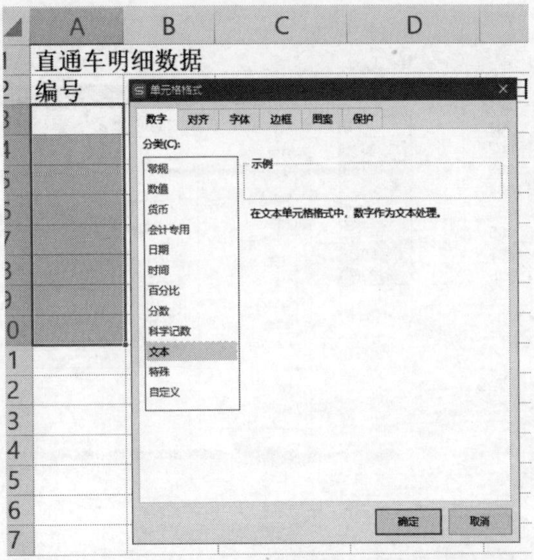

图 2-3 设置格式为文本

图 2-4 编号输入效果

三、输入数值

在单元格中可以直接输入常规数据，按 Enter 键即可完成。根据实际需求，有时需要设置数值的其他显示格式，下面介绍实现方法。

（一）使用千位分隔符

在 Excel 表格中，如需使用千位分隔符，可以通过设置单元格格式来实现。

【步骤 1】选中要使用千位分隔符的单元格，单击右键，选择“设置单元格格式”。

【步骤 2】在弹出的对话框中，在“数字”选项卡的“分类”列表中选择“数值”，并勾选右侧出现的“使用千位分隔符”，单击“确定”即可，如图 2-5 所示。

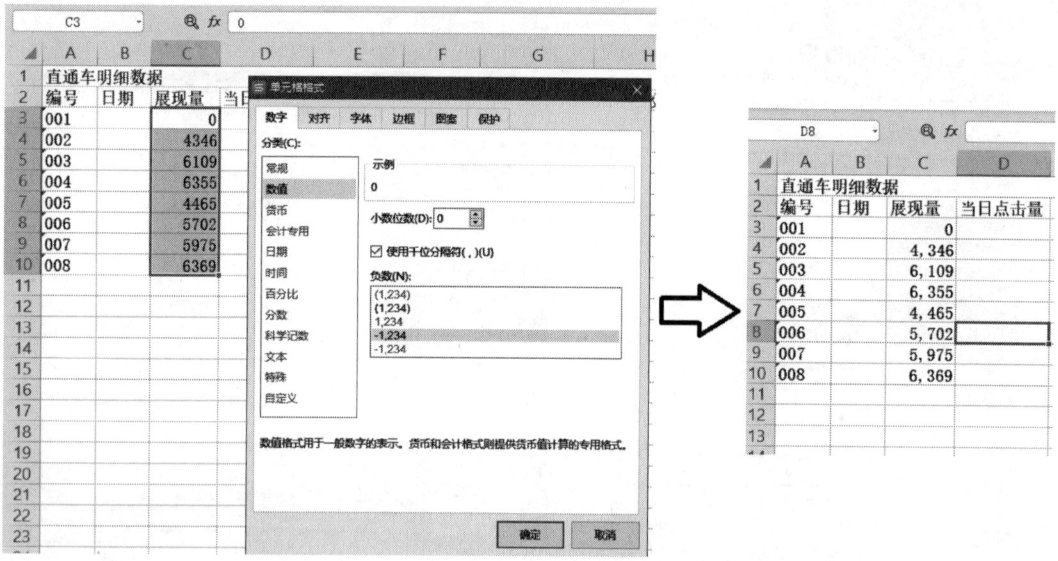

图 2-5　千位分隔符设置（左）和输入效果（右）

（二）输入货币数据

要让输入的数据显示为货币格式，可以按照如下方法操作。

【步骤 1】选中要设置为“货币”格式的单元格，单击右键，选择“设置单元格格式”。

【步骤 2】在弹出的对话框中，在“数字”选项卡的“分类”列表中选择“货币”，并设置小数位数、货币符号的样式，单击“确定”即可，如图 2-6 所示。

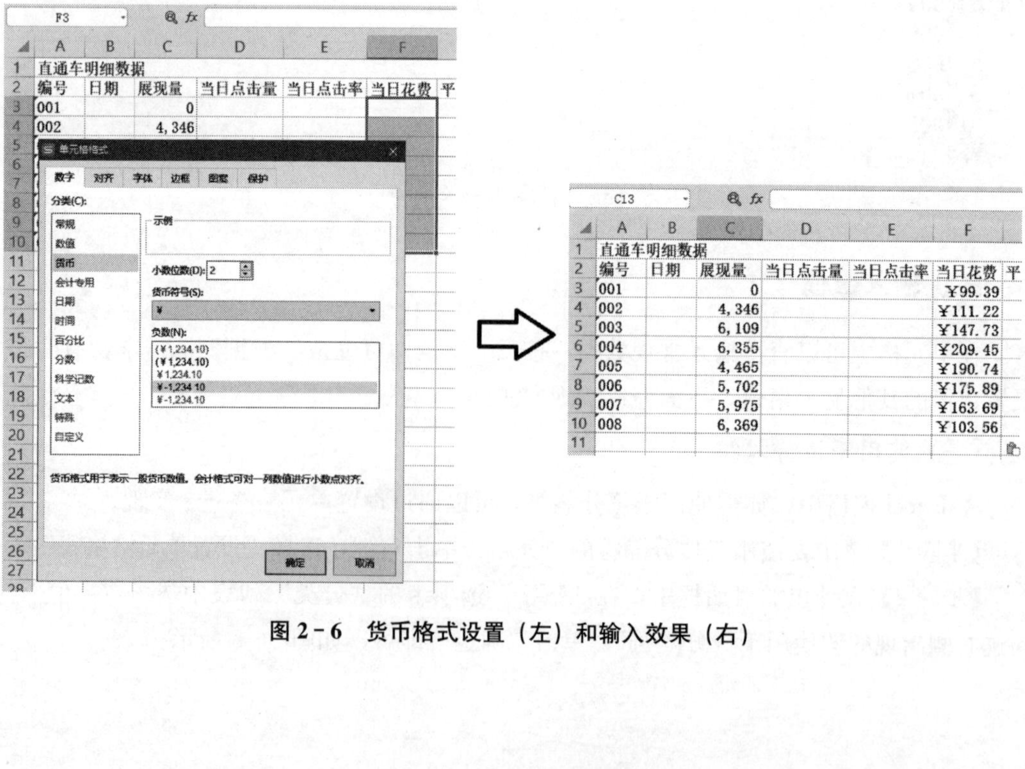

图 2-6　货币格式设置（左）和输入效果（右）

（三）输入分数

如果按照平时书写分数的方法输入，按 Enter 键后输入的数据会自动转换成日期，如图 2－7 所示。

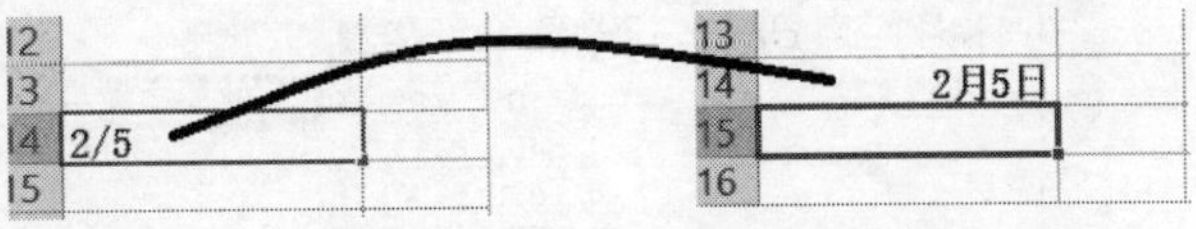

图 2－7　直接输入分数（左）和输入效果（右）

要输入分数，需要在单元格中先输入整数部分，再输入空格和分数部分，如输入“0 2/5”，按 Enter 键即可，如图 2－8 所示。

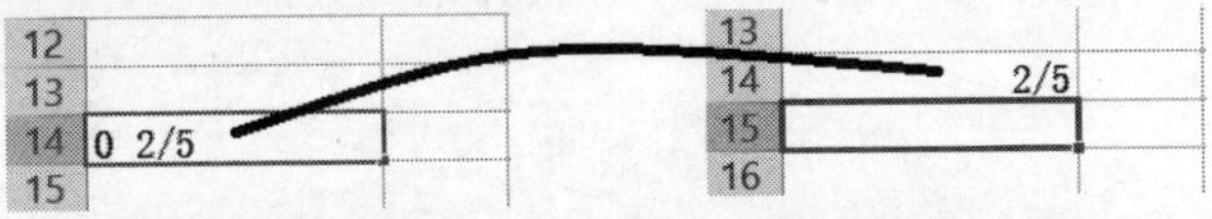

图 2－8　分数输入格式（左）和输入效果（右）

四、输入日期与时间

在 Excel 中，输入的数据如果符合日期或者时间的格式，会自动被识别为日期或时间。例如输入“24－6－7”，按 Enter 键后，其默认显示为“2024－6－7”；输入“24 年 6 月 7 日”，按 Enter 键后，默认显示结果为“2024 年 6 月 7 日”。除此之外，Excel 提供了多种格式的日期类型，用户可以根据需要，采用“设置单元格格式”的方式自行选择。

任务二　快速输入工作表数据

为了提高输入数据的速度，用户可以根据需要进行以下操作，包括快速输入相同数据、快速输入序列数据、使用对话框快速输入数据以及自定义填充序列。

一、快速输入相同数据

如果要输入相同的数据，可以按照以下步骤输入。

【步骤 1】在单元格中输入第一个数据（如在 E3 单元格中输入“辣条”），将光标定位到 E3 单元格右下角，光标变成十字形状“十”，如图 2－9 所示。

【步骤 2】按住鼠标左键不放，向下拖动至填充结束的位置，如图 2－10 所示。

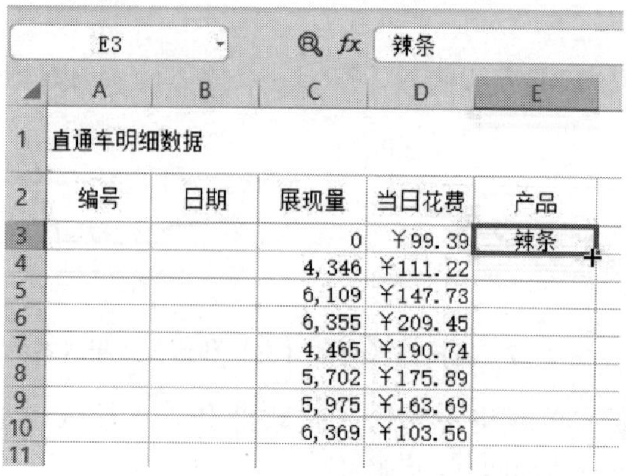

E3 fx 辣条

	A	B	C	D	E
1	直通车明细数据				
2	编号	日期	展现量	当日花费	产品
3			0	￥99.39	辣条
4			4,346	￥111.22	
5			6,109	￥147.73	
6			6,355	￥209.45	
7			4,465	￥190.74	
8			5,702	￥175.89	
9			5,975	￥163.69	
10			6,369	￥103.56	
11					

图 2-9　十字光标样式

E3 fx 辣条

	A	B	C	D	E
1	直通车明细数据				
2	编号	日期	展现量	当日花费	产品
3			0	￥99.39	辣条
4			4,346	￥111.22	
5			6,109	￥147.73	
6			6,355	￥209.45	
7			4,465	￥190.74	
8			5,702	￥175.89	
9			5,975	￥163.69	
10			6,369	￥103.56	
11					

图 2-10　向下拖动填充

【步骤 3】松开鼠标左键，拖动过的位置上都会出现与 E3 单元格中相同的内容，如图 2-11 所示。

E3 fx 辣条

	A	B	C	D	E
1	直通车明细数据				
2	编号	日期	展现量	当日花费	产品
3			0	￥99.39	辣条
4			4,346	￥111.22	辣条
5			6,109	￥147.73	辣条
6			6,355	￥209.45	辣条
7			4,465	￥190.74	辣条
8			5,702	￥175.89	辣条
9			5,975	￥163.69	辣条
10			6,369	￥103.56	辣条
11					

图 2-11　相同数据填充效果

特别提示：要在不连续的单元格中输入相同的数据，可以按住 Ctrl 键，将需要输入的单元格依次选中，在最后一个选择的单元格中输入内容，然后同时按下 Ctrl 和 Enter 键即可实现。

二、快速输入序列数据

对于有规律的数据，可以按住鼠标右键拖动填充柄快速输入，具体步骤如下。

【步骤 1】在单元格 A3 中输入数据“001”，并将光标定位到 A3 单元格右下角，光标变成十字形状“十”，按住鼠标右键不放，向下拖动至结束位置，松开鼠标右键，在弹出的菜单中选择“填充序列”，如图 2 - 12 所示。

【步骤 2】拖动过的位置上被填充了序列数据，间隔值默认为“1”，如图 2 - 13 所示。

图 2 - 12　快速输入有序数据

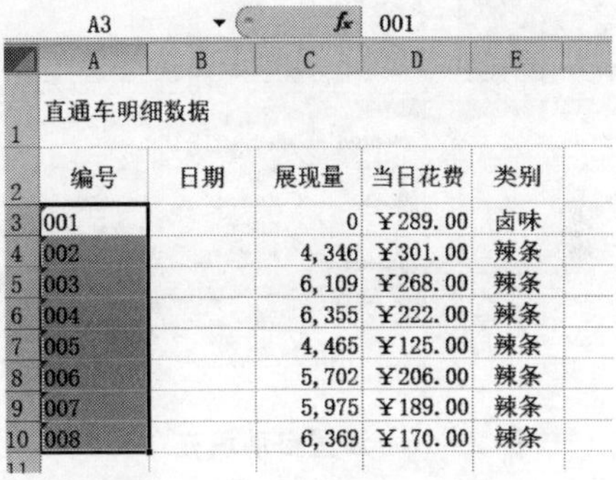

图 2 - 13　有序数据填充效果

三、使用对话框快速输入数据

除了使用填充柄填充数据，用户还可以在“序列”对话框中设置填充格式，具体步骤如下。

【步骤 1】在单元格 B3 中输入数据“7 月 1 日”，选中单元格区域 B3：B10，如图 2 - 14 所示。

【步骤 2】切换至“开始”选项卡，单击“行和列”，在展开的下拉列表中找到“填充”选项，在展开的列表中单击“序列”选项，如图 2 - 15 所示。

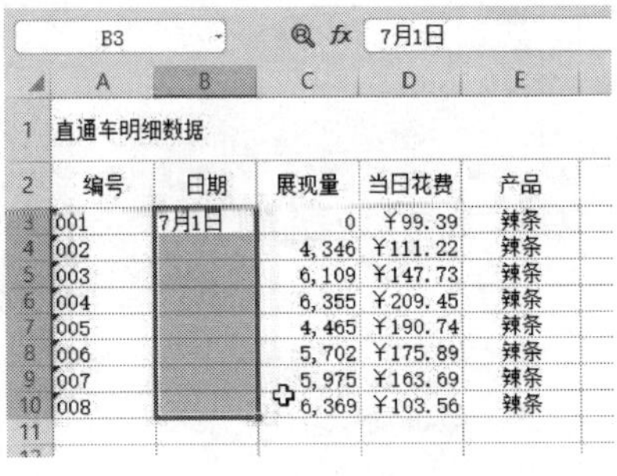

图 2 - 14　选中单元格区域

图 2 - 15　打开“序列”选项

【步骤 3】在弹出的“序列”对话框中，在“序列产生在”选项组中选中“列”，在“类型”选项组中选中“自动填充”，单击“确定”，如图 2－16 所示。

【步骤 4】经过操作后，在单元格区域 B3：B10 中显示自动填充的效果如图 2－17 所示。

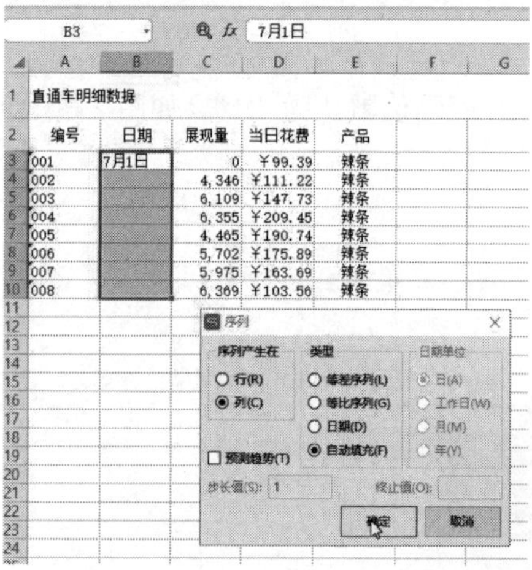

图 2－16　设置自动填充

图 2－17　自动填充的效果

四、自定义填充序列

除了给定的序列外，Excel 还允许用户自定义数据的序列，以便于用户根据自己的需要定义经常使用的序列，加快数据的输入。如商铺中可能需要“卤味、饮品、膨化食品……”等数据序列，它们在各项数据间并无规律可循，要想自动填充这样的数据序列，必须遵守“先定义后使用”的原则，具体步骤如下。

【步骤 1】在工作簿中单击“文件”按钮，在左侧单击“选项”命令。

【步骤 2】在弹出的“选项”对话框中，单击“自定义序列”选项，在“输入序列”文本框中输入自定义的序列内容，每个条目之间都换行，如图 2－18 所示。

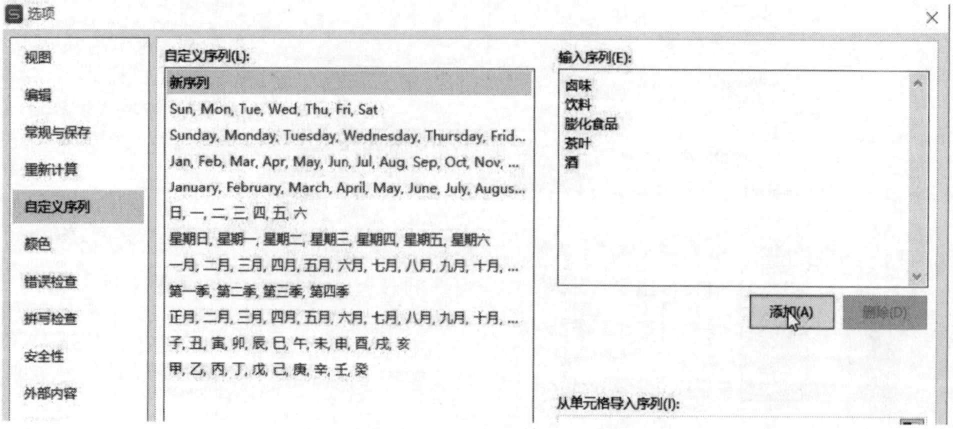

图 2－18　输入自定义序列

【步骤 3】单击“添加”按钮，此时在“自定义序列”列表框中显示自定义的序列内容，如图 2－19 所示。单击“确定”按钮。

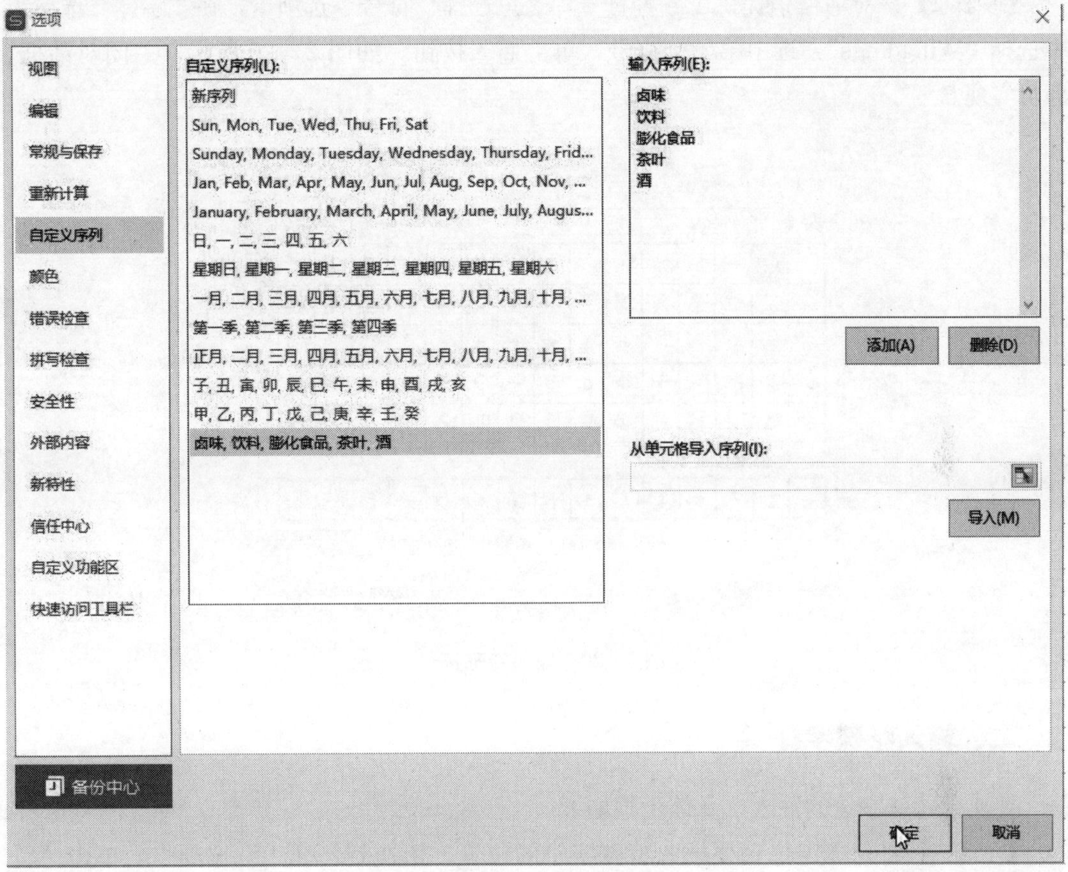

图 2－19　添加自定义序列

【步骤 4】在工作表中，选择一个单元格，输入前面自定义序列中的一个项目，向下拖动该单元格的填充柄，将自动重复前面定义的序列。

任务三　输入特殊符号与字符

如果需要在单元格中输入一些特殊的符号，但这些符号又无法使用键盘输入，此时可以使用 Excel 的“符号”对话框进行操作。

一、输入特殊符号

要实现特殊符号的输入，具体步骤如下。

【步骤 1】将光标定位到要插入符号的位置，切换到“插入”选项卡，单击“符号”按钮，在下拉列表中选择“其他符号”，打开“符号”对话框。

【步骤 2】该对话框中提供了各种符号，这里选择“符号”选项卡，在“字体”选项组中选择“Wingdings”，选中第一个符号，单击插入按钮，如图 2－20 所示，关闭对话框，即可实现。

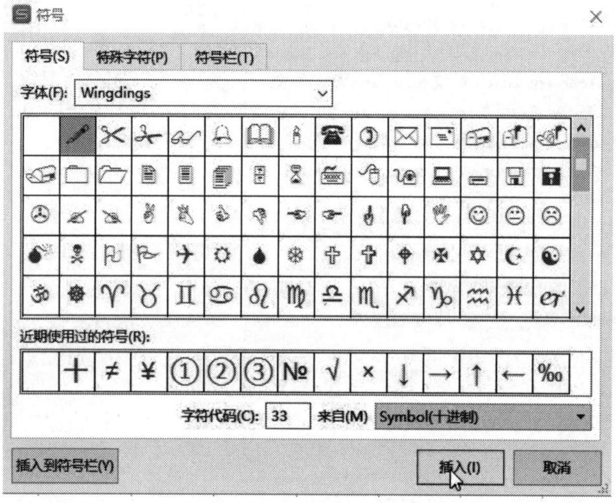

图 2－20　输入特殊符号

二、输入特殊字符

要实现特殊字符的输入，具体步骤如下。

【步骤 1】将光标定位到要插入特殊字符的位置，切换到“插入”选项卡，单击“符号”按钮，打开“符号”对话框。

【步骤 2】选择“特殊字符”选项卡，可以实现一些特殊字符的输入，如图 2－21 所示。

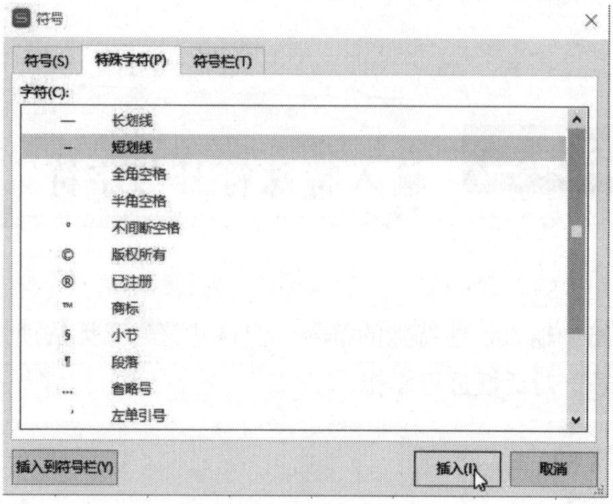

图 2－21　输入特殊字符

任务四　设置数据有效性

数据有效性是对单元格或单元格区域输入的数据从内容到数量上的限制。对于符合条件的数据，允许输入；对于不符合条件的数据，则禁止输入。这样就可以依靠系统检查数据的正确性，避免录入错误的数据。

一、设置数值输入区间

例如，要想实现输入的“当日花费”的数值在0～300范围内，具体步骤如下。

【步骤1】选中需要设置的数据单元格，切换到“数据”选项卡，单击“有效性”按钮，打开“数据有效性”对话框。

【步骤2】选择“设置”选项卡，在“允许”选项组中选择“小数”，在“数据”选项组中选择“介于”，输入最小值0，最大值300，如图2-22所示。

图2-22　设置数据输入区间

【步骤3】单击“确定”按钮，为验证设置数据的有效性，在单元格D3中输入超出范围的301，按Enter键后，就会弹出停止警告，直至输入正确为止，如图2-23所示。

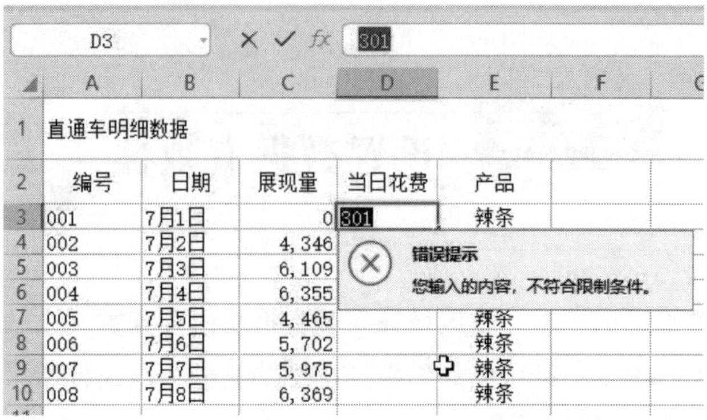

图 2-23　数据输入区间设置效果

二、设置输入信息

若要在输入之前进行信息的提醒，如要实现在输入“当日花费”的金额时，提醒用户“请输入 0～300 之间的金额”，具体操作步骤如下。

【步骤 1】选中需要设置的数据单元格，切换到“数据”选项卡，单击“有效性”按钮，打开“数据有效性”对话框。

【步骤 2】选择“输入信息”选项卡，勾选“选定单元格时显示输入信息”，在“标题”文本框中填写“提醒：”，在“输入信息”文本框中填写“请输入 0～300 之间的金额”，如图 2-24 所示。

图 2-24　设置输入信息

【步骤 3】单击“确定”按钮，选中 D3：D10 区域的单元格时，即可看到提示信息，如图 2 - 25 所示。

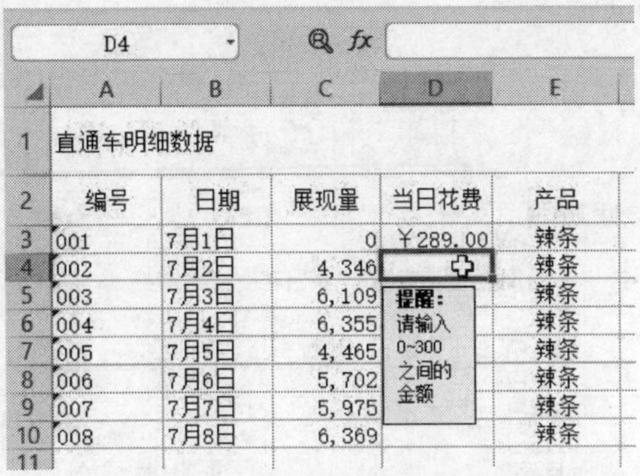

图 2 - 25　输入信息设置效果

三、设置出错警告

出错警告有三种样式，分别是停止、警告、信息。“停止”即不允许输入不正确的信息；“警告”即允许选择是否继续输入错误的信息；“信息”即只提醒，不限制输入。对出错警告的设置步骤如下。

【步骤 1】选中需要设置的数据单元格，切换到“数据”选项卡，单击“有效性”按钮，打开“数据有效性”对话框。

【步骤 2】选择“出错警告”选项卡，勾选“输入无效数据时显示出错警告”，在“样式”选项组中选择出错警告的样式，这里选择“警告”，并输入标题和错误信息，如图 2 - 26 所示。

图 2 - 26　设置出错警告

【步骤 3】单击“确定”按钮，当输入无效数据时，即可看到警告信息，如图 2-27 所示，再次按 Enter 键后确认输入。

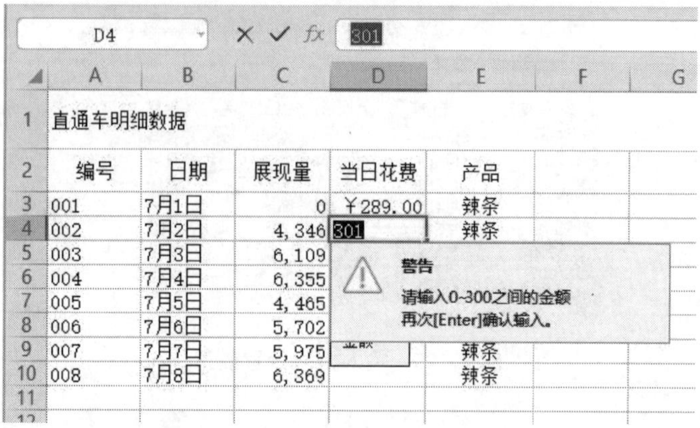

图 2-27　出错警告设置效果

四、设置下拉列表限制输入

若要限制用户不能手动输入，只能从固定的选择项中选择，可以通过设置“序列”实现下拉列表的选择输入，具体步骤如下。

【步骤 1】选中需要设置的数据单元格，切换到“数据”选项卡，单击“有效性”按钮，打开“数据有效性”对话框。

【步骤 2】选择“设置”选项卡，在“允许”选项组中选择“序列”，在“数据”选项组中选择“介于”，在“来源”文本框中输入选择项，用英文的逗号隔开，如图 2-28 所示。

图 2-28　限制输入设置

【步骤 3】单击“确定”按钮，当要输入产品名称时，就会出现下拉列表以供选择，如图 2－29 所示。

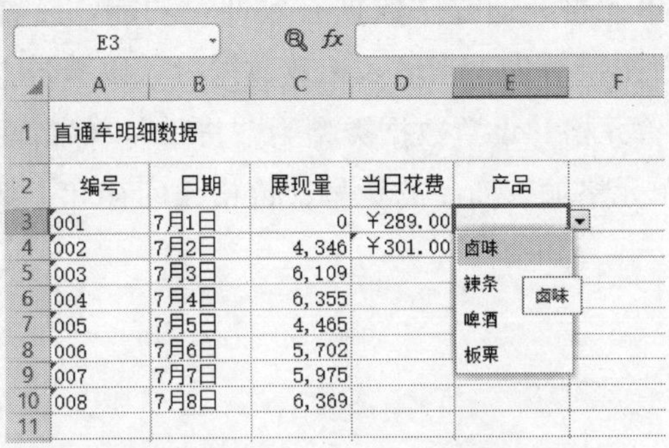

	A	B	C	D	E	F
1	直通车明细数据					
2	编号	日期	展现量	当日花费	产品	
3	001	7月1日	0	￥289.00		
4	002	7月2日	4,346	￥301.00		
5	003	7月3日	6,109			
6	004	7月4日	6,355			
7	005	7月5日	4,465			
8	006	7月6日	5,702			
9	007	7月7日	5,975			
10	008	7月8日	6,369			
11						

图 2－29　限制输入设置效果

项目小结

本项目主要介绍了在 Excel 中常见的数据类型及输入方式，要求学习者能够利用填充功能快速地将数据输入工作表中，并掌握数据有效性的设置方法，保证数据的正确输入。

实训活动

根据任务要求，制作一个网店的商品信息表，最后效果如图 2－30 所示。

A	B	C	D	E	F
商品信息表					
编号	商品名称	货号	商品价格	库存	上架时间
001	散装豆干300g	5711899044	¥18.80	8655	2019/1/18
002	长沙臭豆腐160g	6034570370	¥9.98	55830	2019/2/27
003	亲嘴烧怀旧180g	6140502924	¥10.90	4735	2019/3/3
004	麻辣鸭心20包	6147526663	¥29.80	9355	2019/3/4
005	海带丝12包	6244912924	¥21.90	3988	2019/3/6
006	鱼豆腐32包	6799872183	¥21.80	3987	2019/3/22
007	麻辣竹笋20包	6881657132	¥21.80	9905	2019/3/25
008	盐焗鸡蛋20枚	7078529739	¥26.82	15882	2019/4/4
009	手撕鸭肉干10包	8462316722	¥11.78	11669	2019/5/5
010	大辣片3包	8468911462	¥15.90	7851	2019/5/5
011	金针菇下饭菜10包	8987204924	¥36.90	11963	2019/5/20
012	手撕素肉卷10包	5432298269	¥11.61	20007	2019/6/14

图 2－30　网店商品信息表

任务要求如下：

（1）新建一个工作簿文件，命名为“商品信息表”。

（2）输入表头及每一列的列名。

（3）在 A3：A14 单元格中利用快速填充功能输入编号。

（4）在 B3：B14 单元格中输入商品名称，注意中英文切换。

（5）选中 C3：C14 单元格，通过“数据有效性”功能，设置提示信息为“提示：货号为 10 位数字”，并设置出错警告。当输入无效数据时，以警告方式弹出对话框。

（6）选中 D3：D14 单元格，设置数据类型为“货币”，保留两位小数。

（7）分别在对应的单元格输入商品的货号、价格、库存和上架时间，可自行设置日期样式。

思考与练习

一、判断题

1. 默认情况下，输入数字是数值型数据，靠左对齐。（　　）

2. 在 Excel 中，日期为数值的一种。（　　）

3. Excel 可根据用户在单元格内输入的第一个字符串判定该字符串的模式为数值或标记。（　　）

4. 如果要选择多个不相邻的单元格或单元格区域，可以在按住 Ctrl 键的同时，进行单元格的选择或单元格区域选择操作。（　　）

二、单项选择题

1. 在 Excel 中，数据类型有数字、文字和（　　）。

A. 日期/时间　　B. 日期　　C. 时间　　D. 逻辑

2. 在单元格中输入内容后，如果想将光标定位在下一列则按（　　）键。

A. Enter　　B. Table　　C. Alt+Enter　　D. Alt+Table

3. 如设定单元格中数字保留一位小数，输入数字 5.467 后将显示为（　　）。

A. 5.5　　B. 5　　C. 5.47　　D. 5.4

4. 在 Excel 中，输入分数 1/2 的方法是（　　）。

A. −1/2　　B. 01/2　　C. 0 1/2　　D. 0.5

5. 在 Excel 中，用户可以设置输入数据的有效性，“设置”选项卡可设置数据输入提示信息和输入错误提示信息，其作用是限定输入数据的（　　）。

A. 小数的有效位　　B. 类型

C. 范围　　D. 类型和范围

三、简答题

1. 如何在单元格 A1～A5 中，快速输入“001～005”的编号，请简要描述操作步骤。

2. 如何在单元格 A1、B2、C3、D4 中，同时输入日期“7 月 1 日”，请简要描述操作步骤。

项目三

电子商务数据整理与编辑

项目导读

为了使数据表更加具备可读性、可用性，方便查阅和分析处理，需要对输入的数据进行整理和编辑。运用 Excel 的基本功能和简单函数，可以对数据进行加工处理，调整数据存放的结构和数据显示的方式。

学习目标

知识目标

- 掌握数据编辑的基本操作，如选取、复制、粘贴、移动、清除等
- 熟悉单元格的格式设置
- 掌握数据的分列、合并和排序
- 掌握条件格式、数据条、色阶和图标集等标识重要数据

能力目标

- 能够有效整理 Excel 数据，确保数据的一致性和准确性
- 能够使用 Excel 简单函数进行数据的排序和合并分列，以便更好地组织和分析数据
- 能够应用不同的单元格格式和样式，使数据呈现更具可读性

素养目标

- 培养对数据的有效组织和管理能力，并能运用批判性思维分析 Excel 中的数据，高效提取有效信息
- 培养对数据呈现的审美能力和创新能力

案例导入

小峰在拼多多平台康乐零食小店负责运营工作，需要处理每天的直通车数据，并做成数据表。为了让数据表清晰明了，关键数据突出，方便查阅，小峰需要学习怎么整理和编辑数据，比如要把不同商品的销量升序排列，并且把销量较少的突出标记等。那么怎样把表格做得实用且美观呢？

点评：Excel 对表格数据的操作功能非常强大，而且通常一个问题会有多种解决方案，可以根据自己的习惯灵活运用。

任务一 数据的选取、复制、粘贴与删除

为了方便用户建立和维护工作表，Excel 提供了多种编辑命令，支持对单元格中的数据进行选取、复制、粘贴和删除等基本操作。

一、数据选取

（一）选取多个不连续的单元格

打开工作表，在按住 Ctrl 键的同时，逐个单击需要选择的单元格即可。

（二）选取工作表中所有单元格

单击工作表中行标题与列标题交叉处的区域◢，即可选取工作表中所有单元格。

（三）选择大范围块状单元格区域

如果需要选中的矩形区域范围过大，由于屏幕大小限制，选取比较麻烦，可通过以下步骤快速实现。

【步骤 1】在“名称框”（编辑栏左边的文本框）中输入想要选中的矩形区域的左上角单元格名称和右下角单元格名称，中间用冒号分开，如图 3－1 所示。

图 3－1 输入选中区域名称

【步骤 2】按下 Enter 键即可选中以这两个单元格为对角线的矩形区域。

二、数据移动、复制和粘贴

（一）普通数据的移动和复制

对于普通的数据，如果需要从一个位置移动或者复制到其他位置，只需要按正常的操作，使用 Ctrl＋C 快捷键复制，或者 Ctrl＋X 快捷键剪切，然后定位到目标位置使用 Ctrl＋V 快捷键粘贴即可，也可以使用菜单选择命令。

（二）公式的复制

在 Excel 中，对于同类型的数据计算，可以通过公式的复制快速完成。如图 3－2 所示的数据表中，在 C34 单元格中输入公式“＝AVERAGE（C3：C33)”，即可计算出 C3 到 C33 范围内的平均值。如后面的单元格都需要计算平均值，可使用公式的复制功能，与填充功能类似，具体步骤如下。

【步骤 1】在 C34 单元格中输入公式“＝AVERAGE（C3：C33)”，按下 Enter 键，得到结果，如图 3－2 所示。

C34　=AVERAGE(C3:C33)

	A	B	C	D	E	F
22	020	5月20日	5,521	367	6.65%	￥83.90
23	021	5月21日	8,172	444	5.43%	￥117.97
24	022	5月22日	8,835	500	5.66%	￥137.35
25	023	5月23日	11,362	500	4.40%	￥203.27
26	024	5月24日	13,216	573	4.34%	￥265.31
27	025	5月25日	6,108	309	5.06%	￥117.67
28	026	5月26日	8,543	490	5.74%	￥161.25
29	027	5月27日	6,021	512	8.50%	￥141.49
30	028	5月28日	7,356	529	7.19%	￥156.81
31	029	5月29日	7,507	467	6.22%	￥163.08
32	030	5月30日	7,798	477	6.12%	￥191.13
33	031	5月31日	7,795	419	5.38%	￥215.20
34	平均值		7131.03			

图 3－2　输入公式计算平均值

【步骤 2】选中该单元格，将光标定位到单元格右下角，光标变成十字形状“十”，按住鼠标左键不松，向右侧其余需要计算的单元格拖动，松开鼠标后即可完成公式的复制，如图 3－3 所示。

	A	B	C	D	E	F	G	H	I	J	K	L
22	020	5月20日	5,521	367	6.65%	￥83.90	￥0.23	21	￥843.90	5.72%	39	10.06
23	021	5月21日	8,172	444	5.43%	￥117.97	￥0.27	33	￥989.10	5.43%	38	8.38
24	022	5月22日	8,835	500	5.66%	￥137.35	￥0.27	27	￥692.90	5.40%	29	5.04
25	023	5月23日	11,362	500	4.40%	￥203.27	￥0.41	32	￥924.05	6.40%	48	4.55
26	024	5月24日	13,216	573	4.34%	￥265.31	￥0.46	26	￥828.91	4.54%	48	3.12
27	025	5月25日	6,108	309	5.06%	￥117.67	￥0.38	10	￥261.25	3.24%	25	2.22
28	026	5月26日	8,543	490	5.74%	￥161.25	￥0.33	26	￥685.26	5.31%	40	4.25
29	027	5月27日	6,021	512	8.50%	￥141.49	￥0.28	19	￥584.44	3.71%	42	4.13
30	028	5月28日	7,356	529	7.19%	￥156.81	￥0.30	24	￥683.74	4.54%	31	4.36
31	029	5月29日	7,507	467	6.22%	￥163.08	￥0.35	27	￥708.19	5.78%	33	4.34
32	030	5月30日	7,798	477	6.12%	￥191.13	￥0.40	30	￥693.12	6.29%	42	3.63
33	031	5月31日	7,795	419	5.38%	￥215.20	￥0.51	22	￥601.20	5.25%	47	2.79
34	平均值		7131.03	448.45	0.06	130.10	0.27	23.03	649.15	0.05	31.94	5.07

图 3－3　公式复制效果

（三）选择性粘贴

选择性粘贴，就是对复制的内容有选择地进行粘贴，可通过鼠标右击菜单来完成，如图 3－4 所示，包括仅粘贴格式、粘贴值和数字格式、粘贴公式和数字格式等。更多需求可在“选择性粘贴”对话框中进行设置。

图 3-4　选择性粘贴

三、数据删除

要删除数据，可以选中要删除的单元格，按 Delete 键即可。但此种方法并不能删除单元格的格式，如果要一次性将数据和格式全部删除，需要选中要删除的区域，在“开始”选项卡下，单击“清除”按钮，在其下拉菜单中选择“全部”即可，如图 3-5 所示。

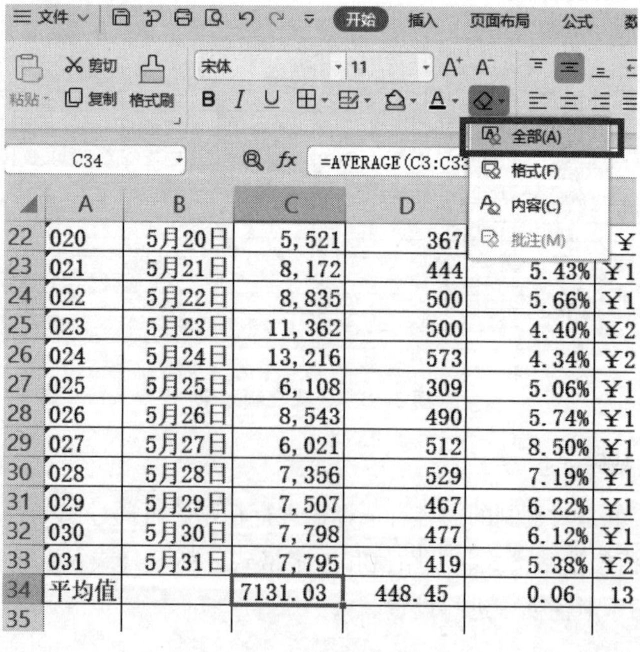

图 3-5　数据删除

任务二　单元格格式设置

单元格格式的设置主要包括字体格式的设置、数据对齐方式的设置以及单元格边框和底纹的设置等，这些都属于 Excel 最基本的操作。

一、设置字体格式

数据输入工作表后，可以对字体、字号进行修改，另外也可以设置一些效果，让表格数据更美观。

（一）设置字体字号

【步骤 1】选中需要设置字体的单元格，在“开始”选项卡下，在“字体”组单击“字体”下拉按钮，选择需要的字体选项，如图 3－6 所示。

【步骤 2】在“字体”组单击“字号”下拉按钮，选择合适的字号，如图 3－7 所示。

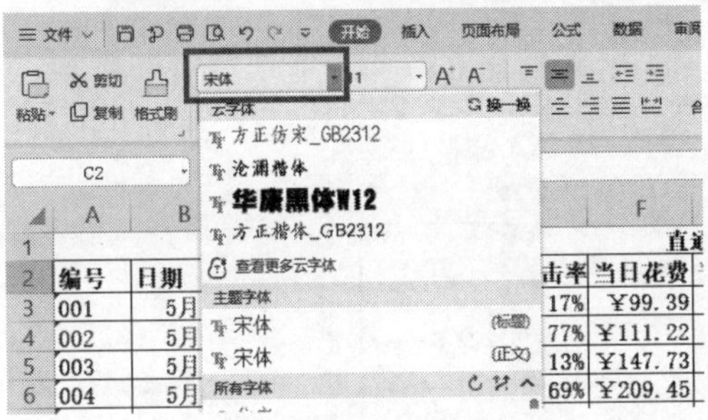

图 3－6　字体设置

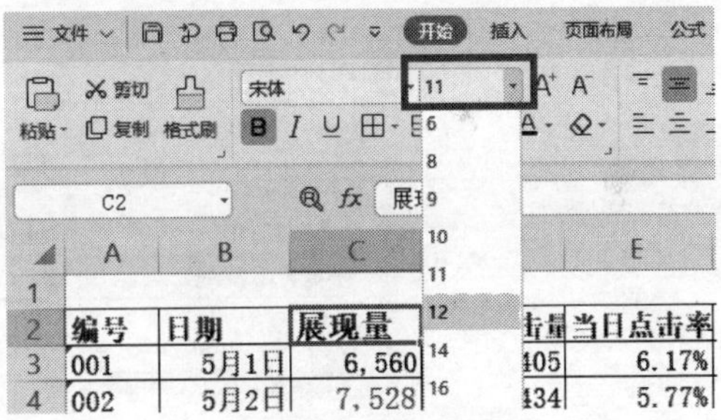

图 3－7　字号设置

（二）设置字体效果

用户可以为指定文本添加一些效果，比如加粗、设置字体颜色、字体倾斜、添加下划线等，起到突出显示的目的。

在“开始”选项卡中的字体组内，单击“加粗”按钮 B，可以将所选单元格内文本加粗显示；单击“字体颜色”下拉按钮 A·，可将所选区域中的数据设置成相应的颜色；单击“下划线”按钮 U，可为所选数据添加下划线；单击“倾斜”按钮 *I*，可以将数据设置倾斜效果。

二、设置数据对齐方式

（一）设置文本对齐方式

默认情况下，文本型数据自动靠单元格左侧对齐，数值型数据自动靠单元格右侧对齐，用户可以通过设置来改变数据的对齐方式。以居中对齐为例，实现步骤是：选中需要设置对齐方式的单元格区域，在“开始”选项卡的“对齐方式”组中单击“居中”按钮，选区内的所有数据随即在水平方向上居中对齐。

“对齐方式”组的左侧有 6 个按钮用于设置对齐方式，如图 3－8 所示。从上至下，从左至右分别是：“顶端对齐”“垂直居中”“底端对齐”“左对齐”“居中”“右对齐”。

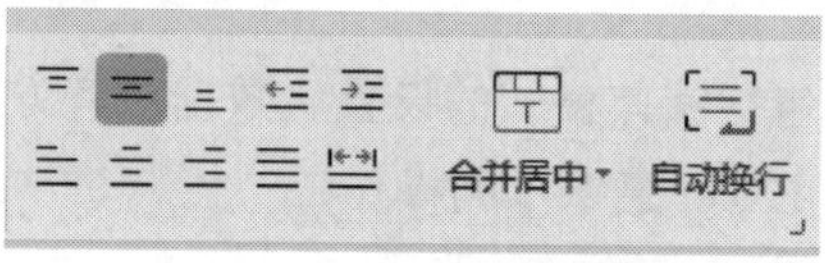

图 3－8　对齐方式组

（二）设置分散对齐

有些工作表中的数据文本长度差别较大，使用上述几种对齐方式看上去都不是很整齐，此时可以使用分散对齐，具体使用步骤如下。

【步骤 1】选中需要设置的单元格区域，单击鼠标右键，在弹出的下拉列表中选择“设置单元格格式”。

【步骤 2】在弹出的对话框中，选择“对齐”选项卡，单击“水平对齐”下拉按钮，选择“分散对齐（缩进）”，设置缩进值为 2，如图 3－9 所示。

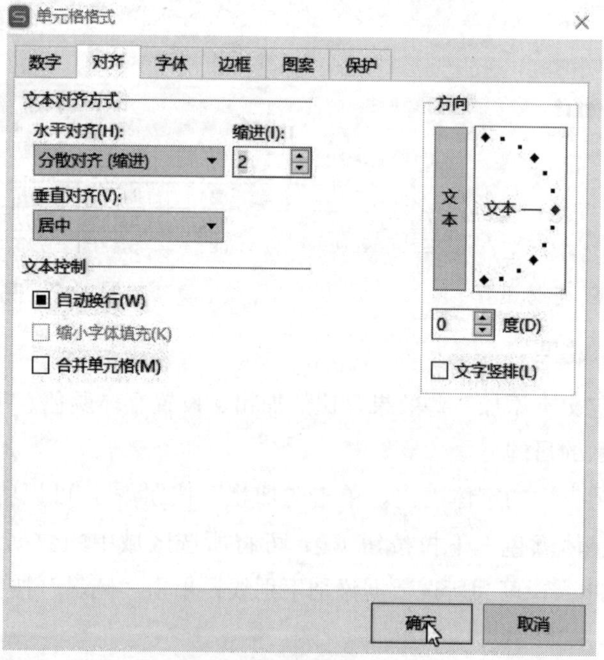

图 3－9　设置分散对齐

可通过图 3－10、图 3－11 对设置分散对齐的前后效果进行对比，图 3－10 为设置之前，图 3－11 为设置之后。

图 3-10　分散对齐设置前

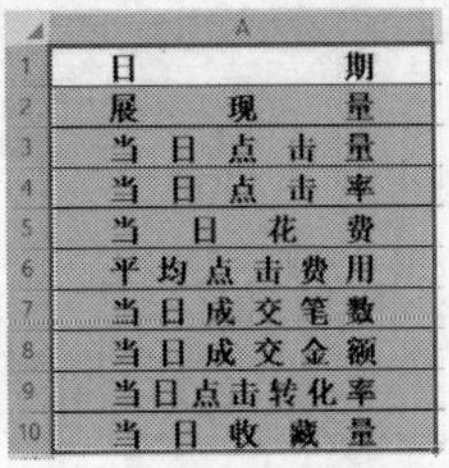

图 3-11　分散对齐设置后

(三) 合并单元格

一般数据表的标题都会用到合并单元格的功能，即把多个单元格合并成一个大的单元格。具体实现步骤是：选中需要合并的单元格，在“开始”选项卡下的“对齐方式”组中，单击“合并居中”下拉按钮，如图 3-12 所示。在下拉列表中选择需要的合并选项。

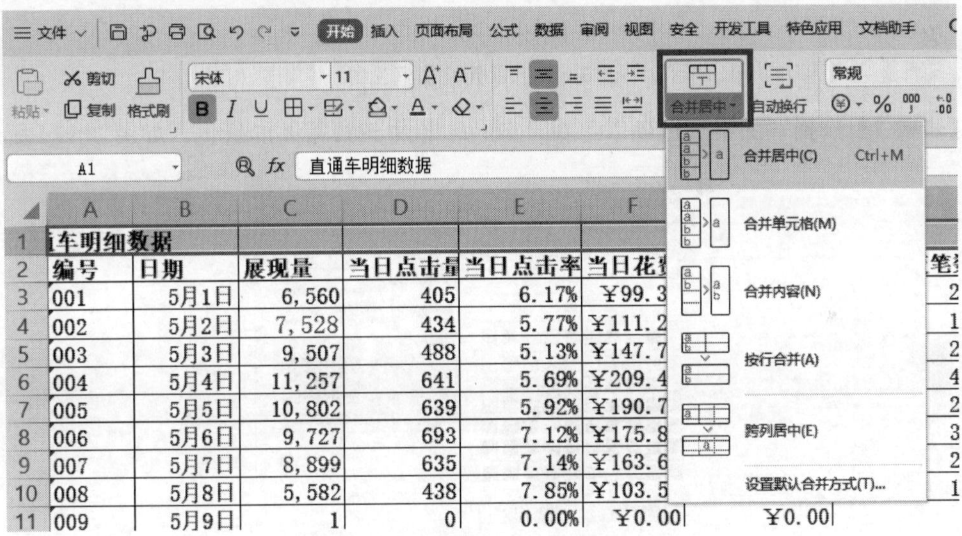

图 3-12　合并单元格选项

“合并居中”与“合并单元格”的区别在于，单击“合并单元格”后，文本依然保持左上角对齐方式。若想取消合并单元格，只需再次单击合并选项即可。

三、设置单元格边框、底纹效果

使用 Excel 可以为选中的单元格区域设置各种类型的边框和底纹，下面为单元格设置虚线和背景色，具体步骤如下。

【步骤 1】选中目标单元格，单击鼠标右键，在弹出的下拉列表中选择“设置单元格格式”。

【步骤 2】在“单元格格式”对话框中，选择“边框”选项卡，在“线条”样式中选择虚线，从颜色下拉列表中选择合适的颜色，在“边框”栏中选中“外边框”“内部”，如图 3-13 所示。

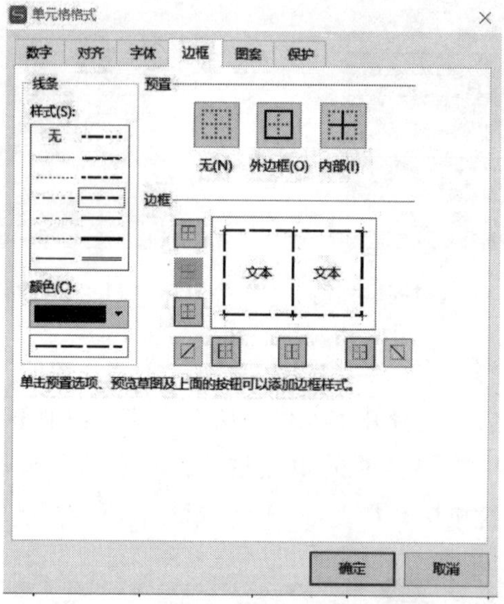

图 3-13　单元格边框设置

【步骤 3】选择“图案”选项卡，在“颜色”栏中选择需要的颜色，如图 3-14 所示。

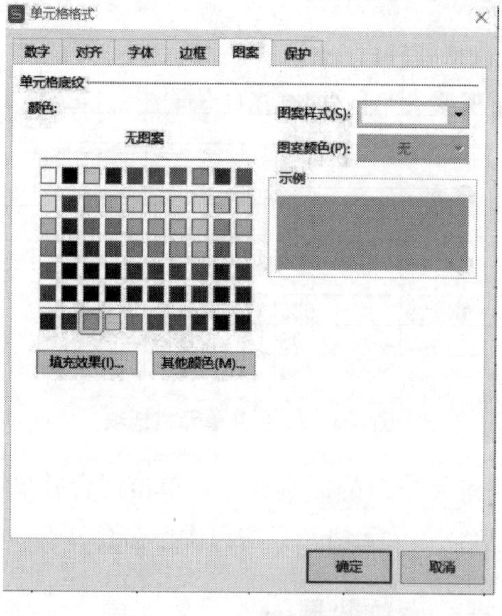

图 3-14　单元格底纹设置

【步骤 4】单击“确定”按钮，即可看到设置后的效果，如图 3-15 所示。

	A	B	C	D	E	F	G	H	I	J	K	L
1	直通车明细数据											
2	编号	日期	展现量	当日点击量	当日点击率	当日花费	平均点击费用	当日成交笔数	当日成交金额	当日点击转化率	当日收藏量	直通车投入产出比
3	001	5月1日	6,560	405	6.17%	¥99.39	¥0.25	25	¥522.47	6.17%	32	5.26
4	002	5月2日	7,528	434	5.77%	¥111.22	¥0.26	19	¥346.37	4.38%	27	3.11
5	003	5月3日	9,507	488	5.13%	¥147.73	¥0.30	29	¥590.02	5.94%	25	3.99
6	004	5月4日	11,257	641	5.69%	¥209.45	¥0.33	40	779.18	6.24%	49	3.72
7	005	5月5日	10,802	639	5.92%	¥190.74	¥0.30	27	¥716.17	4.23%	32	3.75
8	006	5月6日	9,727	693	7.12%	¥175.89	¥0.25	31	¥851.87	4.47%	39	4.84
9	007	5月7日	8,899	635	7.14%	¥163.69	¥0.26	22	¥682.18	3.46%	27	4.17

图 3-15　单元格边框、底纹设置效果

四、格式清除

若要将工作表中所有单元格设置的格式一次性清除完毕，可使用 Ctrl＋A 选中整张工作表，在“开始”选项卡下单击“清除”下拉按钮，在下拉菜单中选择“格式”，即可实现。

任务三　数据的分列与合并

数据的分列是指将一列数据根据一定的规则分成多列；数据的合并是指将多列或多行数据合并成一列或一行。

一、单元格文本数据分列

单元格中的文本数据通过分列可达到更加细化数据的效果，如要将图 3－16 中产品的包装规格单独放置另外一列，达到如图 3－17 的效果，使用数据分列功能实现步骤如下。

产品
酒鬼豆筋70g
酒鬼豆筋35g
素牛筋110g
酒鬼鱼45g
臭豆腐盒装500g
蒜蓉豆皮35g
臭豆腐100g
素肉相思卷125g

图 3－16　文本数据分列前

产品	规格
酒鬼豆筋	70g
酒鬼豆筋	35g
素牛筋	110g
酒鬼鱼	45g
臭豆腐盒装	500g
蒜蓉豆皮	35g
臭豆腐	100g
素肉相思卷	125g

图 3－17　文本数据分列后

【步骤 1】在要分列的位置添加分隔符，如分号、逗号、空格等，这里在产品和规格之间添加一个空格。

【步骤 2】切换到“数据”选项卡，单击“分列”命令，打开“文本分列向导”对话框，选择“分隔符号”选项，如图 3－18 所示，单击“下一步”按钮。

【步骤 3】选择分隔符号为空格，即可看到下方的数据预览区已经将其分开，如图 3－19 所示，单击“下一步”按钮。

【步骤 4】设置列数据的类型，这里选择“常规”格式，在目标区域中输入或选择分列后数据存放的位置，如图 3－20 所示，单击“完成”按钮。

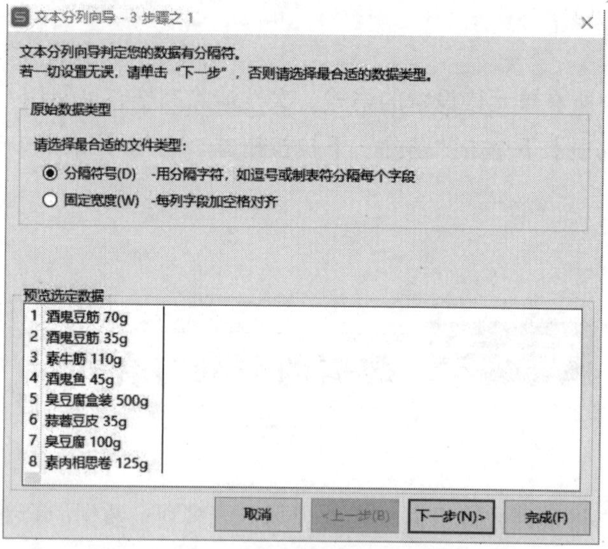

图 3-18　打开“文本分列向导”对话框

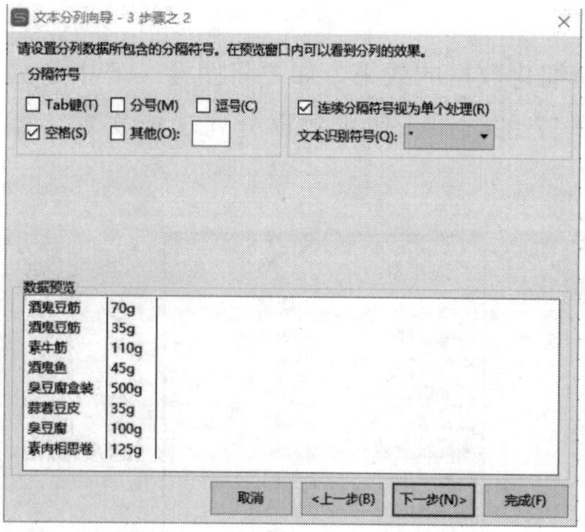

图 3-19　选择分隔符号为空格

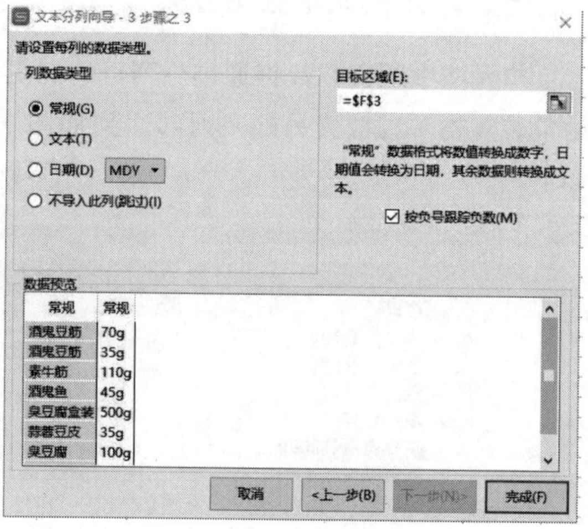

图 3-20　设置目标区域

【步骤 5】在数据的上方输入对应的标题，即可实现如图 3-17 所示的分列效果。

二、多列数据合并成一列

若要将多列数据合并成一列，可以采用 & 符号连接和 CONCATENATE 函数合并两种方法。

（一）& 符号连接

“&”符号可以连接前后两个字符串，如要将 A2 和 B2 两个单元格的内容合并在一起，可以在 C2 单元格中输入公式“＝A2&B2”，再按 Enter 键即可实现，如图 3-21 所示。

（二）CONCATENATE 函数合并

CONCATENATE 函数可以将文本、数字、单元格引用等合并为一个文本字符串，语法格式是 CONCATENATE（text1，text2，…）。如图 3－22 所示，可以在 C2 单元格中输入公式"＝CONCATENATE（A2，B2）"，按 Enter 键即可将 A2 和 B2 两个单元格的数据合并到 C2 中。

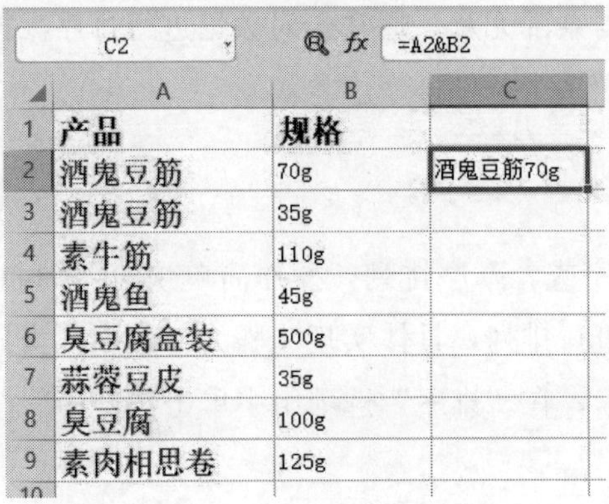

图 3－21　& 符号连接合并方法

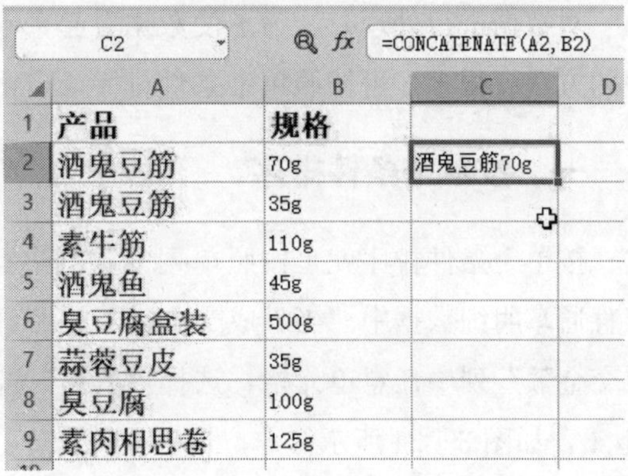

图 3－22　CONCATENATE 函数合并方法

三、多行数据合并成一行

将多行数据合并成一行的方法与多列合并一列的方法一致，在合并过程中，如果希望在两个单元格的数据中添加空格，则可以用引号将空格符括起来。如图 3－23 所示，将 A2 和 A5 合并到 A10 中，并以空格隔开，可在 A10 单元格中输入"＝CONCATENATE（A2,"", A5)"，再按 Enter 键即可。

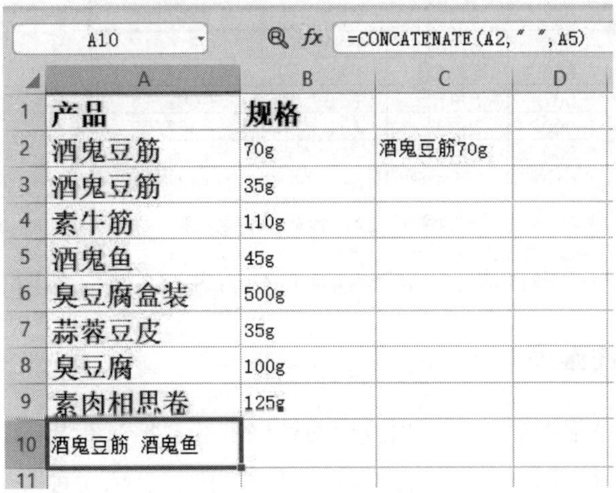

图 3－23　多行数据合并

任务四 数据排序

对数据进行处理时，为了使数据看起来不显得杂乱无章，通常会对数据进行排序。排序的方法有很多，可按照单个条件排序，也可按照多个条件排序。

一、按单个条件排序

按单个条件排序就是按照单列的数据进行升序或者降序排列，操作简单快速。例如，将直通车明细数据中“当日成交金额”按照升序进行排列，具体实现步骤为：选中“当日成交金额”列中任意单元格，选择“数据”选项卡，在“排序”选项组中单击“升序”按钮，如图 3－24 所示。

图 3－24　找到升序按钮

可以看到表格按照“当日成交金额”列从低到高进行排列，如图 3－25 所示。

二、按多个条件排序

按多个条件排序是根据需要对两列或者两列以上的数据进行排序。例如，将“当日花费”按照降序排序，将“当日成交金额”按照升序排序，具体实现步骤如下。

【步骤 1】选中工作表中任意一个单元格，选择“数据”选项卡，单击“排序”按钮，如图 3－26 所示。

编号	日期	当日花费	当日成交金额
009	5月9日	¥0.00	¥44.42
010	5月10日	¥0.00	¥60.18
025	5月25日	¥117.67	¥261.25
002	5月2日	¥111.22	¥346.37
008	5月8日	¥103.56	¥367.02
011	5月11日	¥75.50	¥446.52
001	5月1日	¥99.39	¥522.47
016	5月16日	¥101.81	¥563.20
027	5月27日	¥141.49	¥584.44
012	5月12日	¥104.04	¥587.36
003	5月3日	¥147.73	¥590.02
031	5月31日	¥215.20	¥601.20
019	5月19日	¥98.67	¥635.90
013	5月13日	¥104.10	¥639.03
017	5月17日	¥93.54	¥672.90
007	5月7日	¥163.69	¥682.18
028	5月28日	¥156.81	¥683.74
026	5月26日	¥161.25	¥685.26
022	5月22日	¥137.35	¥692.90
030	5月30日	¥191.13	¥693.12
029	5月29日	¥163.08	¥708.19

图 3-25　升序排列效果

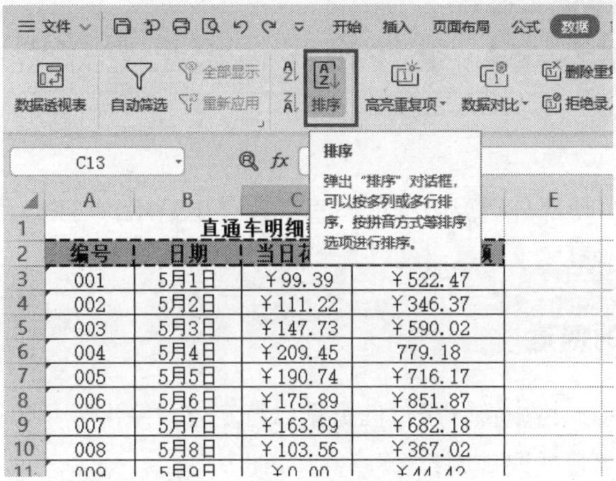

图 3-26　找到排序选项

【步骤 2】在弹出的“排序”对话框中，设置“主要关键字”为“当日花费”，“排序依据”保持不变，设置“次序”为“降序”，设置好后单击“添加条件”按钮，如图 3-27 所示。

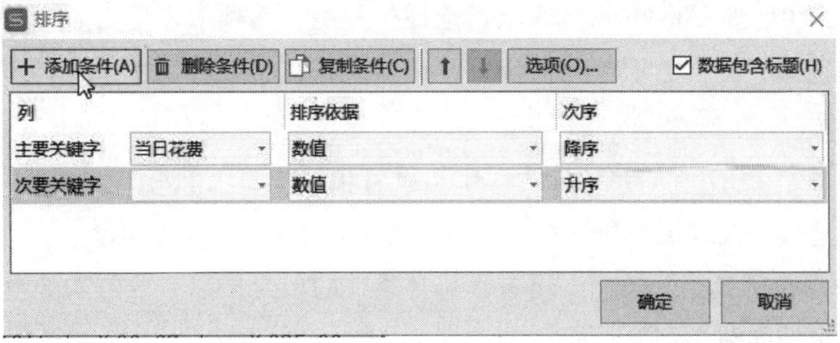

图 3-27　添加排序条件

【步骤 3】设置“次要关键字”为“当日成交金额”，“次序”为“升序”，如图 3-28 所示。

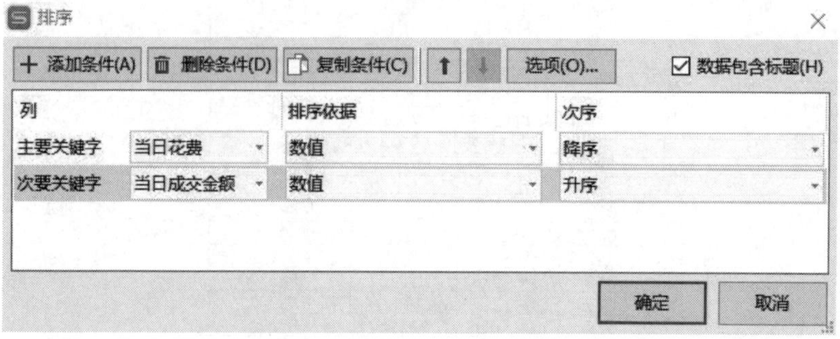

图 3-28　设置次要关键字

【步骤 4】单击“确定”按钮后，即可查看排序效果。

任务五　条件格式标识重要数据

在 Excel 中，为了使部分重要数据能够直观地突出显示，可以为工作表中的这些单元格区域设置条件格式。

一、条件格式的创建

条件格式就是将单元格中符合条件的数据以特定方式突出显示出来，较为常用的是突出显示单元格规则和项目选取规则。

（一）突出显示单元格规则

为单元格中指定的数字、文本等设置特定格式，以便于突出显示。例如，突出显示“当日花费”超过 200 的单元格，实现步骤如下。

【步骤 1】选中 C3:C33 单元格区域，选择“开始”选项卡，单击“条件格式”按钮，从下拉列表中选择“突出显示单元格规则”选项，并在其级联菜单中选择“大于”选项，如图 3-29 所示。

【步骤 2】在弹出的“大于”对话框中，设置值为 200，单击“设置为”右侧下拉按钮，从列表中选择“浅红填充色深红色文本”选项，如图 3-30 所示。

【步骤 3】单击“确定”按钮，可看到符合条件的单元格以“浅红填充色深红色文本”的方式突出显示，如图 3-31 所示。

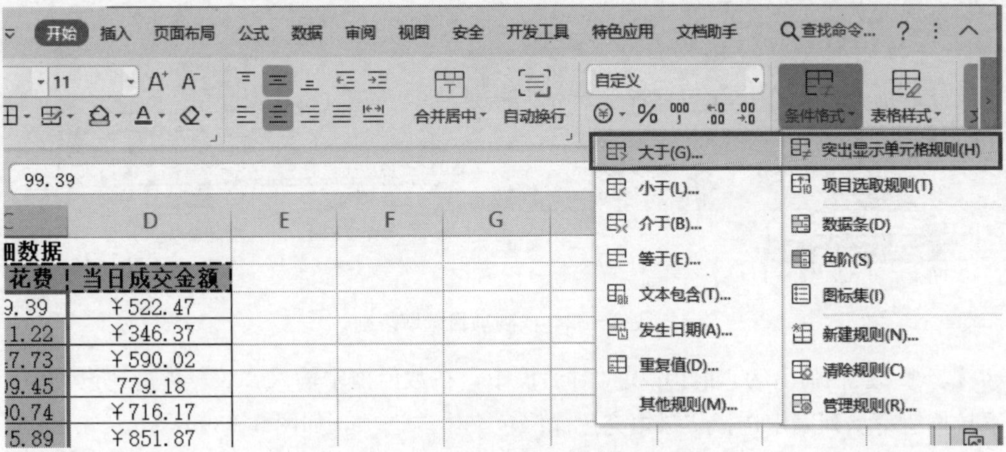

图 3－29　找到突出显示单元格规则

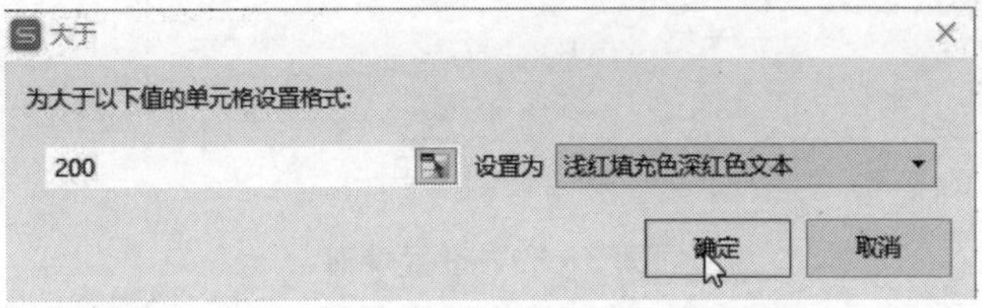

图 3－30　设置规则

	A	B	C	D
1	直通车明细数据			
2	编号	日期	当日花费	当日成交金额
3	001	5月1日	￥99.39	￥522.47
4	002	5月2日	￥111.22	￥346.37
5	003	5月3日	￥147.73	￥590.02
6	004	5月4日	￥209.45	779.18
7	005	5月5日	￥190.74	￥716.17
8	006	5月6日	￥175.89	￥851.87
9	007	5月7日	￥163.69	￥682.18
10	008	5月8日	￥103.56	￥367.02
11	009	5月9日	￥0.00	￥44.42
12	010	5月10日	￥0.00	￥60.18
13	011	5月11日	￥75.50	￥446.52
14	012	5月12日	￥104.04	￥587.36
15	013	5月13日	￥104.10	￥639.03
16	014	5月14日	￥101.61	￥1,257.68
17	015	5月15日	￥100.60	￥1,113.33

图 3－31　突出显示单元格效果

（二）项目选取规则

为相应的单元格区域应用条件格式，如要突出显示“当日成交金额”前 3 位的单元格，具体实现步骤如下。

【步骤 1】选中 D3:D33 单元格区域，选择“开始”选项卡，单击“条件格式”按钮，从下拉列表中选择“项目选取规则”选项，并在其级联菜单中选择“前 10 项”选项，如图 3－32 所示。

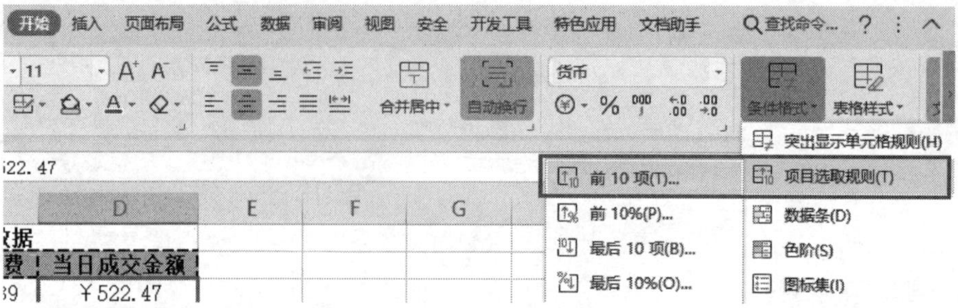

图 3 - 32　找到项目选取规则

【步骤 2】在弹出的“前 10 项”对话框中，在数值框中输入“3”，单击“设置为”右侧下拉按钮，从列表中选择“绿填充色深绿色文本”选项，如图 3 - 33 所示。

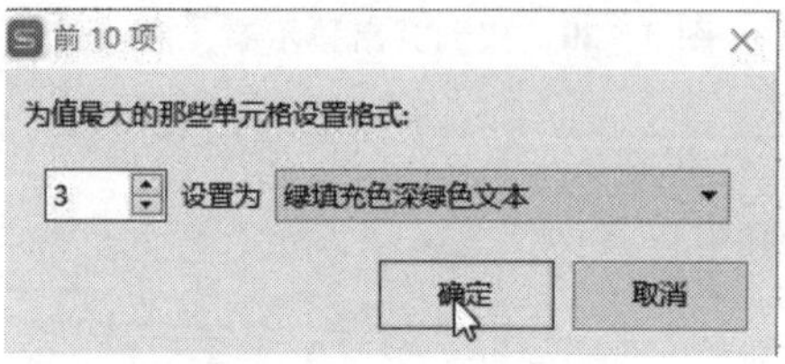

图 3 - 33　设置规则

【步骤 3】单击“确定”按钮，可看到符合条件的单元格以“绿填充色深绿色文本”的方式突出显示，如图 3 - 34 所示。

	A	B	C	D
1	直通车明细数据			
2	编号	日期	当日花费	当日成交金额
3	001	5月1日	¥99.39	¥522.47
4	002	5月2日	¥111.22	¥346.37
5	003	5月3日	¥147.73	¥590.02
6	004	5月4日	¥209.45	779.18
7	005	5月5日	¥190.74	¥716.17
8	006	5月6日	¥175.89	¥851.87
9	007	5月7日	¥163.69	¥682.18
10	008	5月8日	¥103.56	¥367.02
11	009	5月9日	¥0.00	¥44.42
12	010	5月10日	¥0.00	¥60.18
13	011	5月11日	¥75.50	¥446.52
14	012	5月12日	¥104.04	¥587.36
15	013	5月13日	¥104.10	¥639.03
16	014	5月14日	¥101.61	¥1,257.68
17	015	5月15日	¥100.60	¥1,113.33

图 3 - 34　项目选取突出效果

二、数据条功能应用

数据条的作用是可以非常直观地显示数据的大小。将“当日花费”列的数据条显示的步骤如下。

【步骤 1】选中 C3:C33 单元格区域，选择“开始”选项卡，单击“条件格式”按钮，从下拉列表中选择“数据条”选项，然后在其级联菜单中选择合适的样式，如图 3 - 35 所示。

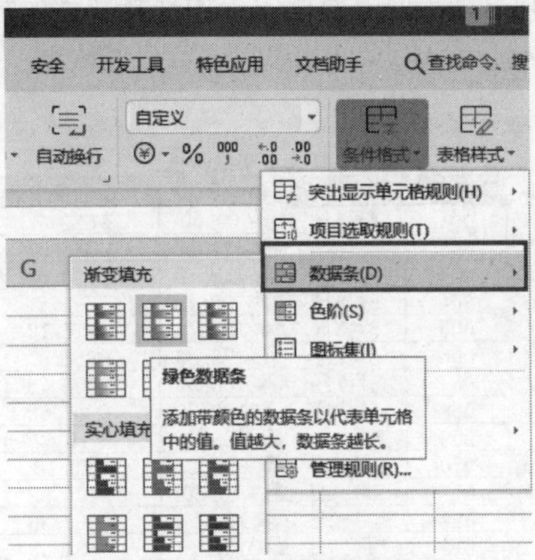

图 3-35　找到数据条选项

【步骤 2】返回工作表中，可以看到应用数据条的效果，数据条越长，则数据值越大，如图 3-36 所示。

	A	B	C	D
1	直通车明细数据			
2	编号	日期	当日花费	当日成交金额
3	001	5月1日	￥99.39	￥522.47
4	002	5月2日	￥111.22	￥346.37
5	003	5月3日	￥147.73	￥590.02
6	004	5月4日	￥209.45	779.18
7	005	5月5日	￥190.74	￥716.17
8	006	5月6日	￥175.89	￥851.87
9	007	5月7日	￥163.69	￥682.18
10	008	5月8日	￥103.56	￥367.02
11	009	5月9日	￥0.00	￥44.42
12	010	5月10日	￥0.00	￥60.18
13	011	5月11日	￥75.50	￥446.52
14	012	5月12日	￥104.04	￥587.36
15	013	5月13日	￥104.10	￥639.03
16	014	5月14日	￥101.61	￥1,257.68
17	015	5月15日	￥100.60	￥1,113.33
18	016	5月16日	￥101.81	￥563.20
19	017	5月17日	￥93.54	￥672.90
20	018	5月18日	￥97.20	￥751.70

图 3-36　数据条设置效果

三、色阶功能应用

色阶的作用是可以非常直观地显示数据的整体分布情况，与数据条的应用步骤基本一致，选中 C3:C33 单元格区域，选择“开始”选项卡，单击“条件格式”按钮，从下拉列表中选择“色阶”选项，然后在其级联菜单中选择合适的样式，即可根据颜色分布的不同，显示不同的数据段。

四、图标集功能应用

图标集的作用是对数据进行等级划分，方便直观明了地查看数据信息。同样对 C3:C33 单元格区域设置图标集显示，选择“开始”选项卡，单击“条件格式”按钮，从下拉列表中选择“图标集”选项，然后在其级联菜单中选择合适的样式，即可根据图标颜色的不同，显示不同的数据等级，如图 3－37 所示。

	A	B	C	D
1	直通车明细数据			
2	编号	日期	当日花费	当日成交金额
3	001	5月1日	¥99.39	¥522.47
4	002	5月2日	¥111.22	¥346.37
5	003	5月3日	¥147.73	¥590.02
6	004	5月4日	¥209.45	779.18
7	005	5月5日	¥190.74	¥716.17
8	006	5月6日	¥175.89	¥851.87
9	007	5月7日	¥163.69	¥682.18
10	008	5月8日	¥103.56	¥367.02
11	009	5月9日	¥0.00	¥44.42
12	010	5月10日	¥0.00	¥60.18
13	011	5月11日	¥75.50	¥446.52
14	012	5月12日	¥104.04	¥587.36
15	013	5月13日	¥104.10	¥639.03
16	014	5月14日	¥101.61	¥1,257.68
17	015	5月15日	¥100.60	¥1,113.33
18	016	5月16日	¥101.81	¥563.20
19	017	5月17日	¥93.54	¥672.90

图 3－37　图标集设置效果

五、条件格式删除

对于不需要的条件格式可以进行删除，具体方法是：选择“开始”选项卡，单击“条件格式”按钮，从下拉列表中选择“清除规则”选项，然后根据需求，可在其级联菜单中选择“清除所选单元格的规则”或者“清除整个工作表的规则”，如图 3－38 所示。

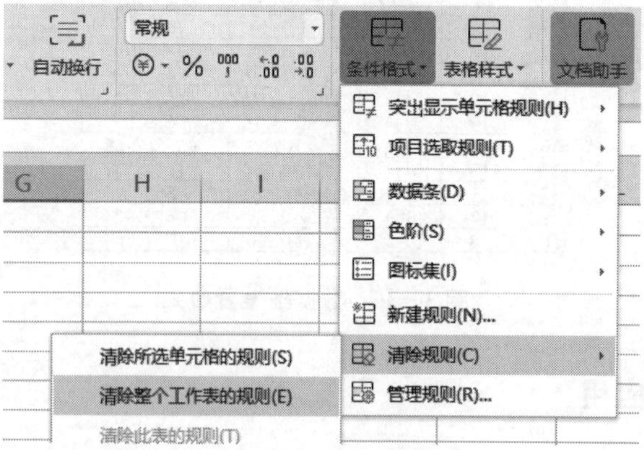

图 3－38　清除条件格式

项目小结

本项目主要介绍了利用 Excel 的基本功能和简单函数来实现数据的整理和编辑。要求学生掌握数据选取、复制、粘贴、清除等基本操作，能够利用快捷功能或函数实现数据的分列、合并和排序存放，并能够通过单元格格式和条件格式的设置来标识不同的数据。

实训活动

本次实训将对项目二实训所制作的“商品信息表”进行编辑和处理，根据任务要求，依次完成对该数据表的设置，最终效果如图 3－39 所示。

A	B	C	D	E	F	G
商品信息表						
编号	商品名称	商品规格	货号	商品价格	库存	上架时间
002	长沙臭豆腐	160g	6034570370	¥9.98	55830	2019/2/27
003	亲嘴烧怀旧	180g	6140502924	¥10.90	4735	2019/3/3
012	手撕素肉卷	10包	5432298269	¥11.61	20007	2019/6/14
009	手撕鸭肉干	10包	8462316722	¥11.78	11669	2019/5/5
010	大辣片	3包	8468911462	¥15.90	7851	2019/5/5
001	散装豆干	300g	5711899044	¥18.80	8655	2019/1/18
007	麻辣竹笋	20包	6881657132	¥21.90	9905	2019/3/25
006	鱼豆腐	32包	6799872183	¥21.90	3987	2019/3/22
005	海带丝	12包	6244912924	¥21.90	3988	2019/3/6
008	盐焗鸡蛋	20枚	7078529739	¥26.82	15882	2019/4/4
004	麻辣鸭心	20包	6147526663	¥29.80	9355	2019/3/4
011	金针菇下饭菜	10包	8987204924	¥36.90	11963	2019/5/20

图 3－39 商品信息表编辑效果

任务要求如下：

（1）设置表头合并单元格并居中；设置表头和列名宋体 16 号加粗；选中整个表格，设置对齐方式为“居中”。

（2）为数据表单元格设置内外边框，并对表头单元格设置灰色填充，对列名设置蓝色填充。

（3）在“商品名称”右侧添加一列“商品规格”，然后对 B3:B14 单元格进行数据分列，分列的结果放置在“商品规格”列中。

（4）将表格数据按照“商品价格”升序排序，当价格一样时，按照“上架时间”降序排序。

（5）对库存小于 5 000 的单元格设置红色突出显示。

（6）为商品价格添加数据条功能显示。

思考与练习

一、判断题

1. 在 Excel 中，只能在单元格内编辑输入的数据。（　　）
2. 在 Excel 中，可以在“单元格格式”对话框中设置字体。（　　）
3. 在 Excel 中的数据可以根据升序或降序来进行排序。（　　）
4. 为了直观地突出显示部分重要数据，可以通过设置条件格式来实现。（　　）
5. 在 Excel 中，只能清除单元格的内容，不能清除单元格的格式。（　　）

二、单项选择题

1. 在 Excel 中进行排序操作时，最多可按（　　）关键字进行排序。

A. 1 个　　B. 2 个　　C. 3 个　　D. 不限

2. 在 Excel 中，单元格的格式（　　）。

A. 一旦确定将不可更改

B. 随时可更改

C. 依输入数据的格式所定，不能更改

D. 更改后不能再改

3. 要将某一选定单元格中的数据删掉，可使用编辑菜单中的（　　）命令。

A. 复制　　B. 删除　　C. 清除　　D. 替换

4. 在 Excel 中，“对齐”标签属于（　　）对话框。

A. 单元格属性　　B. 单元格格式

C. 单元格删除　　D. 以上都不是

5. “排序”对话框中的“递增”和“递减”指的是（　　）。

A. 数据的大小　　B. 排列次序

C. 单元格的数目　　D. 以上都不对

三、简答题

1. 在 Excel 中，将 A1:D8 区域内的单元格的边框设置为红色、双实线，请简述操作步骤。

2. Excel 工作表中 A1 单元格的内容是“李丽”，A2 单元格的内容是“成绩”，若要在 A3 单元格中显示“李丽的成绩”，则应如何操作，请简述步骤。

项目四
数据查询

项目导读

当工作表数据行较多时，查看想要的数据并非易事。在电子商务数据分析中，利用Excel提供的“查找”“替换”“筛选”功能可以很快定位到特定数据行，实现高效的数据查找与替换，大大提高我们的工作效率。本项目主要讲解数据的查找与替换、自动筛选与高级筛选。

学习目标

知识目标

- 了解数据查找、替换和筛选的基本概念
- 掌握数据查找、替换、自动筛选与高级筛选的使用范围

能力目标

- 能够进行数据的查找、替换、自动筛选与高级筛选等操作
- 能够结合生活中的具体实例，灵活运用查找、替换、自动筛选与高级筛选等相关功能

素养目标

- 培养正确的思想意识，勇于创新
- 培养自主学习和终身学习的意识

案例导入

以拼多多平台康乐零食小店为例，店铺每天都会产生一个直通车数据。直通车是为卖家量身定制的、按点击付费的效果营销工具，能实现所卖宝贝的精准推广。如何从大量数据中找到需要的特定数据呢？一个个查找的话，伤神费力，严重降低工作效率，而利用Excel的数据查询工具，可以提高工作效率。

点评：利用Excel提供的数据查询功能，可大大提高工作效率，节约工作时间。

任务一 查找与替换数据

一、数据的查找

以拼多多平台直通车明细数据表格（见图 4－1）为例，查找图 4－1 中“当日点击量”为 481 的数据。

【步骤 1】单击数据表格中的任意一个单元格，如图 4－1 所示。

	A	B	C	D	E	F	G	H	I	J	K
1	直通车明细数据										
2	日期	展现量	当日点击量	当日点击率	当日花费	平均点击费用	当日成交笔数	当日成交金额	当日点击转化率	当日收藏量	直通车投入产出比
3	5月1日	6,560	405	6.17%	￥99.39	￥0.25	25	￥522.47	6.17%	32	5.26
4	5月2日	7,528	434	5.77%	￥111.22	￥0.26	19	￥346.37	4.38%	27	3.11
5	5月3日	9,507	488	5.13%	￥147.73	￥0.30	29	￥590.02	5.94%	25	3.99
6	5月4日	11,257	641	5.69%	￥209.45	￥0.33	40	779.18	6.24%	49	3.72
7	5月5日	10,802	639	5.92%	￥190.74	￥0.30	27	￥716.17	4.23%	32	3.75
8	5月6日	9,727	693	7.12%	￥175.89	￥0.25	31	￥851.87	4.47%	39	4.84
9	5月7日	8,899	635	7.14%	￥163.69	￥0.26	22	￥682.18	3.46%	27	4.17
10	5月8日	5,582	438	7.85%	￥103.56	￥0.24	14	￥367.02	3.20%	25	3.54
11	5月9日	1	0	0.00%	￥0.00	￥0.00	2	￥44.42	0.00%	1	0.00
12	5月10日	0	0	0.00%	￥0.00	￥0.00	2	￥60.18	0.00%	1	0.00
13	5月11日	4,346	328	7.55%	￥75.50	￥0.23	13	￥446.52	3.96%	27	5.91
14	5月12日	6,109	469	7.68%	￥104.04	￥0.22	18	￥587.36	3.84%	34	5.65
15	5月13日	6,355	481	7.57%	￥104.10	￥0.22	25	￥639.03	5.20%	32	6.14
16	5月14日	4,465	455	10.19%	￥101.61	￥0.22	33	￥1,257.68	7.25%	28	12.38
17	5月15日	5,702	472	8.28%	￥100.60	￥0.21	33	￥1,113.33	6.99%	30	11.07
18	5月16日	5,975	463	7.75%	￥101.81	￥0.22	20	￥563.20	7.75%	18	5.53
19	5月17日	6,369	407	6.39%	￥93.54	￥0.23	21	￥672.90	5.16%	31	7.19
20	5月18日	7,580	421	5.55%	￥97.20	￥0.23	24	￥751.70	5.70%	34	7.73

图 4－1　直通车明细数据

【步骤 2】单击“开始”菜单→“查找”选项卡→“查找”或者直接按快捷键“Ctrl+F”均可，如图 4－2 所示。

【步骤 3】在弹出的“查找”对话框中输入要查找的数据“481”，如图 4－3 所示。

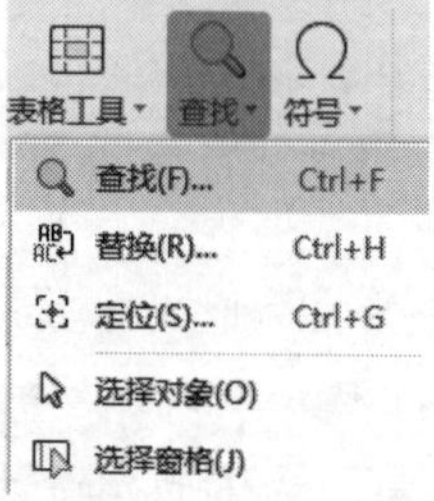

图 4－2　选择查找

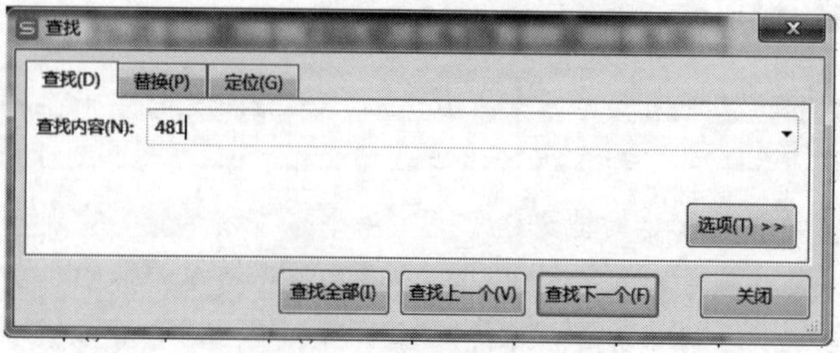

图 4－3　输入要查找的内容

【步骤 4】选择“查找全部”选项，即可找出值为“481”的数据，如图 4－4 所示。单击“关闭”选项，即可关闭“查找”对话框。

直通车明细数据

日期	展现量	当日点击量	当日点击率	当日花费	平均点击费用	当日成交笔数	当日成交金额	当日点击转化率	当日收藏量	直通车投入产出比
5月1日	6,560	405	6.17%	¥99.39	¥0.25	25	¥522.47	6.17%	32	5.26
5月2日	7,528	434	5.77%	¥111.22	¥0.26	19	¥346.37	4.38%	27	3.11
5月3日	9,507	488	5.13%	¥147.73	¥0.30	29	¥590.02	5.94%	25	3.99
5月4日	11,257	641	5.69%	¥209.45	¥0.33	40	779.18	6.24%	49	3.72
5月5日	10,802	639	5.92%	¥190.74	¥0.30	27	¥716.17	4.23%	32	3.75
5月6日	9,727	693	7.12%	¥175.89	¥0.25	31	¥851.87	4.47%	39	4.84
5月7日	8,899	635	7.14%	¥163.69	¥0.26	22	¥682.18	3.46%	27	4.17
5月8日	5,582	438	7.85%	¥103.56	¥0.24	14	¥367.02	3.20%	25	3.54
5月9日	1	0	0.00%	¥0.00	¥0.00	2	¥44.42	0.00%	1	0.00
5月10日	0	0	0.00%	¥0.00	¥0.00	2	¥60.18	0.00%	1	0.00
5月11日	4,346	328	7.55%	¥75.50	¥0.23	13	¥446.52	3.96%	27	5.91
5月12日	6,109	469	7.68%	¥104.04	¥0.22	18	¥587.36	3.84%	34	5.65
5月13日	6,355	481	7.57%	¥104.10	¥0.22	25	¥639.03	5.20%	32	6.14
5月14日	4,465	455	10.19%	¥101.61	¥0.22	33	¥1,257.68	7.25%	28	12.38
5月15日	5,702	472	8.28%	¥100.60	¥0.21	33	¥1,113.33	6.99%	30	11.07
5月16日	5,975	463	7.75%	¥101.81	¥0.22	20	¥563.20	7.75%	18	5.53

图 4-4　找出要查找的内容

二、数据的替换

同样以上述数据表格为例，将数据表中的所有文字“当日”替换成“当天”。

【步骤 1】单击数据表格中的任意一个单元格。

【步骤 2】单击“开始”菜单→“查找”选项卡→“替换”或者直接按快捷键“Ctrl+H”均可，如图 4-5 所示。

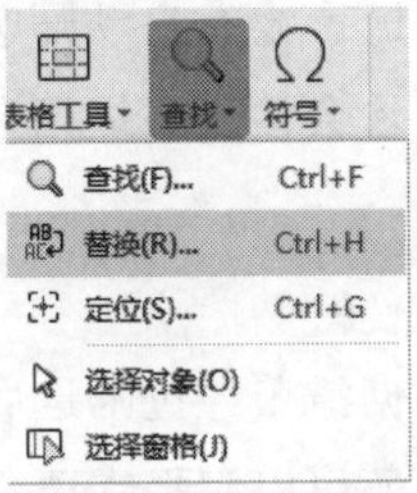

图 4-5　选择替换

【步骤 3】在弹出的“替换”对话框中输入查找内容“当日”，替换内容输入“当天”，如图 4-6 所示。

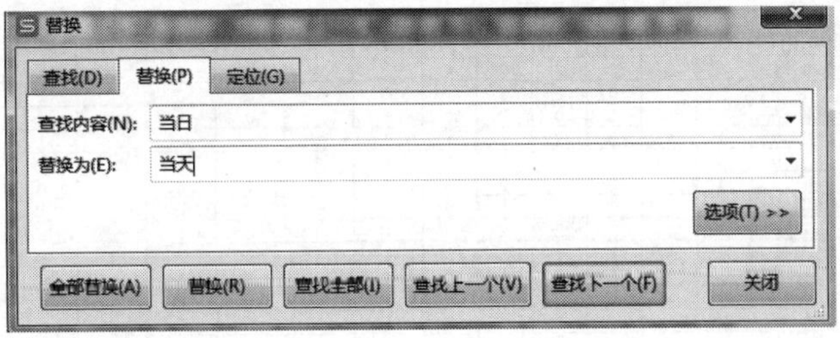

图 4-6　输入查找和替换内容

【步骤 4】单击“全部替换”，即可把数据表中的“当日”全部替换为“当天”，如图 4-7 所示。

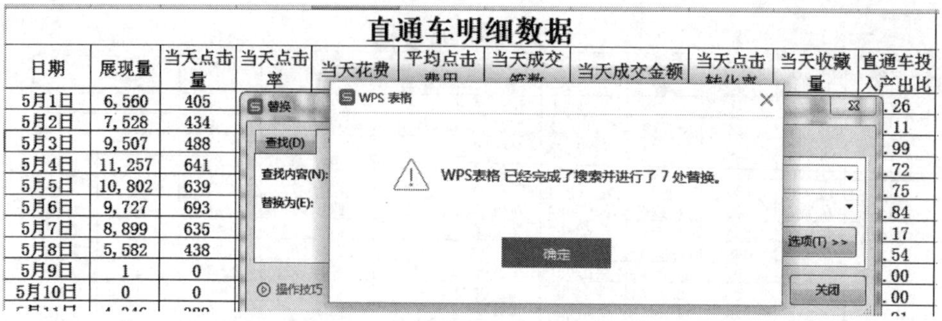

图 4-7　替换完成后的效果图

任务二　筛选数据

筛选的目的是在数据清单中显示那些满足指定条件的记录行，隐藏那些不满足条件的记录行。Excel 提供了自动筛选和高级筛选功能。其中自动筛选能实现在一个或多个字段设置筛选条件后，筛选满足一个或同时满足多个条件的记录。高级筛选可以实现任意条件的筛选。但是高级筛选要求设置条件区，没有自动筛选操作简便，因此，一般情况下只有在自动筛选不能实现所要的功能时，才会使用高级筛选。

一、自动筛选

筛选要求在数据清单上操作。数据清单经过筛选后，不满足条件的记录只是被暂时隐藏，并没有被删除。因此，筛选后，还可以根据需要重新显示被隐藏的记录。

以拼多多平台康乐零食小店臭豆腐的订单量数据表格（如图 4-8 所示）为例，显示臭豆腐订单量表中早上“8:00”订单量为 1 的记录。

【步骤 1】单击数据表格中的任意一个单元格，如图 4-8 所示。

臭豆腐

时间	0:00	1:00	2:00	3:00	4:00	5:00	6:00	7:00	8:00	9:00	10:00	11:00	12:00	13:00	14:00	15:00	16:00	17:00	18:00
6月4日	6	2	0	1	1	1	2	2	2	4	2	3	1	1	2	1	1	0	2
6月5日	4	1	0	0	0	0	0	2	3	1	0	1	3	0	2	1	0	2	1
6月6日	2	0	1	0	0	0	1	0	2	0	5	3	0	1	2	2	1	1	4
6月7日	2	0	0	0	0	0	0	2	1	1	2	1	1	1	1	2	1	0	2
6月8日	2	1	0	0	0	1	0	2	1	1	1	3	1	1	2	1	1	1	0
6月9日	2	0	0	0	0	1	2	1	2	0	4	1	1	0	1	0	1	2	2
6月10日	3	0	0	0	0	0	0	1	3	0	0	1	2	0	1	1	3	2	2
6月11日	3	1	0	1	0	1	3	2	2	3	1	3	5	0	0	2	2	1	1
6月12日	1	0	0	1	1	1	1	1	2	0	4	2	4	2	1	2	2	3	2
6月13日	2	1	0	0	0	1	1	0	4	2	4	2	3	0	1	0	6	3	0
6月14日	4	2	0	0	0	0	1	0	2	2	1	0	1	2	0	1	3	1	1
6月15日	6	0	0	0	0	1	1	2	1	3	1	3	0	2	4	1	1	2	1
6月16日	1	0	0	0	0	0	2	1	0	0	0	2	3	0	1	0	1	4	0
6月17日	3	0	0	0	0	0	1	1	1	1	1	3	0	0	0	2	1	1	3
6月18日	5	1	1	0	0	0	0	1	3	2	3	1	1	2	2	1	1	3	1
6月19日	1	0	0	1	1	0	2	2	0	1	1	1	0	1	3	4	1	2	3
6月20日	1	0	2	0	0	1	2	2	0	2	3	0	5	0	4	1	4	2	0
6月21日	2	0	0	0	0	0	0	0	1	1	1	0	1	1	3	0	1	2	2
6月22日	2	0	0	0	0	1	1	3	1	0	6	1	0	1	2	1	1	1	0

图 4-8　臭豆腐订单量

【步骤 2】单击“开始”菜单→“筛选”按钮，单击“8:00”旁边的▼按钮，如图 4-9 所示。放弃“0、2、3、4”，选择“1”，如图 4-10 所示。

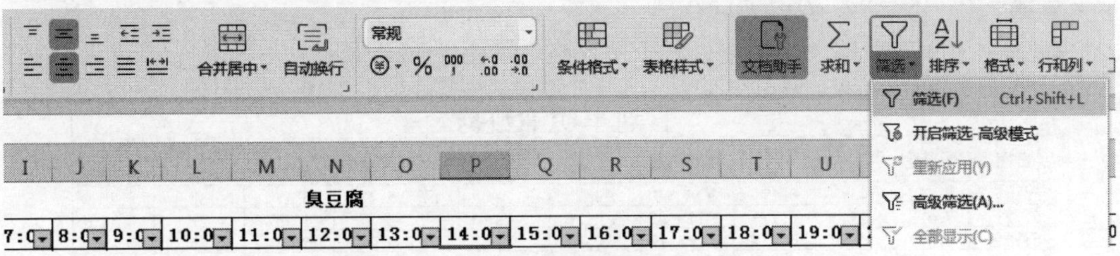

图 4-9　选择筛选按钮

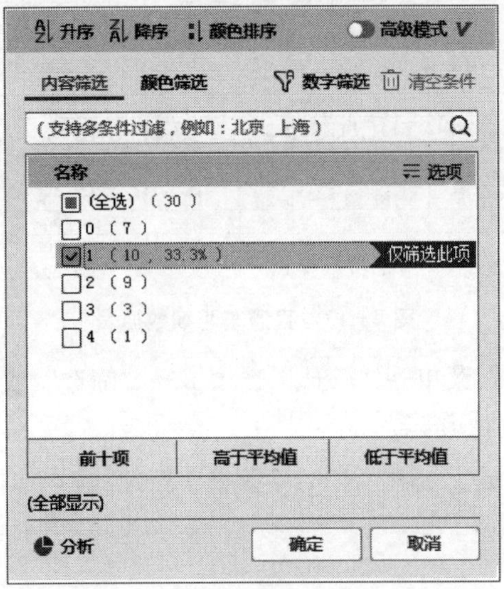

图 4-10　选择文本列表

【步骤 3】最后单击“确定”按钮，筛选结果如图 4-11 所示。

													臭豆腐	
时间	0:0	1:0	2:0	3:0	4:0	5:0	6:0	7:0	8:0	9:0	10:0	11:0	12:0	13:0
6月7日	2	0	0	0	0	0	0	2	1	1	2	1	1	1
6月8日	2	1	0	0	0	1	0	2	1	1	1	3	1	1
6月15日	6	0	0	0	0	1	1	2	1	3	1	3	0	2
6月17日	3	0	0	0	0	0	1	1	1	1	1	3	0	0
6月21日	2	0	0	0	0	0	0	0	1	1	1	0	1	1
6月22日	2	0	0	0	0	1	1	3	1	0	6	1	0	1
6月23日	1	0	0	0	0	0	0	0	1	1	0	0	0	1
6月24日	1	0	1	0	0	0	2	0	1	1	2	0	0	2
6月25日	0	1	0	0	0	0	0	0	1	3	0	3	0	1
6月27日	0	0	0	0	0	0	0	0	1	0	1	1	2	1

图 4-11　筛选结果

二、自定义筛选

在使用 Excel 时，有时会需要设定某个条件范围，筛选显示符合条件的数据行，这样就需要我们使用自定义筛选功能。

以拼多多平台直通车明细数据表格（如图 4－12 所示）为例，显示图 4－12 中“当日成交金额”在 700～900 的记录行。

【步骤 1】单击数据表格中任意一个单元格，如图 4－12 所示。

直通车明细数据

日期	展现量	当日点击量	当日点击率	当日花费	平均点击费用	当日成交笔数	当日成交金额	当日点击转化率	当日收藏量	直通车投入产出比
5月1日	6,560	405	6.17%	¥99.39	¥0.25	25	¥522.47	6.17%	32	5.26
5月2日	7,528	434	5.77%	¥111.22	¥0.26	19	¥346.37	4.38%	27	3.11
5月3日	9,507	488	5.13%	¥147.73	¥0.30	29	¥590.02	5.94%	25	3.99
5月4日	11,257	641	5.69%	¥209.45	¥0.33	40	779.18	6.24%	49	3.72
5月5日	10,802	639	5.92%	¥190.74	¥0.30	27	¥716.17	4.23%	32	3.75
5月6日	9,727	693	7.12%	¥175.89	¥0.25	31	¥851.87	4.47%	39	4.84
5月7日	8,899	635	7.14%	¥163.69	¥0.26	22	¥682.18	3.46%	27	4.17
5月8日	5,582	438	7.85%	¥103.56	¥0.24	14	¥367.02	3.20%	25	3.54
5月9日	1	0	0.00%	¥0.00	¥0.00	2	¥44.42	0.00%	1	0.00
5月10日	0	0	0.00%	¥0.00	¥0.00	2	¥60.18	0.00%	1	0.00
5月11日	4,346	328	7.55%	¥75.50	¥0.23	13	¥446.52	3.96%	27	5.91
5月12日	6,109	469	7.68%	¥104.04	¥0.22	18	¥587.36	3.84%	34	5.65
5月13日	6,355	481	7.57%	¥104.10	¥0.22	25	¥639.03	5.20%	32	6.14
5月14日	4,465	455	10.19%	¥101.61	¥0.22	33	¥1,257.68	7.25%	28	12.38
5月15日	5,702	472	8.28%	¥100.60	¥0.21	33	¥1,113.33	6.99%	30	11.07
5月16日	5,975	463	7.75%	¥101.81	¥0.22	20	¥563.20	7.75%	18	5.53
5月17日	6,369	407	6.39%	¥93.54	¥0.23	21	¥672.90	5.16%	31	7.19
5月18日	7,580	421	5.55%	¥97.20	¥0.23	24	¥751.70	5.70%	34	7.73
5月19日	6,064	446	7.35%	¥98.67	¥0.22	19	¥635.90	4.26%	36	6.44

图 4－12　直通车明细数据表

【步骤 2】单击“开始”菜单→“筛选”选项卡→“筛选”或者直接按快捷键“Ctrl＋Shift＋L”均可，如图 4－13 所示。

【步骤 3】单击“当日成交金额”旁的“筛选”按钮 ，选择“数字筛选”→“自定义筛选”，如图 4－14 所示。

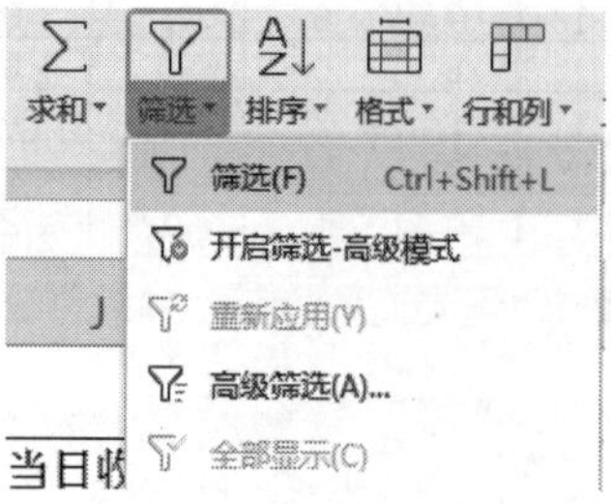

图 4－13　选择筛选按钮

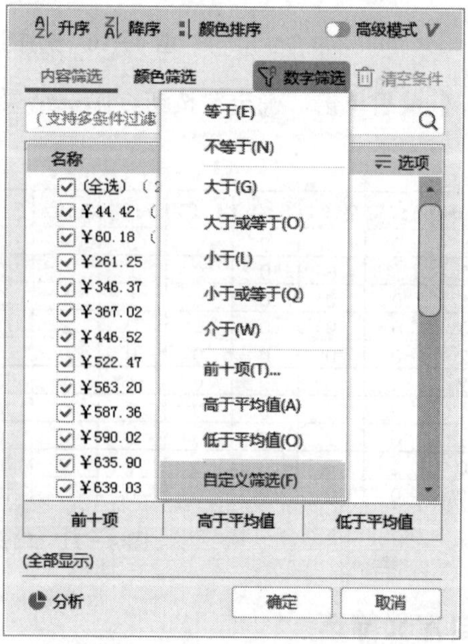

图 4－14　选择自定义筛选按钮

【步骤 4】弹出“自定义自动筛选方式”对话框，如图 4－15 所示，做如下操作：

- 选择“大于或等于”，右侧输入：700；
- 选择“与”；
- 选择“小于或等于”，右侧输入：900。

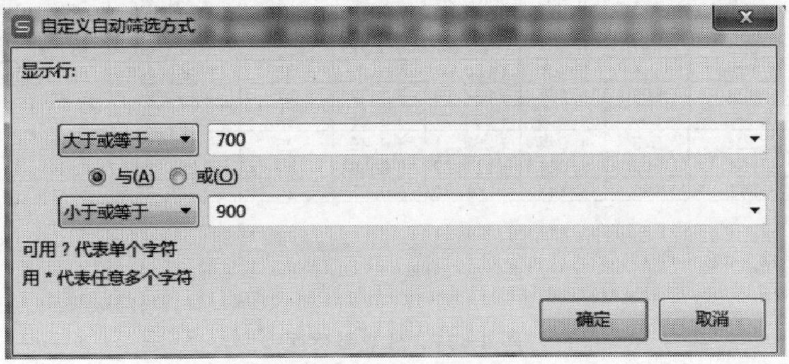

图 4－15　自定义“金额”区间

【步骤 5】单击“确定”按钮。筛选结果如图 4－16 所示。

	A	B	C	D	E	F	G	H	I	J	K
1	直通车明细数据										
6	5月4日	11,257	641	5.69%	¥209.45	¥0.33	40	779.18	6.24%	49	3.72
7	5月5日	10,802	639	5.92%	¥190.74	¥0.30	27	¥716.17	4.23%	32	3.75
8	5月6日	9,727	693	7.12%	¥175.89	¥0.25	31	¥851.87	4.47%	39	4.84
20	5月18日	7,580	421	5.55%	¥97.20	¥0.23	24	¥751.70	5.70%	34	7.73
22	5月20日	5,521	367	6.65%	¥83.90	¥0.23	21	¥843.90	5.72%	39	10.06
26	5月24日	13,216	573	4.34%	¥265.31	¥0.46	26	¥828.91	4.54%	48	3.12

图 4－16　筛选“当日成交金额”

注意：“自定义自动筛选方式”对话框中有“与”和“或”这两个可选取项：“与”表示在两者之间，是一个闭合区间；“或”表示只要满足两个条件中的任意一个即可，是两个开区间。

三、高级筛选

前面介绍的“自动筛选”和“自定义筛选”不能满足多个字段条件的记录，高级筛选可以筛选任意条件的记录，但是要求设置条件区。设置条件区需要注意的是：当筛选结果选择“在原有区域显示筛选结果”时，如果条件区在数据清单的右侧，可能会在隐藏不满足条件的记录时，隐藏条件区。所以最好将筛选结果放在其他区域，或条件区在数据清单的下面或上面。

以拼多多平台直通车明细数据表格（如图 4－12 所示）为例，显示图 4－12 中“当日点击量”小于 400 和“当日成交笔数”小于 30 的记录。

【步骤 1】在该数据表格下面建立条件区，条件区的内容如图 4－17 所示。

【步骤 2】单击该数据表格内的任意一个单元格，再单击“开始”菜单→筛选→高级筛选，如图 4－18 所示。

13	5月11日	4,346	328	7.55%	￥75.50	￥0.23	13	￥446.52	3.96%	27	5.91
14	5月12日	6,109	469	7.68%	￥104.04	￥0.22	18	￥587.36	3.84%	34	5.65
15	5月13日	6,355	481	7.57%	￥104.10	￥0.22	25	￥639.03	5.20%	32	6.14
16	5月14日	4,465	455	10.19%	￥101.61	￥0.22	33	￥1,257.68	7.25%	28	12.38
17	5月15日	5,702	472	8.28%	￥100.60	￥0.21	33	￥1,113.33	6.99%	30	11.07
18	5月16日	5,975	463	7.75%	￥101.81	￥0.22	20	￥563.20	7.75%	18	5.53
19	5月17日	6,369	407	6.39%	￥93.54	￥0.23	21	￥672.90	5.16%	31	7.19
20	5月18日	7,580	421	5.55%	￥97.20	￥0.23	24	￥751.70	5.70%	34	7.73
21	5月19日	6,064	446	7.35%	￥98.67	￥0.22	19	￥635.90	4.26%	36	6.44
22	5月20日	5,521	367	6.65%	￥83.90	￥0.23	21	￥843.90	5.72%	39	10.06
23	5月21日	8,172	444	5.43%	￥117.97	￥0.27	33	￥989.10	5.43%	38	8.38
24	5月22日	8,835	500	5.66%	￥137.35	￥0.27	27	￥692.90	5.40%	29	5.04
25	5月23日	11,362	500	4.40%	￥203.27	￥0.41	32	￥924.05	6.40%	48	4.55
26	5月24日	13,216	573	4.34%	￥265.31	￥0.46	26	￥828.91	4.54%	48	3.12
27	5月25日	6,108	309	5.06%	￥117.67	￥0.38	10	￥261.25	3.24%	25	2.22
28	5月26日	8,543	490	5.74%	￥161.25	￥0.33	26	￥685.26	5.31%	40	4.25
29											
30											
31	当日点击量	当日成交笔数									
32	<400	<30									

图 4－17　建立条件区

【步骤 3】弹出“高级筛选”对话框，在“方式”下面选择“在原有区域显示筛选结果”，列表区域选择除标题“直通车明细数据”外的其他区域，条件区域选择前面建立的条件区，如图 4－19 所示。

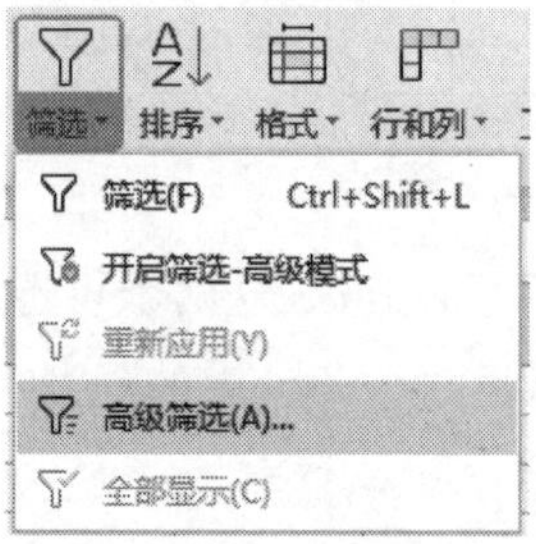

图 4－18　选择高级筛选

图 4－19　填写“高级筛选”对话框

【步骤 4】单击“确定”按钮，高级筛选结果如图 4－20 所示。

1	直通车明细数据										
2	日期	展现量	当日点击量	当日点击率	当日花费	平均点击费用	当日成交笔数	当日成交金额	当日点击转化率	当日收藏量	直通车投入产出比
11	5月9日	1	0	0.00%	￥0.00	￥0.00	2	￥44.42	0.00%	1	0.00
12	5月10日	0	0	0.00%	￥0.00	￥0.00	2	￥60.18	0.00%	1	0.00
13	5月11日	4,346	328	7.55%	￥75.50	￥0.23	13	￥446.52	3.96%	27	5.91
22	5月20日	5,521	367	6.65%	￥83.90	￥0.23	21	￥843.90	5.72%	39	10.06
27	5月25日	6,108	309	5.06%	￥117.67	￥0.38	10	￥261.25	3.24%	25	2.22
29											
30											
31	当日点击量	当日成交笔数									
32	<400	<30									

图 4－20　高级筛选结果

项目小结

通过本项目的学习，应重点掌握以下知识：

(1) 利用数据的查找与替换功能快速找到目标数据。

(2) 学会对数据进行筛选、自定义筛选和高级筛选。

(3) 根据实际情况，能够灵活选择运用查找与替换，或筛选、自定义筛选和高级筛选。

实训活动

以拼多多平台康乐零食小店为例，具体数据详见附件4-1，将网店销售的某种产品在“当日点击量”小于500和“当日成交金额”小于600的记录用筛选功能统计出来，并分析该产品的销售情况。

思考与练习

一、判断题

1. 查找功能的快捷键是“CTRL+L”。(　　)

2. 用替换功能可以一次全部替换数据。(　　)

3. Excel提供的“查找”“替换”“筛选”功能可以很快定位到特定数据行，实现高效的数据查找与替换。(　　)

4. 筛选的目的是在数据清单中显示那些满足指定条件的记录行，隐藏那些不满足条件的记录行。(　　)

5. 只有在自动筛选不能实现所要的功能时，才会使用高级筛选。(　　)

6. 筛选功能的快捷键是“Ctrl+Shift+L”。(　　)

7. 对数据进行筛选之前应进行数据排序。(　　)

8. 自动筛选模式下只有数字筛选。(　　)

二、单项选择题

1. (　　) 不是数据查询的方法。

A. 查找　　B. 替换　　C. 筛选　　D. 公式

2. (　　) 不是筛选模式下的相关条件。

A. 内容筛选　　B. 日期筛选

C. 颜色筛选　　D. 数字筛选

3. “自定义筛选”可以在(　　)筛选里面找到。

A. 颜色筛选　　B. 高级筛选

C. 数字筛选　　D. 内容筛选

4. 筛选要求在数据清单上操作，数据清单经过筛选后，不满足条件的（　　）只是被暂时隐藏，并没有被删除。

A. 记录　　B. 行　　C. 列　　D. 字段

5. （　　）筛选可以实现任意条件的筛选。

A. 自动　　B. 高级　　C. 中级　　D. 任意

三、简答题

1. 简述数据查询的方法。
2. 简述查找与筛选的区别。
3. 简述筛选的目的。
4. 简述筛选的分类及各自的功能。
5. 简述高级筛选的基本步骤。

项目五
数据计算

项目导读

当工作表数据较多时，进行数据的计算并非易事，利用 Excel 提供的“合并计算”“分类汇总”“公式与函数”功能可以较快进行数据的计算，在电子商务数据分析中大大提高我们的工作效率。本项目主要讲解合并计算、分类汇总、公式与函数、常用的电子商务计算函数。

学习目标

知识目标

- 了解合并计算、分类汇总、公式与函数的基本概念
- 掌握合并计算、分类汇总、公式与函数的使用范围

能力目标

- 能够进行合并计算、分类汇总、公式与函数等操作
- 能够结合生活中的具体实例，灵活运用合并计算、分类汇总、公式与函数等相关功能

素养目标

- 培养正确的思想意识，追求科学的态度
- 培养自主学习意识

案例导入

以拼多多平台康乐零食小店为例，店铺每天运营都会产生大量的数据，如当日点击量、当日成交金额和当日点击转化率等。而有些数据需要通过现有的数据进行计算才能得到，如何进行大量数据的计算呢？

点评：利用 Excel 提供的数据计算功能，能够简化工作步骤，提高数据的准确性。

任务一 合并计算

一、合并计算的概念

合并计算就是汇总报表不同单元格区域中的数据，在单个输出区域中显示合并计算结果。电子商务数据分析中，我们经常需要将一些相关数据合并在一起，虽然用 SUMIF 和 SUMIFS 函数大都能解决问题，但是用函数解决问题相对而言稍微麻烦一些。运用 Excel 中合并计算的功能可以汇总多个格式一致的数据，非常实用而且简便。

二、合并计算的步骤

以拼多多平台手撕素肉订单量的两个数据表格为例，分别为场景推广和搜索推广两种模式（见图 5-1 和图 5-2），计算两个数据表格订单量的总和。

	A	B
1	手撕素肉订单量（场景推广）	
2	日期	订单量
3	2024/6/5	10
4	2024/6/6	7
5	2024/6/7	2
6	2024/6/8	9
7	2024/6/9	3
8	2024/6/10	9
9	2024/6/11	18
10	2024/6/12	25
11	2024/6/13	12
12	2024/6/14	11
13	2024/6/15	16
14	2024/6/16	5
15	2024/6/17	5
16	2024/6/18	13
17	2024/6/19	10
18	2024/6/20	10
19	2024/6/21	21
20	2024/6/22	15
21	2024/6/23	6
22	2024/6/24	7
23	2024/6/25	18
24	2024/6/26	5

图 5-1 sheet1

	A	B
1	手撕素肉订单量（搜索推广）	
2	日期	订单量
3	2024/6/5	8
4	2024/6/6	17
5	2024/6/7	0
6	2024/6/8	8
7	2024/6/9	4
8	2024/6/10	5
9	2024/6/11	5
10	2024/6/12	5
11	2024/6/13	1
12	2024/6/14	3
13	2024/6/15	2
14	2024/6/16	0
15	2024/6/17	10
16	2024/6/18	14
17	2024/6/19	20
18	2024/6/20	11
19	2024/6/21	13
20	2024/6/22	6
21	2024/6/23	7
22	2024/6/24	8
23	2024/6/25	19
24	2024/6/26	9

图 5-2 sheet2

【步骤 1】插入一张新工作表 sheet3，用于存放汇总结果。

【步骤 2】单击 sheet3 的 A1 单元格，用于存放合并计算结果。

【步骤 3】选择“数据”选项卡→“合并计算”，打开“合并计算”对话框，如图 5-3 所示。

图 5-3　合并计算

【步骤 4】在“函数”列表选择“求和”。

【步骤 5】单击“引用位置”框。

【步骤 6】选择 sheet1，选定 Sheet1!$A$2:$B$24，单击“添加”按钮。

【步骤 7】选择 sheet2，选定 Sheet2!$A$2:$B$24，单击“添加”按钮。

【步骤 8】在“标签位置”选项中选中“首行”和“最左列”。

【步骤 9】单击“确定”按钮，在 sheet3 中的 A1 单元格添上“日期”字段即可，合并计算结果如图 5-4 所示。

	A	B
1	日期	订单量
2	2024/6/5	18
3	2024/6/6	24
4	2024/6/7	2
5	2024/6/8	17
6	2024/6/9	7
7	2024/6/10	14
8	2024/6/11	23
9	2024/6/12	30
10	2024/6/13	13
11	2024/6/14	14
12	2024/6/15	18
13	2024/6/16	5
14	2024/6/17	15
15	2024/6/18	27
16	2024/6/19	30
17	2024/6/20	21
18	2024/6/21	34
19	2024/6/22	21
20	2024/6/23	13
21	2024/6/24	15
22	2024/6/25	37
23	2024/6/26	14

图 5-4　合并计算结果

任务二 分类汇总

一、分类汇总的概念

对列表的若干字段按照指定汇总方式进行汇总并建立分级组合，是处理与分析数据常用的功能。在使用分类汇总时，需要注意的一点是，要先按照分类字段对列表进行排序，使得分类字段中相同的项目能够连续排列。

二、分类汇总的步骤

以拼多多平台产品订单量数据表格（见图 5－5）为例，统计每种产品每天的订单总量。

【步骤 1】先排序。

在数据区域内选择当前单元格，单击“数据”→“排序”，“主要关键字”选“产品种类”，“次序”选升序；“次要关键字”选“日期”，“次序”选升序，单击“确定”按钮。结果如图 5－6 所示。

	A	B	C	D
1	产品种类	日期	推广模式	订单量
2	鸡蛋	6月5日	场景	19
3	鸡蛋	6月6日	场景	15
4	手撕素肉	6月5日	场景	10
5	手撕素肉	6月6日	场景	7
6	臭豆腐	6月5日	搜索	22
7	臭豆腐	6月6日	搜索	12
8	臭豆腐	6月7日	搜索	7
9	鸡蛋	6月7日	场景	10
10	鸡蛋	6月7日	搜索	9
11	手撕素肉	6月7日	场景	2
12	鸡蛋	6月5日	搜索	14
13	手撕素肉	6月5日	搜索	8
14	手撕素肉	6月6日	搜索	17
15	臭豆腐	6月5日	场景	35
16	臭豆腐	6月6日	场景	32
17	臭豆腐	6月7日	场景	21
18	手撕素肉	6月7日	搜索	0
19	鸡蛋	6月6日	搜索	5

图 5－5 产品订单量

	A	B	C	D
1	产品种类	日期	推广模式	订单量
2	臭豆腐	6月5日	搜索	22
3	臭豆腐	6月5日	场景	35
4	臭豆腐	6月6日	搜索	12
5	臭豆腐	6月6日	场景	32
6	臭豆腐	6月7日	搜索	7
7	臭豆腐	6月7日	场景	21
8	鸡蛋	6月5日	场景	19
9	鸡蛋	6月5日	搜索	14
10	鸡蛋	6月6日	场景	15
11	鸡蛋	6月6日	搜索	5
12	鸡蛋	6月7日	场景	10
13	鸡蛋	6月7日	搜索	9
14	手撕素肉	6月5日	场景	10
15	手撕素肉	6月5日	搜索	8
16	手撕素肉	6月6日	场景	7
17	手撕素肉	6月6日	搜索	17
18	手撕素肉	6月7日	场景	2
19	手撕素肉	6月7日	搜索	0

图 5－6 排序结果

【步骤 2】再汇总。

在上述排序基础上，选择“数据”→“分类汇总”，在“分类汇总”对话框中，分类字段选“日期”，汇总方式选“求和”，选定汇总项中在“订单量”字段名前的复选框中单击鼠标左键，勾选“替换当前分类汇总”和“汇总结果显示在数据下方”，单击“确定”按钮（见图 5-7）。分类汇总结果如图 5-8 所示。

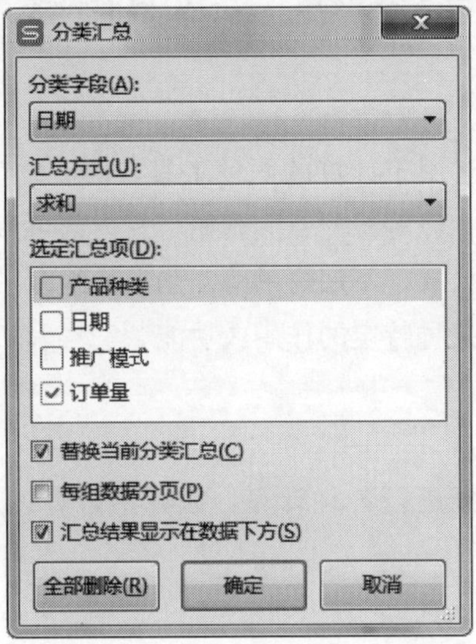

图 5-7　填写“分类汇总”对话框

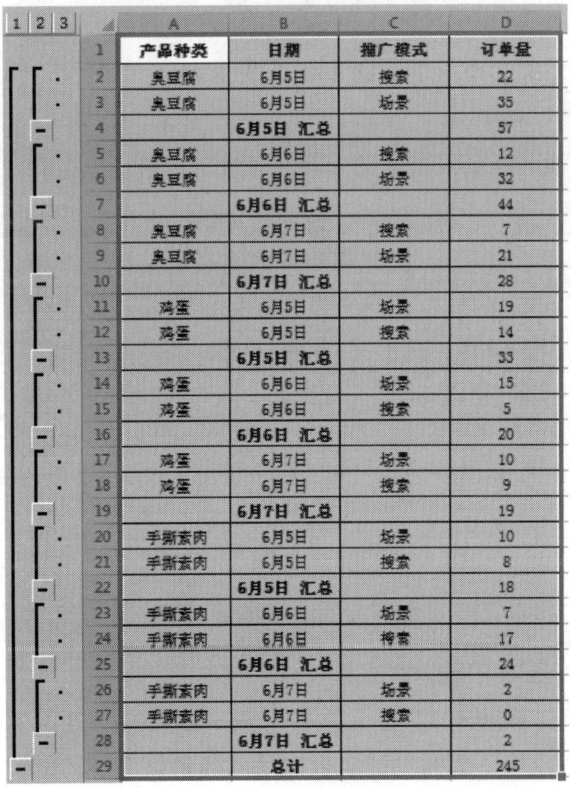

	A	B	C	D
1	产品种类	日期	推广模式	订单量
2	臭豆腐	6月5日	搜索	22
3	臭豆腐	6月5日	场景	35
4		6月5日 汇总		57
5	臭豆腐	6月6日	搜索	12
6	臭豆腐	6月6日	场景	32
7		6月6日 汇总		44
8	臭豆腐	6月7日	搜索	7
9	臭豆腐	6月7日	场景	21
10		6月7日 汇总		28
11	鸡蛋	6月5日	场景	19
12	鸡蛋	6月5日	搜索	14
13		6月5日 汇总		33
14	鸡蛋	6月6日	场景	15
15	鸡蛋	6月6日	搜索	5
16		6月6日 汇总		20
17	鸡蛋	6月7日	场景	10
18	鸡蛋	6月7日	搜索	9
19		6月7日 汇总		19
20	手撕素肉	6月5日	场景	10
21	手撕素肉	6月5日	搜索	8
22		6月5日 汇总		18
23	手撕素肉	6月6日	场景	7
24	手撕素肉	6月6日	搜索	17
25		6月6日 汇总		24
26	手撕素肉	6月7日	场景	2
27	手撕素肉	6月7日	搜索	0
28		6月7日 汇总		2
29		总计		245

图 5-8　分类汇总结果

任务三 公式与函数

公式与函数是Excel经常用于计算的两种工具，两者之间有一定的联系，也有区别。公式是一种大范围的总称，它以等号“＝”开始，其内部可以包括函数、引用、运算符和常量；函数是预先定义好的公式，不用再书写。函数的组合，是指将两个或多个已经预定义好的公式组合起来，完成某种特定的作用或功能。

一、公式的运用

公式可以对表格中的数据进行各种计算，如算术运算、逻辑关系运算和字符串运算等。公式的一般格式为：

＝<表达式>

一个表达式可以包含：常量（数据）、运算符、地址引用和函数等。表达式主要有三种：算术表达式、关系表达式和字符串表达式。接下来用一个实际案例具体讲解如何运用公式。

以拼多多平台康乐零食小店的直通车明细数据表格（如图5－9所示）为例，计算当日收入金额。

当日收入金额＝当日成交金额－当日花费

	A	B	C	D	E	F	G	H	I	J	K	L
1	直通车明细数据											
2	日期	展现量	当日点击量	当日点击率	当日花费	平均点击费用	当日成交笔数	当日成交金额	当日点击转化率	当日收藏量	直通车投入产出比	当日收入金额
3	5月1日	6,560	405	6.17%	¥99.39	¥0.25	25	¥522.47	6.17%	32	5.26	
4	5月2日	7,528	434	5.77%	¥111.22	¥0.26	19	¥346.37	4.38%	27	3.11	
5	5月3日	9,507	488	5.13%	¥147.73	¥0.30	29	¥590.02	5.94%	25	3.99	
6	5月4日	11,257	641	5.69%	¥209.45	¥0.33	40	779.18	6.24%	49	3.72	
7	5月5日	10,802	639	5.92%	¥190.74	¥0.30	27	¥716.17	4.23%	32	3.75	
8	5月6日	9,727	693	7.12%	¥175.89	¥0.25	31	¥851.87	4.47%	39	4.84	
9	5月7日	8,899	635	7.14%	¥163.69	¥0.26	22	¥682.18	3.46%	27	4.17	
10	5月8日	5,582	438	7.85%	¥103.56	¥0.24	14	¥367.02	3.20%	25	3.54	
11	5月9日	1	0	0.00%	¥0.00	¥0.00	2	¥44.42	0.00%	1	0.00	
12	5月10日	0	0	0.00%	¥0.00	¥0.00	2	¥60.18	0.00%	1	0.00	
13	5月11日	4,346	328	7.55%	¥75.50	¥0.23	13	¥446.52	3.96%	27	5.91	
14	5月12日	6,109	469	7.68%	¥104.04	¥0.22	18	¥587.36	3.84%	34	5.65	
15	5月13日	6,355	481	7.57%	¥104.10	¥0.22	25	¥639.03	5.20%	32	6.14	

图5－9 直通车明细数据表

【步骤1】在L3单元格中输入公式：＝H3－E3。

【步骤2】鼠标指针移动到L3单元格右下角“填充柄”处，当鼠标指针变成实心的“＋”时，双击鼠标，或按住鼠标左键向下拖动鼠标到第20行，计算得出当日收入金额，如图5－10所示。

	A	B	C	D	E	F	G	H	I	J	K	L
1	直通车明细数据											
2	日期	展现量	当日点击量	当日点击率	当日花费	平均点击费用	当日成交笔数	当日成交金额	当日点击转化率	当日收藏量	直通车投入产出比	当日收入金额
3	5月1日	6,560	405	6.17%	¥99.39	¥0.25	25	¥522.47	6.17%	32	5.26	423.08
4	5月2日	7,528	434	5.77%	¥111.22	¥0.26	19	¥346.37	4.38%	27	3.11	235.15
5	5月3日	9,507	488	5.13%	¥147.73	¥0.30	29	¥590.02	5.94%	25	3.99	442.29
6	5月4日	11,257	641	5.69%	¥209.45	¥0.33	40	779.18	6.24%	49	3.72	569.73
7	5月5日	10,802	639	5.92%	¥190.74	¥0.30	27	¥716.17	4.23%	32	3.75	525.43
8	5月6日	9,727	693	7.12%	¥175.89	¥0.25	31	¥851.87	4.47%	39	4.84	675.98
9	5月7日	8,899	635	7.14%	¥163.69	¥0.26	22	¥682.18	3.46%	27	4.17	518.49
10	5月8日	5,582	438	7.85%	¥103.56	¥0.24	14	¥367.02	3.20%	25	3.54	263.46
11	5月9日	1	0	0.00%	¥0.00	¥0.00	2	¥44.42	0.00%	1	0.00	44.42
12	5月10日	0	0	0.00%	¥0.00	¥0.00	2	¥60.18	0.00%	1	0.00	60.18
13	5月11日	4,346	328	7.55%	¥75.50	¥0.23	13	¥446.52	3.96%	27	5.91	371.02
14	5月12日	6,109	469	7.68%	¥104.04	¥0.22	18	¥587.36	3.84%	34	5.65	483.32
15	5月13日	6,355	481	7.57%	¥104.10	¥0.22	25	¥639.03	5.20%	32	6.14	534.93
16	5月14日	4,465	455	10.19%	¥101.61	¥0.22	33	¥1,257.68	7.25%	28	12.38	1156.07
17	5月15日	5,702	472	8.28%	¥100.60	¥0.21	33	¥1,113.33	6.99%	30	11.07	1012.73
18	5月16日	5,975	463	7.75%	¥101.81	¥0.22	20	¥563.20	7.75%	18	5.53	461.39
19	5月17日	6,369	407	6.39%	¥93.54	¥0.23	21	¥672.90	5.16%	31	7.19	579.36
20	5月18日	7,580	421	5.55%	¥97.20	¥0.23	24	¥751.70	5.70%	34	7.73	654.5

图 5-10　公式计算结果

二、函数的运用

Excel 中的函数共包含 11 类，分别是数据库函数、日期与时间函数、工程函数、财务函数、信息函数、逻辑函数、查询与引用函数、数学与三角函数、统计函数、文本函数以及用户自定义函数。函数的结构如下：

＝函数名称(参数 1,参数 2,……)

参数可以是数字、文本、逻辑值（如 TRUE 或 FALSE)、数组、错误值（如＃N/A）或单元格引用，也可以是常量、公式、数组或其他函数。参数必须能产生有效的值。接下来用一个实际案例具体讲解如何运用函数。

以拼多多平台康乐零食小店的鸡蛋订单量数据表格（如图 5－11 所示）为例，用 SUM 求和函数计算每天鸡蛋的总订单量。

鸡蛋																									
时间	0:00	1:00	2:00	3:00	4:00	5:00	6:00	7:00	8:00	9:00	10:00	11:00	12:00	13:00	14:00	15:00	16:00	17:00	18:00	19:00	20:00	21:00	22:00	23:00	总订单量
6月4日	1	0	0	0	0	0	2	0	0	1	1	0	1	1	1	0	2	1	1	0	0	0	0	0	
6月5日	1	1	0	1	0	0	1	1	0	0	2	1	0	0	0	0	0	2	0	0	0	1	2	1	
6月6日	0	0	2	0	0	0	0	0	0	0	0	0	0	0	0	0	1	0	0	0	1	1	0	0	
6月7日	0	0	0	1	0	0	0	1	0	0	0	0	0	1	0	0	0	1	0	0	2	3	0	0	
6月8日	0	0	0	0	0	0	0	0	0	0	1	0	0	0	0	3	1	0	0	1	1	2	1	0	
6月9日	0	0	0	0	0	0	2	0	0	1	0	1	1	0	0	3	0	2	0	0	0	1	0	1	
6月10日	0	0	0	0	0	0	0	0	0	0	0	0	0	0	0	0	1	0	1	1	0	0	0	0	

图 5-11　鸡蛋订单量

【步骤 1】选中单元格 Z3，单击“公式”→“插入函数”，弹出“插入函数”对话框，在“选择函数”下面选择“SUM”函数，单击“确定”按钮，如图 5－12 所示。

【步骤 2】弹出“函数参数”对话框，光标在“数值 1”右边的文本区域内，选择该数据表格中的（B3:Y3）区域，单击“确定”按钮，如图 5－13 所示。

【步骤 3】鼠标指针移动到 Z3 单元格右下角“填充柄”处，当鼠标指针变成实心的“＋”时，双击鼠标，或按住鼠标左键向下拖动鼠标到第 29 行，计算得出总订单量，如图 5－14 所示。

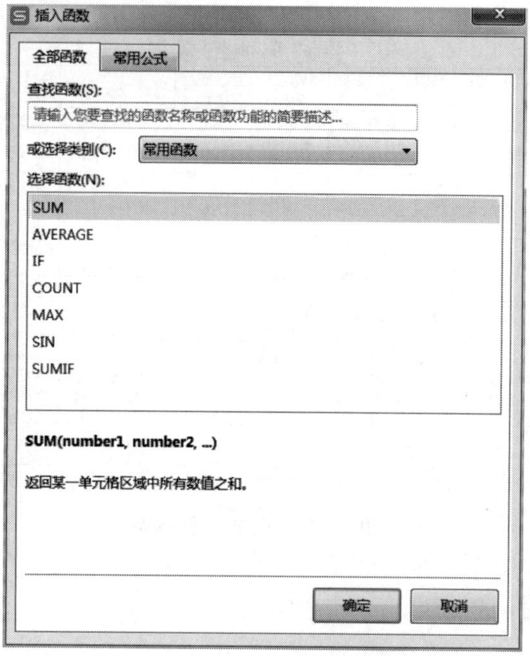

图 5-12　“插入函数”对话框

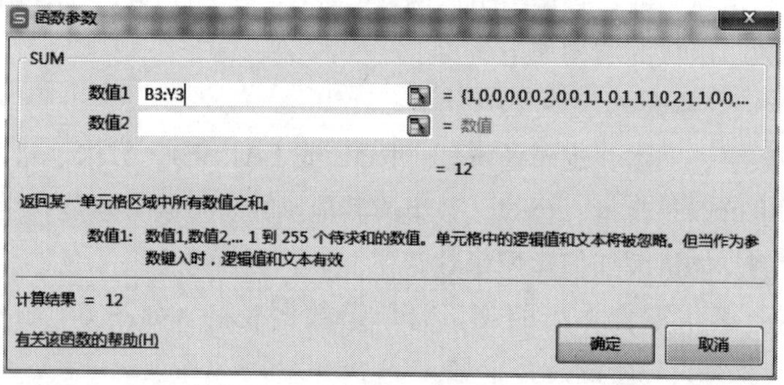

图 5-13　“函数参数”对话框

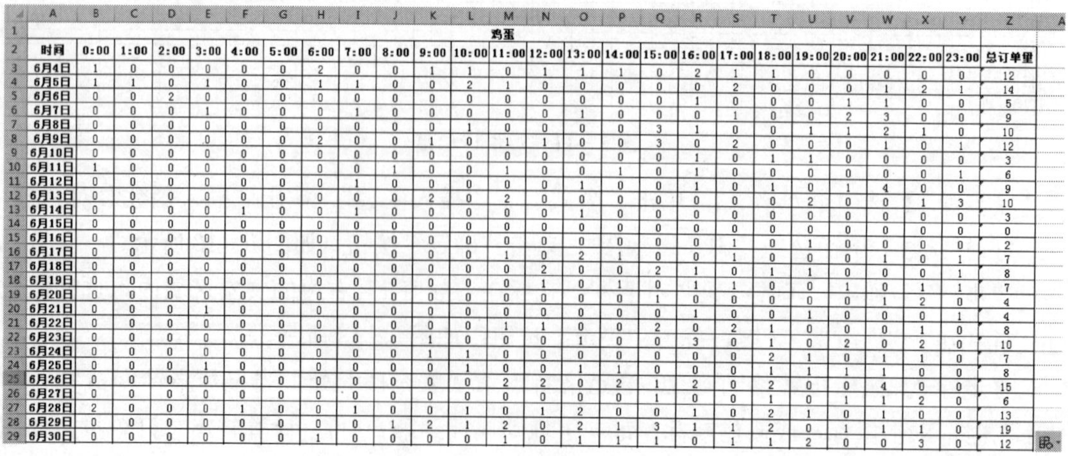

鸡蛋

时间	0:00	1:00	2:00	3:00	4:00	5:00	6:00	7:00	8:00	9:00	10:00	11:00	12:00	13:00	14:00	15:00	16:00	17:00	18:00	19:00	20:00	21:00	22:00	23:00	总订单量
6月4日	1	0	0	0	0	0	2	0	0	1	1	0	1	1	1	0	2	1	1	0	0	0	0	0	12
6月5日	1	1	0	1	0	0	1	1	0	0	2	1	0	0	0	0	0	2	0	0	0	1	2	1	14
6月6日	0	0	2	0	0	0	0	0	0	0	0	0	0	0	0	0	1	0	0	0	1	1	0	0	5
6月7日	0	0	0	1	0	0	0	1	0	0	0	0	0	1	0	0	0	1	0	0	2	3	0	0	9
6月8日	0	0	0	0	0	0	0	0	0	0	1	0	0	0	0	3	1	0	0	1	1	2	1	0	10
6月9日	0	0	0	0	0	0	2	0	0	1	0	1	1	0	0	3	0	2	0	0	0	1	0	1	12
6月10日	0	0	0	0	0	0	0	0	0	0	0	0	0	0	0	0	1	0	1	1	0	0	0	0	3
6月11日	1	0	0	0	0	0	0	0	1	0	0	1	0	0	1	0	1	0	0	0	0	0	0	1	6
6月12日	0	0	0	0	0	0	0	1	0	0	0	0	0	1	0	0	1	0	1	0	1	4	0	0	9
6月13日	0	0	0	0	0	0	0	0	0	2	0	2	0	0	0	0	0	0	0	2	0	0	1	3	10
6月14日	0	0	0	0	1	0	0	1	0	0	0	0	0	1	0	0	0	0	0	0	0	0	0	0	3
6月15日	0	0	0	0	0	0	0	0	0	0	0	0	0	0	0	0	0	0	0	0	0	0	0	0	0
6月16日	0	0	0	0	0	0	0	0	0	0	0	0	0	0	0	0	0	1	0	1	0	0	0	0	2
6月17日	0	0	0	0	0	0	0	0	0	0	0	1	0	2	1	0	0	1	0	0	0	1	0	1	7
6月18日	0	0	0	0	0	0	0	0	0	0	0	0	2	0	0	2	1	0	1	1	0	0	0	1	8
6月19日	0	0	0	0	0	0	0	0	0	0	0	0	1	0	1	0	1	1	0	0	1	0	1	1	7
6月20日	0	0	0	0	0	0	0	0	0	0	0	0	0	0	0	1	0	0	0	0	0	1	2	0	4
6月21日	0	0	0	1	0	0	0	0	0	0	0	0	0	0	0	0	1	0	0	1	0	0	0	1	4
6月22日	0	0	0	0	0	0	0	0	0	0	0	1	1	0	0	2	0	2	1	0	0	0	1	0	8
6月23日	0	0	0	0	0	0	0	0	0	1	0	0	0	1	0	0	3	0	1	0	2	0	2	0	10
6月24日	0	0	0	0	0	0	0	0	0	1	1	0	0	0	0	0	0	0	2	1	0	1	1	0	7
6月25日	0	0	0	1	0	0	0	0	0	0	1	0	0	1	1	0	0	0	1	1	1	1	0	0	8
6月26日	0	0	0	0	0	0	0	0	0	0	0	2	2	0	2	1	2	0	2	0	0	4	0	0	15
6月27日	0	0	0	0	0	0	0	0	0	0	0	0	0	0	0	1	0	0	1	0	1	1	2	0	6
6月28日	2	0	0	0	1	0	0	1	0	0	1	0	1	2	0	0	1	0	2	1	0	1	0	0	13
6月29日	0	0	0	0	0	0	0	0	1	2	1	2	0	2	1	3	1	1	2	0	1	1	1	0	19
6月30日	0	0	0	0	0	0	1	0	0	0	0	1	0	1	1	1	0	1	1	2	0	0	3	0	12

图 5-14　函数计算结果

任务四　常用的电子商务计算函数

函数是数据计算中非常得力的工具，Excel 中函数种类较多，在电子商务中常用的计算函数主要有：SUM 函数、AVERAGE 函数和 SUMIF 函数。

一、SUM 函数

SUM 函数即求和函数，可将值相加，也可以将单个值、单元格引用或是区域相加，或者将三者的组合相加。语法规则：

SUM(number1,number2,…)

其中，number1（必需参数）是要相加的第一个数据。该数据可以是数字，也可以是 Excel 中 A1 之类的单元格引用或 A2:A8 之类的单元格范围。number2 是相加的第二个数据。具体案例前面已经讲解过，这里就不再赘述。

二、AVERAGE 函数

AVERAGE 函数是 Excel 表格中的计算平均值函数，参数可以是数字，或者是涉及数字的名称、数组或引用。如果数组或单元格引用参数中有文字、逻辑值或空单元格，则忽略其值。但是，如果单元格包含零值则计算在内。语法规则：

AVERAGE(number1,number2,…)

其中，number1,number2,…是要计算平均值的参数。接下来用一个实际案例具体讲解如何运用该函数。

以拼多多平台康乐零食小店的手撕素肉订单量数据（如图 5－15 所示）表格为例，计算手撕素肉每天的平均订单量，我们用 AVERAGE 函数进行计算。

【步骤 1】选中单元格 D3，单击“公式”→“插入函数”，弹出“插入函数”对话框，在“选择函数”下面选择“AVERAGE”函数，单击“确定”按钮。

【步骤 2】弹出“函数参数”对话框，光标在“数值 1”右边的文本区域内，选择该数据表格中的（B3:C3）区域，单击“确定”按钮。

【步骤 3】鼠标指针移动到 D3 单元格右下角“填充柄”处，当鼠标指针变成实心的“+”时，双击鼠标，或按住鼠标左键向下拖动鼠标到第 24 行，计算得出平均订单量，如图 5－16 所示。

	A	B	C	D
1	手撕素肉订单量			
2	日期	场景推广订单量	搜索推广订单量	平均值
3	2024/6/5	10	8	
4	2024/6/6	7	17	
5	2024/6/7	2	0	
6	2024/6/8	9	8	
7	2024/6/9	3	4	
8	2024/6/10	9	5	
9	2024/6/11	18	5	
10	2024/6/12	25	5	
11	2024/6/13	12	1	
12	2024/6/14	11	3	
13	2024/6/15	16	2	
14	2024/6/16	5	0	
15	2024/6/17	5	10	
16	2024/6/18	13	14	
17	2024/6/19	10	20	
18	2024/6/20	10	11	
19	2024/6/21	21	13	
20	2024/6/22	15	6	
21	2024/6/23	6	7	
22	2024/6/24	7	8	
23	2024/6/25	18	19	
24	2024/6/26	5	9	

图 5－15　手撕素肉订单量

	A	B	C	D
1	手撕素肉订单量			
2	日期	场景推广订单量	搜索推广订单量	平均值
3	2024/6/5	10	8	9
4	2024/6/6	7	17	12
5	2024/6/7	2	0	1
6	2024/6/8	9	8	8.5
7	2024/6/9	3	4	3.5
8	2024/6/10	9	5	7
9	2024/6/11	18	5	11.5
10	2024/6/12	25	5	15
11	2024/6/13	12	1	6.5
12	2024/6/14	11	3	7
13	2024/6/15	16	2	9
14	2024/6/16	5	0	2.5
15	2024/6/17	5	10	7.5
16	2024/6/18	13	14	13.5
17	2024/6/19	10	20	15
18	2024/6/20	10	11	10.5
19	2024/6/21	21	13	17
20	2024/6/22	15	6	10.5
21	2024/6/23	6	7	6.5
22	2024/6/24	7	8	7.5
23	2024/6/25	18	19	18.5
24	2024/6/26	5	9	7

图 5－16　平均值函数计算结果

三、SUMIF 函数

SUMIF 函数是 Excel 的常用函数，使用 SUMIF 函数可以对报表范围中符合指定条件的值求和。语法规则：

SUMIF(range，criteria，sum range)

SUMIF 函数的参数如下：

第一个参数：range 为条件区域，用于条件判断的单元格区域。

第二个参数：criteria 是求和条件，由数字、逻辑表达式等组成的判定条件。

第三个参数：sum range 为实际求和区域，需要求和的单元格、区域或引用。

当省略第三个参数时，条件区域就是实际求和区域。接下来用一个实际案例具体讲解如何运用该函数。

以拼多多平台康乐零食小店的产品订单量数据表格（如图 5－17 所示）为例，我们用 SUMIF 函数计算每种产品的总订单量，操作步骤如下。

	A	B	C	D	E	F	G
1	产品种类	日期	推广模式	订单量		产品种类	总订单量
2	鸡蛋	6月5日	场景	19		鸡蛋	
3	鸡蛋	6月6日	场景	15		手撕素肉	
4	手撕素肉	6月5日	场景	10		臭豆腐	
5	手撕素肉	6月6日	场景	7			
6	臭豆腐	6月5日	搜索	22			
7	臭豆腐	6月6日	搜索	12			
8	臭豆腐	6月7日	搜索	7			
9	鸡蛋	6月7日	场景	10			
10	鸡蛋	6月7日	搜索	9			
11	手撕素肉	6月7日	场景	2			
12	鸡蛋	6月5日	搜索	14			
13	手撕素肉	6月5日	搜索	8			
14	手撕素肉	6月6日	搜索	17			
15	臭豆腐	6月5日	场景	35			
16	臭豆腐	6月6日	场景	32			
17	臭豆腐	6月7日	场景	21			
18	手撕素肉	6月7日	搜索	0			
19	鸡蛋	6月6日	搜索	5			

图 5－17　产品订单量

【步骤 1】选中单元格 G2，单击“公式”→“插入函数”，弹出“插入函数”对话框，在“查找函数”下面直接输入“SUMIF”进行查找，查找结果出来后，在“选择函数”下面选择“SUMIF”函数单击“确定”按钮，如图 5－18 所示。

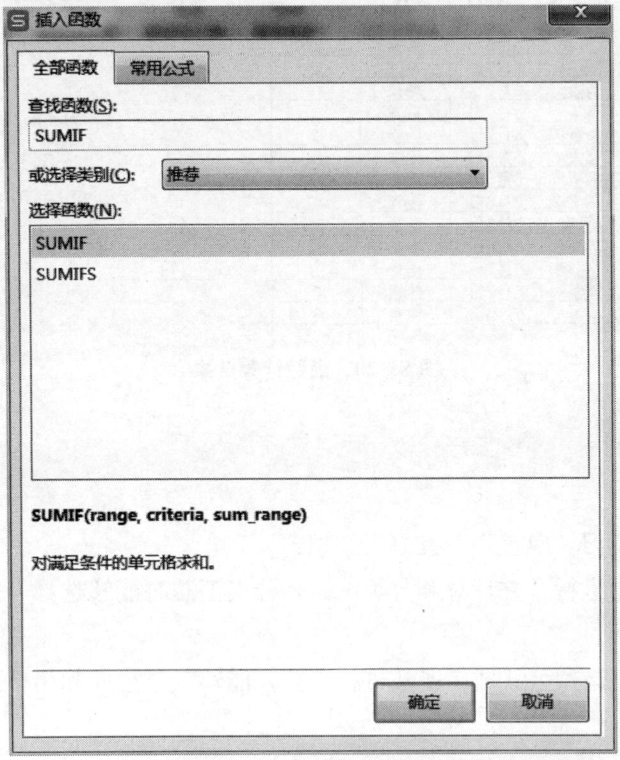

图 5－18 “插入函数”对话框

【步骤 2】弹出“函数参数”对话框，“区域”右边填写“A2:A19”，“条件”右边填写“F2”，“求和区域”右边填写“D2:D19”，单击“确定”按钮，如图 5－19 所示。

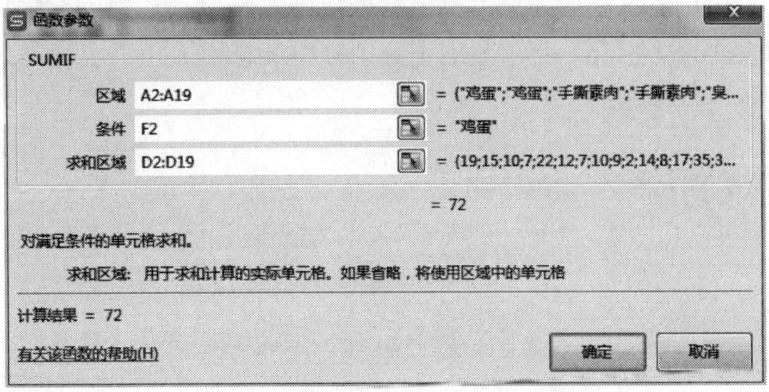

图 5－19 “函数参数”对话框

【步骤 3】鼠标指针移动到 G2 单元格右下角“填充柄”处，当鼠标指针变成实心的“+”时，双击鼠标，或按住鼠标左键向下拖动鼠标到第 4 行，计算得出每种产品的总订单量，如图 5－20 所示。

	A	B	C	D	E	F	G
1	产品种类	日期	推广模式	订单量		产品种类	总订单量
2	鸡蛋	6月5日	场景	19		鸡蛋	72
3	鸡蛋	6月6日	场景	15		手撕素肉	44
4	手撕素肉	6月5日	场景	10		臭豆腐	129
5	手撕素肉	6月6日	场景	7			
6	臭豆腐	6月5日	搜索	22			
7	臭豆腐	6月6日	搜索	12			
8	臭豆腐	6月7日	搜索	7			
9	鸡蛋	6月7日	场景	10			
10	鸡蛋	6月7日	搜索	9			
11	手撕素肉	6月7日	场景	2			
12	鸡蛋	6月5日	搜索	14			
13	手撕素肉	6月5日	搜索	8			
14	手撕素肉	6月6日	搜索	17			
15	臭豆腐	6月5日	场景	35			
16	臭豆腐	6月6日	场景	32			
17	臭豆腐	6月7日	场景	21			
18	手撕素肉	6月7日	搜索	0			
19	鸡蛋	6月6日	搜索	5			

图 5－20　函数计算结果

项目小结

通过本项目的学习，应重点掌握以下知识：

（1）学会对数据进行合并计算和分类汇总，分类汇总时能够选择合适的分类字段、汇总方式和选定汇总项。

（2）学会对数据运用公式或者函数进行计算，能够区分公式和函数的异同点，并合理运用公式或者函数。

（3）了解并掌握常用的电子商务计算函数主要有 SUM、AVERAGE 和 SUMIF。

实训活动

以拼多多平台康乐零食小店为例，具体数据详见附件 5－2，将网店销售的三种产品在场景模式和搜索模式每天所显示订单量的记录用分类汇总相关知识统计出来，并分析哪种推广模式更有利于产品的销售。

思考与练习

一、判断题

1. 合并计算功能在汇总多个格式一致的数据方面非常实用而且简便。（　　）

2. 分类汇总不一定需要按照分类字段对列表进行排序。（　　）

3. 公式是一种大范围的总称，它以等号开始，其内部可以包括函数、引用、运算符和常量。（　　）

4. 公式与函数计算方法一致，没有什么区别。（　　）

5. 函数是预先定义好的公式，是指将两个或多个已经定义好的公式组合起来，完成

某种特定的作用或功能。（　　）

6. 函数的参数只能是数字、文本、逻辑值。（　　）

7. 公式与函数是 Excel 经常用于计算的两种十分强大的工具，两者之间有一定的联系，也有区别。（　　）

8. AVERAGE 函数是一个求和函数。（　　）

9. 函数参数不一定需要产生有效的值。（　　）

10. 电子商务运营过程中会产生大量的数据，进行电子商务数据分析需要对这些大数据进行计算。函数是一款非常得力的数据计算工具。（　　）

二、单项选择题

1. 合并计算是在（　　）选项卡里面的功能。

A. 开始　　B. 公式　　C. 数据　　D. 视图

2. （　　）是分类汇总的前提条件。

A. 排序　　B. 分类　　C. 计算　　D. 筛选

3. 公式是一种大范围的总称，它需要以（　　）符号开始。

A. ＝　　B. ＋　　C. －　　D. *

4. Excel 函数不包含（　　）函数。

A. 数据库函数　　B. 日期与时间函数

C. 决策函数　　D. 工程函数

5. （　　）函数可以对报表范围中符合指定条件的值求和。

A. SUM　　B. AVERAGE　　C. COUNT　　D. SUMIF

三、简答题

1. 简述数据计算的常用方法。

2. 简述分类汇总的概念。

3. 简述公式的概念。

4. 简述函数的概念。

5. 除了本项目介绍的几种函数外，你还了解哪些与电子商务有关的函数？

项目六 数据透视表的制作

项目导读

当工作表数据较多时，要进行数据的统计与分析并非易事。在电子商务数据分析中利用 Excel 提供的数据透视表可以很快地进行数据的汇总、统计与分析，大大提高我们的工作效率。本项目主要讲解数据透视表的概念及功能、数据透视表的创建与编辑、生成数据透视图。

学习目标

知识目标

- 了解数据透视表和数据透视图的基本概念
- 掌握数据透视表的创建、编辑与生成数据透视图的使用范围

能力目标

- 能够进行数据透视表的创建、编辑与生成数据透视图等操作
- 能够结合生活中的具体实例，灵活运用数据透视表和数据透视图的相关功能

素养目标

- 培养工匠精神
- 培养自主学习的意识，能适应电子商务的不断发展与变化

案例导入

以拼多多平台康乐零食小店为例，店铺每天运营都会产生大量不同的数据，如同一种产品不同时期的订单量、不同产品相同时期的订单量和不同产品不同时期的订单量等。为了更好地提高店铺产品的销售量，需要对数据进行统计和分析。如何方便快捷地进行大量数据的统计分析呢？可以用前面学过的公式或者函数，但是对于较为复杂的数据统计与分析，或者想以不同的显示方式查看大量的数据表格，公式和函数就显得力不从心，而 Excel 的数据透视表工具能提高我们的工作效率。

点评：利用 Excel 提供的数据透视表工具，可以化繁为简，使数据层次分明、清晰可见。

任务一　数据透视表及其用途

一、数据透视表的概念

数据透视表是一种可以快速汇总、处理大量数据表格的交互式分析工具，可分类汇总、查询、分析大量数据。之所以称为数据透视表，是因为它可以动态地改变版面布置，如将行移动到列或将列移动到行（也称为“透视”），以便按照不同方式分析数据。每一次改变版面布置时，数据透视表会立即按照新的布置重新计算数据。另外，如果原始数据发生更改，则可以更新数据透视表。其中，分类汇总是数据透视表最基本、最常用的功能。

二、数据透视表的用途

数据透视表是一种可以快速汇总大量数据的交互式方法，可用于深入分析数值数据。数据透视表专门针对以下用途设计：

（1）以多种用户友好的方式查询大量数据。

（2）分类汇总、聚合数值数据，以及创建自定义计算和公式。

（3）展开和折叠数据级别以重点关注结果，以及深入查看感兴趣的区域的汇总数据的详细信息。

（4）可以通过将行移动到列或将列移动到行，查看源数据的不同汇总。

（5）通过对最有用、最有趣的一组数据进行筛选、排序、分组和条件格式设置，重点关注所需信息。

（6）提供简明、有吸引力并且带有批注的联机报表或打印报表。

任务二　创建数据透视表

一、创建前的准备

制作数据透视表，在生成数据透视表的数据时需要注意以下几点：

（1）将数据整理成数据清单，且没有任何空白行或空白列。

（2）使用表格作为数据透视表的数据源，以实现动态扩展。

（3）列中的数据类型应相同。例如，同一列中不得混合使用日期类型和文本类型。

二、如何创建数据透视表

以拼多多平台康乐零食小店的产品订单量数据表格（如图 6－1 所示）为例，用数据透视表分类汇总每种产品的总订单量，步骤如下。

	A	B	C	D
1	产品种类	日期	推广模式	订单量
2	鸡蛋	6月5日	场景	19
3	鸡蛋	6月6日	场景	15
4	手撕素肉	6月5日	场景	10
5	手撕素肉	6月6日	场景	7
6	臭豆腐	6月5日	搜索	22
7	臭豆腐	6月6日	搜索	12
8	臭豆腐	6月7日	搜索	7
9	鸡蛋	6月7日	场景	10
10	鸡蛋	6月7日	搜索	9
11	手撕素肉	6月7日	场景	2
12	鸡蛋	6月5日	搜索	14
13	手撕素肉	6月5日	搜索	8
14	手撕素肉	6月6日	搜索	17
15	臭豆腐	6月5日	场景	35
16	臭豆腐	6月6日	场景	32
17	臭豆腐	6月7日	场景	21
18	手撕素肉	6月7日	搜索	0
19	鸡蛋	6月6日	搜索	5

图 6－1　产品订单量

【步骤 1】选择表格中任意一单元格，单击“插入”→“数据透视表”，弹出“创建数据透视表”对话框，同时表格里面的内容自动处于选中状态，在“请选择放置数据透视表的位置”下面选择“新工作表”（见图 6－2），数据透视表会在新的工作表中显示，以便清晰地观察生成的数据透视表。单击“确定”按钮，如图 6－3 所示。

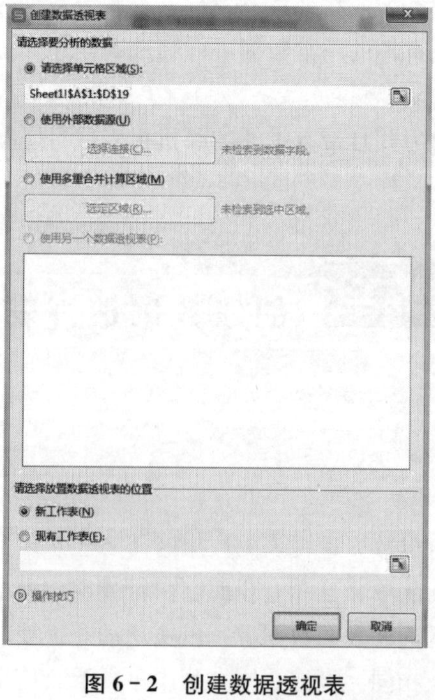

图 6－2　创建数据透视表

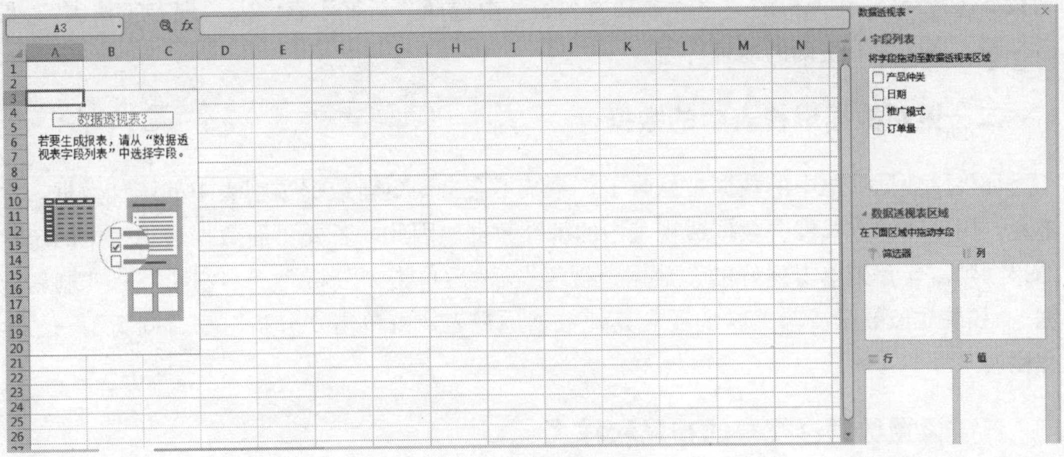

图 6-3　数据透视表

【步骤 2】在右边“数据透视表”面板下的“字段列表”，选中“产品种类”和“订单量”，“产品种类”字段自动显示到“数据透视表区域”下的“行”区域，“订单量”字段自动显示到“值”区域，且值区域的统计方式默认为“求和项”，左边表格中各产品的订单总量及所有产品的订单总量便汇总出来，如图 6-4 所示。

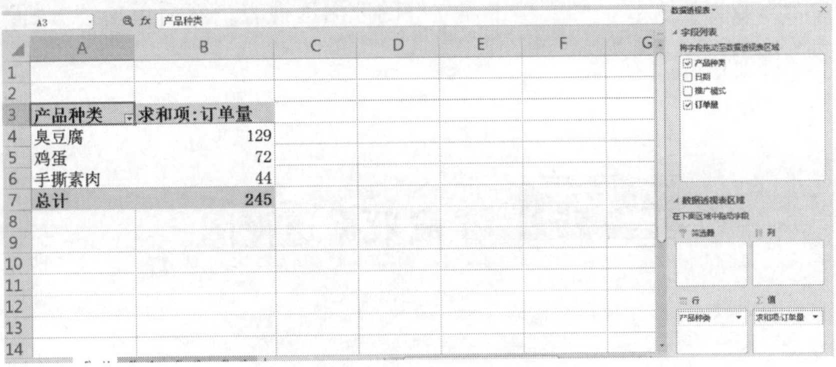

图 6-4　统计总订单量

从以上操作可以看出来，用数据透视表统计数据比公式和函数简便了很多，尤其对于数据更多更复杂的表格而言，则更为明显。

任务三　编辑数据透视表

一、移动数据透视表

如果要移动数据透视表，则先单击需要移动的数据透视表，然后单击“分析”→“移动数据透视表”，在弹出的“移动数据透视表”中选择“新工作表”或“现有工作表”，最后在输入框中填上正确的地址即可。

二、更新数据透视表中的数据

如果原数据清单中的数据被修改了，系统不会自动更新数据透视表中的统计数据，也不允许用手动的方式修改数据透视表中的统计数据。因此，若要更新数据透视表中的统计结果，则需要首先单击建好的“数据透视表”，然后单击“分析”→“刷新”→“刷新数据”；如果与该数据清单关联的还有其他数据透视表，则单击“分析”→“刷新”→“全部刷新”。

三、设置数据透视表的布局和样式

如果要设置数据透视表的布局和样式，则先单击建立好的数据透视表，然后单击“设计”选项卡，可以选择“分类汇总”或“报表布局”或“数据透视表颜色”等方面进行设置和美化。

四、删除数据透视表

如果要删除数据透视表，则先单击建立好的数据透视表，然后单击“分析”→“删除数据透视表”即可。

任务四 生成数据透视图

一、数据透视图的概念

数据透视图为关联数据透视表中的数据提供图形的表示形式。数据透视图也是交互式的。创建数据透视图时，会显示数据透视图筛选窗格，可使用此筛选窗格对数据透视图中的基础数据进行排序和筛选。对关联数据透视表中的布局和数据的更改将立即体现在数据透视图的布局和数据中；反之，对数据透视图的布局和数据的更改也会立即体现在关联数据透视表中。

二、创建数据透视图

以拼多多平台康乐零食小店的产品订单量数据表格（如图 6－1 所示）为例，用数据透视图分类汇总每种产品的总订单量，步骤如下。

【步骤 1】选择表格中任意一单元格，单击“插入”→“数据透视图”，弹出“创建数据透视图”对话框，同时表格里面的内容自动处于选中状态，在“请选择放置数据透视表的位置”下面选择“现有工作表”（见图 6－5），单击单元格 F1。单击“确定”按钮，如图 6－6 所示。

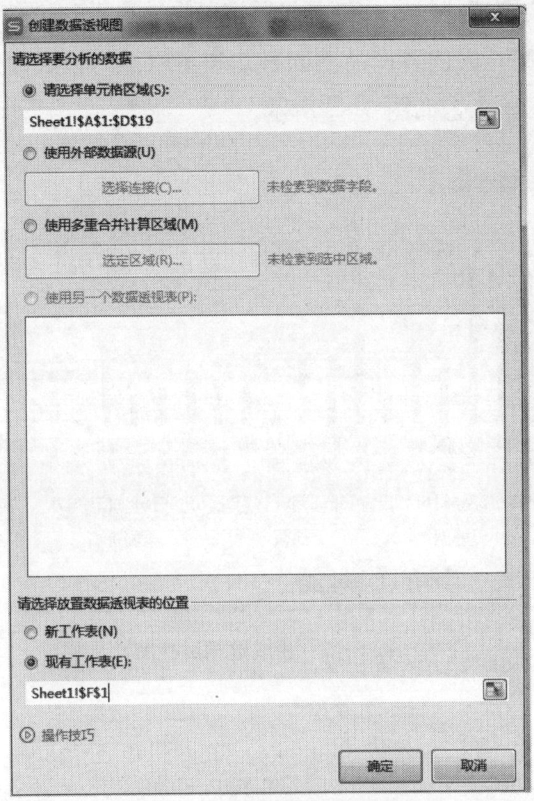

图 6－5　创建数据透视图

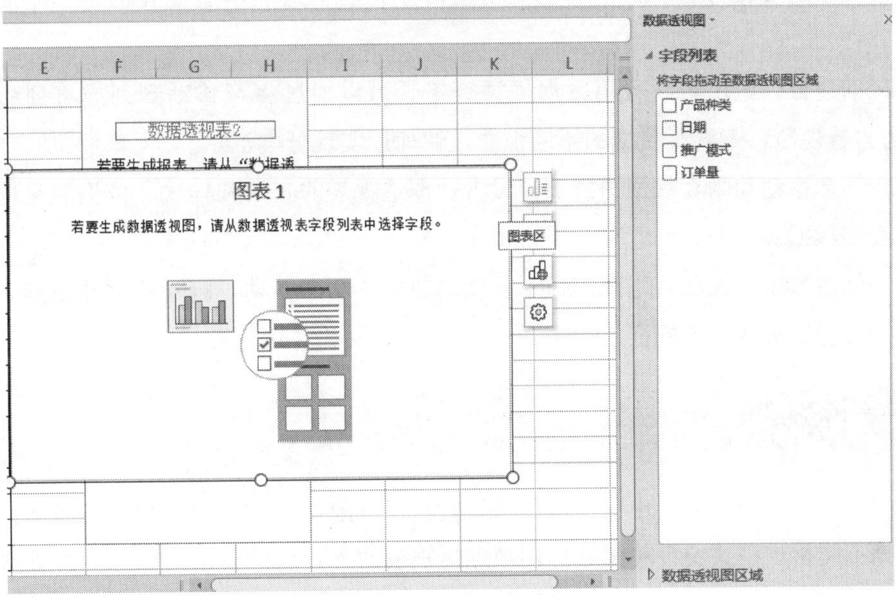

图 6－6　数据透视图

【步骤2】在右边“数据透视图”面板下的“字段列表”，依次选中“产品种类”“日期”“推广模式”“订单量”，“产品种类”“日期”“推广模式”字段自动显示到“数据透视图区域”下的“轴（类别）”区域，“订单量”字段自动显示到“值”区域，且值区域的统计方式默认为“求和项”，因此各产品不同日期和不同推广模式的订单量就以数据透视图的形式非常清晰地显示出来，如图6-7所示。

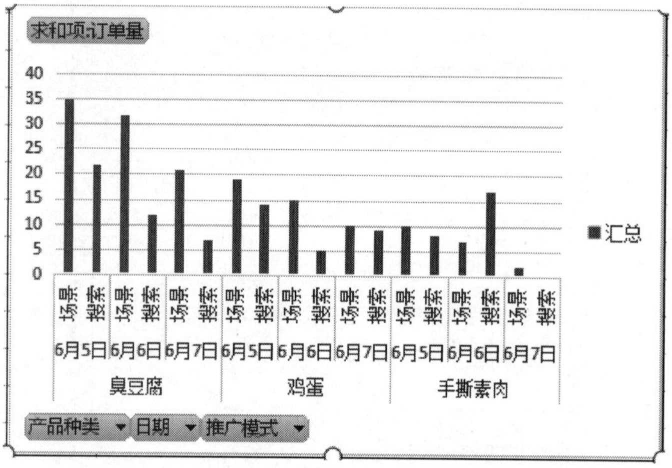

图6-7 生成数据透视图

项目小结

通过本项目的学习，应重点掌握以下知识：

（1）数据透视表的基本概念及主要用途；分类汇总是数据透视表最基本、最常用的功能。

（2）创建数据透视表，运用数据透视表工具可以通过将行移动到列或将列移动到行（也称为“透视”），查看源数据的不同汇总，快速地实现分类汇总。

（3）学会移动和删除数据透视表、设置数据透视表的布局和样式、依据源数据更新数据透视表的数据。

（4）创建数据透视图，用图表显示复杂的数据；学会移动、删除数据透视图，更改图表类型，设置数据透视图的样式。

实训活动

以拼多多平台康乐零食小店为例，具体数据详见附件6-1，对网店销售的三种产品在不同日期不同推广模式的订单量数据用数据透视表的形式统计出来，并分析造成这一现象的原因。

思考与练习

一、判断题

1. 数据透视表可以通过将行移动到列或将列移动到行，查看源数据的不同汇总。(　　)

2. 创建数据透视表之前，数据清单可以有空白行或空白列。(　　)

3. 数据透视表一旦生成，就不能删除。(　　)

4. 数据透视表可以很快地进行数据的汇总、统计与分析。(　　)

5. 如果原始数据发生更改，则不可以更新数据透视表。(　　)

6. 数据透视表通过对最有用、最有趣的一组数据进行筛选、排序、分组和条件格式设置，可以重点关注所需信息。(　　)

7. 数据透视图为关联数据透视表中的数据提供图形的表示形式。(　　)

8. 数据透视图不是交互式的。(　　)

9. 数据透视表和数据透视图没什么区别。(　　)

二、单项选择题

1. (　　) 是数据透视表最基本、最常用的功能。

A. 计算　　B. 分类汇总　　C. 排序　　D. 公式

2. 数据透视表功能是在 (　　) 选项卡里面。

A. 开始　　B. 插入　　C. 数据　　D. 视图

3. Excel 中数据透视表区域不包括 (　　)。

A. 筛选器　　B. 列　　C. 行　　D. 分类

4. Excel 中数据透视表区域中值的汇总方式不包括 (　　)。

A. 求和　　B. 平均值　　C. 乘积　　D. 除法

5. (　　) 为关联数据透视表中的数据提供图形的表示形式。

A. 数据透视图　　B. 柱形图　　C. 饼状图　　D. 条形图

三、简答题

1. 简述数据透视表的概念。

2. 简述数据透视表的用途（说出至少三种）。

3. 简述制作数据透视表时，需要注意的问题。

4. 对数据透视表的编辑有哪些操作?

5. 数据透视图与数据透视表有哪些关联?

项目七
图表制作

项目导读

枯燥的数据通过图表的形式展现出来，不仅能够更加生动地表示数据，还能够通过图表对数据进行分析，对趋势进行预测，帮助决策层做出正确的决策。本项目主要介绍图表的相关知识。

学习目标

知识目标

- 了解图表的类型，熟悉图表的创建方法
- 掌握图表的编辑、图表布局的设置、图表类型的更改、图表数据源的更改
- 掌握图表的美化方法

能力目标

- 学会使用 Excel 进行图表创建及编辑
- 能够使用 Excel 对图表美化

素养目标

- 能够高效地使用 Excel 进行图表编辑，以适应信息时代的需求
- 欣赏和理解图表美化，能够创造和表达美的感受

案例导入

小峰在拼多多平台康乐零食小店做运营工作，需要将每天的直通车数据做成数据表后上交给老板。为了让数据更加直观，每天可能还需要将数据做成图表，那么就需要了解图表的类型、图表的创建方法，以及如何做成各种类型的图表并且美化图表。

点评：Excel 对图表的操作功能非常强大，可以创建多种图表满足需要，也可以根据需要对图表进行美化。

任务一　认识图表

图表可以直观地展示统计信息，用户将数据绘制成图表后，有利于更加快速直观分析数据间的关系和变化趋势。

一、图表类型

Excel 提供了 16 种类型的图表，包括柱形图、折线图、饼图、条形图、面积图、散点图、气泡图、漏斗图、股价图、曲面图、雷达图、树状图、旭日图、直方图、箱形图和瀑布图。下面就常用的类型进行介绍。

（一）柱形图

柱形图常用于显示一段时间内数据的变化或说明各项数据之间的比较情况，是常用的图表类型之一。柱形图包括簇状柱形图（见图 7-1）、堆积柱形图（见图 7-2）、百分比堆积柱形图、三维簇状柱形图、三维堆积柱形图、三维百分比堆积柱形图和三维柱形图。

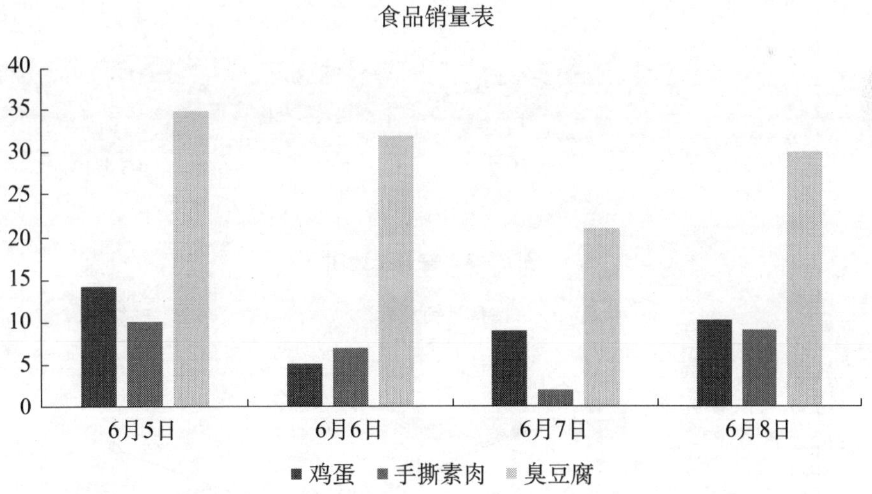

图 7-1　簇状柱形图

（二）折线图

折线图用来反映在相等时间间隔下的数据变化趋势。一般沿横坐标轴均匀分布类别数据，沿纵坐标轴均匀分布数值数据。折线图包括普通折线图（见图 7-3）、堆积折线图、百分比堆积折线图、带数据标记的折线图（见图 7-4）、带数据标记的堆积折线图、带数据标记的百分比堆积折线图和三维折线图。

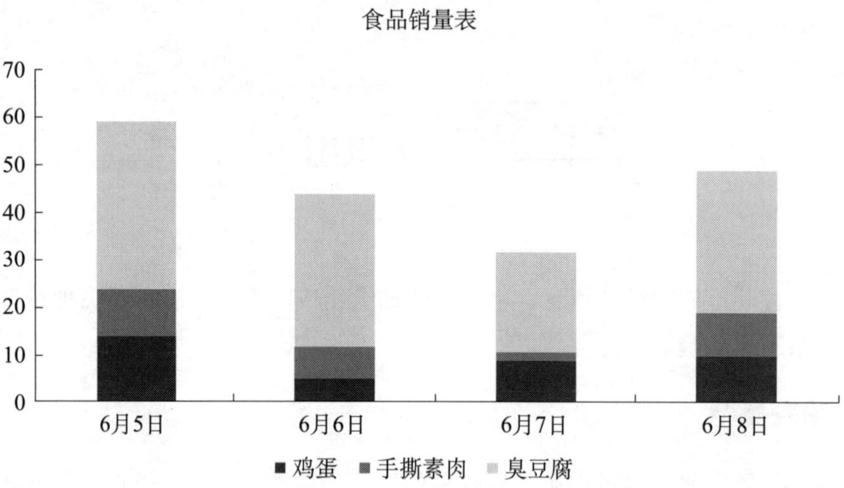

图 7-2　堆积柱形图

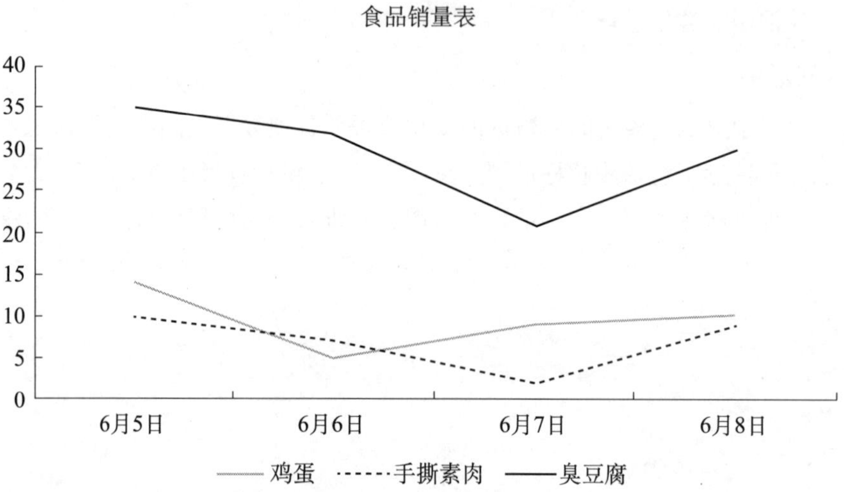

图 7-3　普通折线图

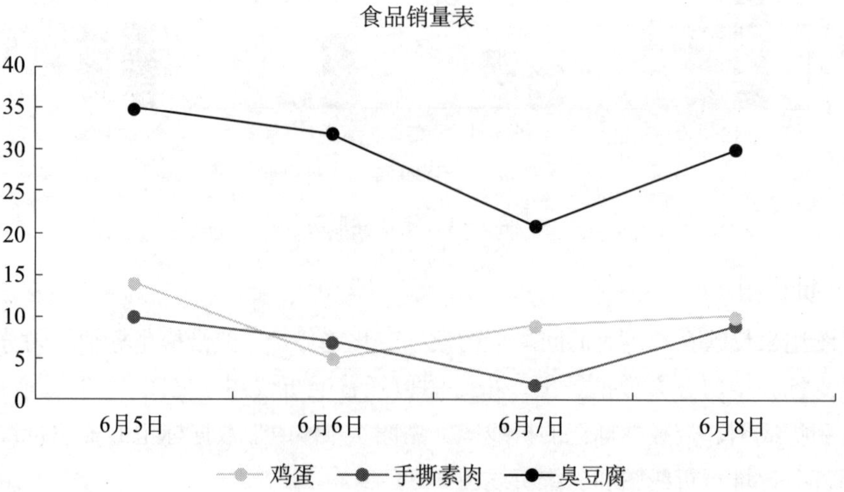

图 7-4　带数据标记的折线图

（三）饼图

饼图用于显示一系列数据中各项数值的比例大小，能直观地表达部分与整体之间的关系。饼图中的数据点可以按照百分比的形式显示，各项比例值的总和始终等于 100%。饼图包括二维饼图（见图 7－5）、三维饼图（见图 7－6）、复合饼图、复合条饼图和圆环图。

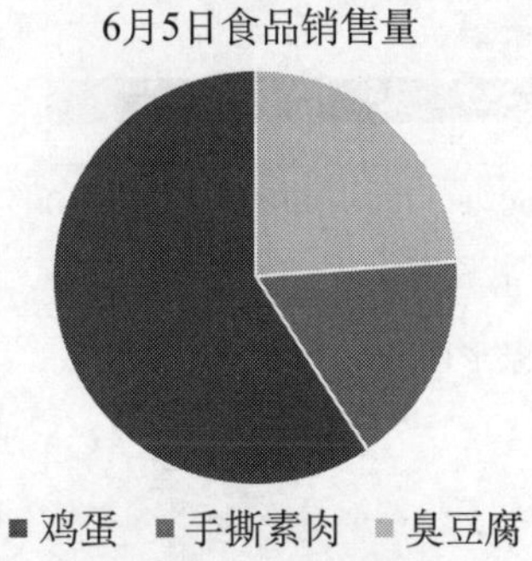

图 7－5 二维饼图

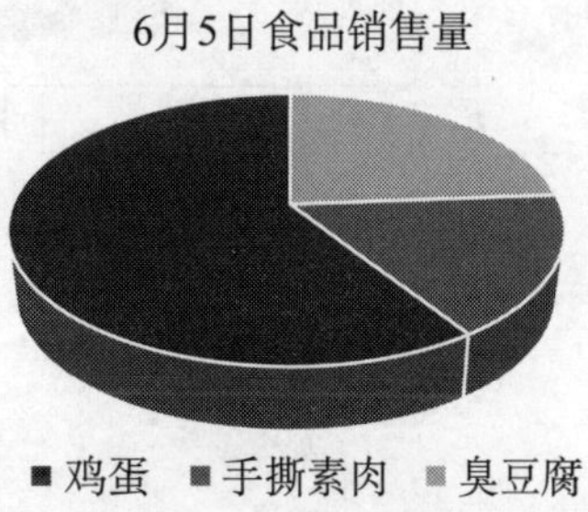

图 7－6 三维饼图

（四）条形图

条形图用于比较跨若干类别的数值，与柱形图相似，也用于显示一段时间内数据的变化或说明各项之间的比较情况。条形图包括簇状条形图（见图 7－7）、堆积条形图、百分比堆积条形图（见图 7－8）、三维簇状条形图、三维堆积条形图和三维百分比堆积条形图。

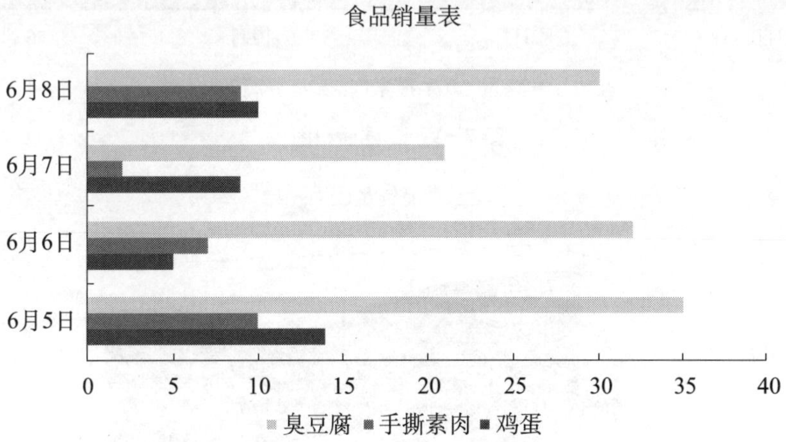

图 7－7 簇状条形图

（五）面积图

面积图用于表现一系列数值随时间变化的程度，可引起人们对总值变化趋势的关注，常用来显示所绘值的总和，或是显示整体与部分间的关系。面积图中包括二维面积图（见图 7－9）、堆积面积图、百分比堆积面积图、三维面积图（见图 7－10）、三维堆积面积图和三维百分比堆积面积图。

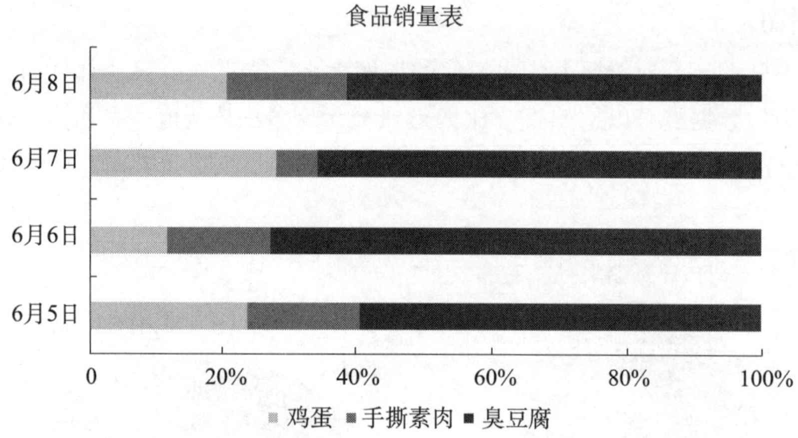

图 7-8　百分比堆积条形图

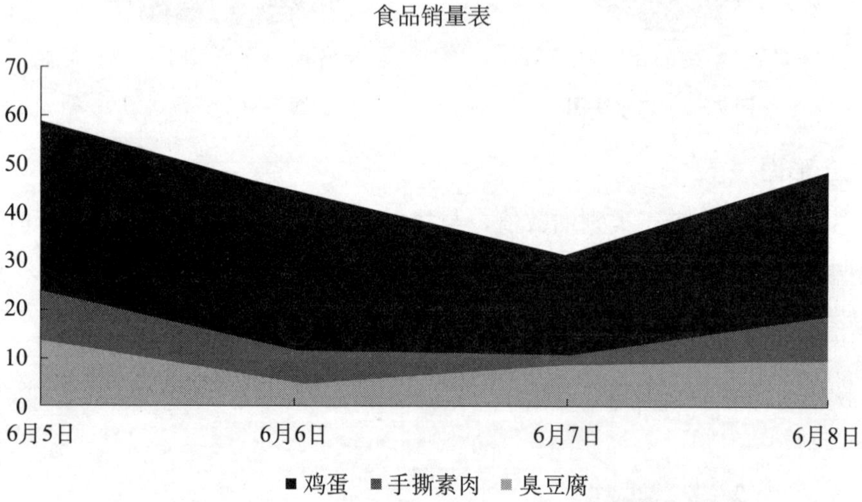

图 7-9　二维面积图

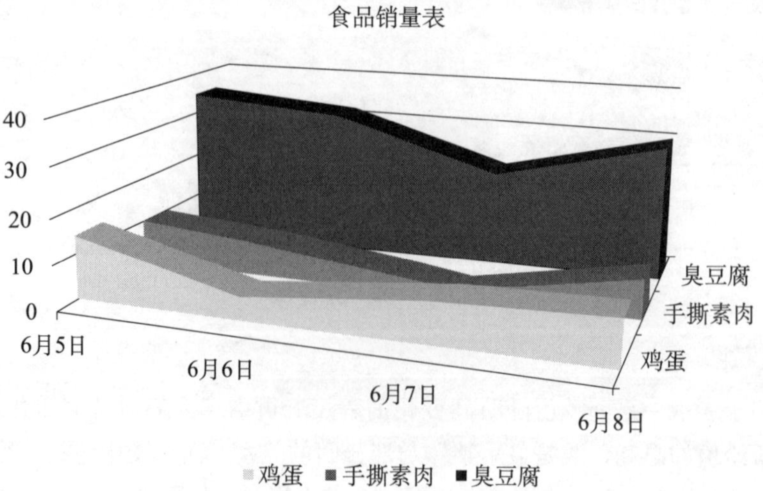

图 7-10　三维面积图

二、创建图表

用户如果想要使用图表来分析数据，需要先创建图表。创建图表的方法有多种，如功能区法、对话框法等。

（一）功能区法创建图表

【步骤 1】打开工作表，选中需要创建图表的数据单元格区域，单击“插入”选项卡中的“图表”按钮，从列表中选择“柱形图”选项，并选择上方的簇状柱形图按钮，如图 7-11 所示。

图 7-11　功能区法创建柱形图（1）

【步骤 2】在工作表中插入一个柱形图，输入图表标题，插入柱形图的效果如图 7-12 所示。

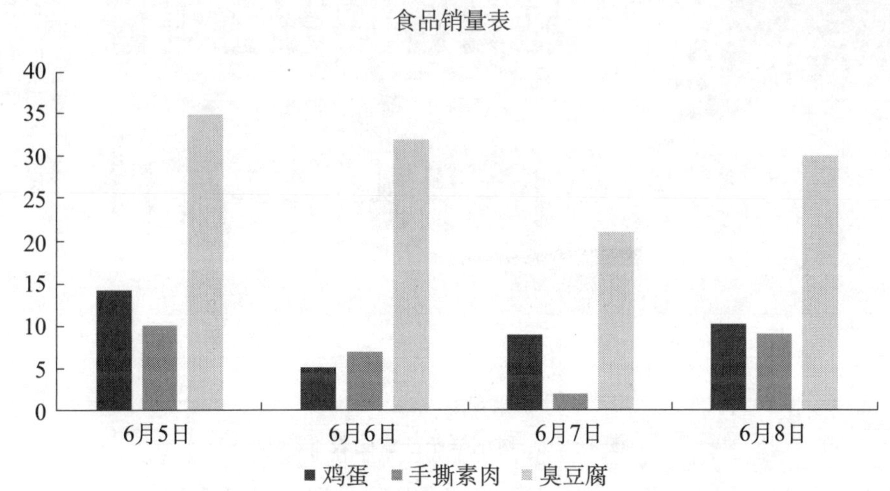

图 7-12　功能区法创建柱形图（2）

（二）对话框法创建图表

【步骤 1】选中需要创建图表的数据单元格区域，单击“插入”选项卡中的“图表”按钮，如图 7-13 所示。

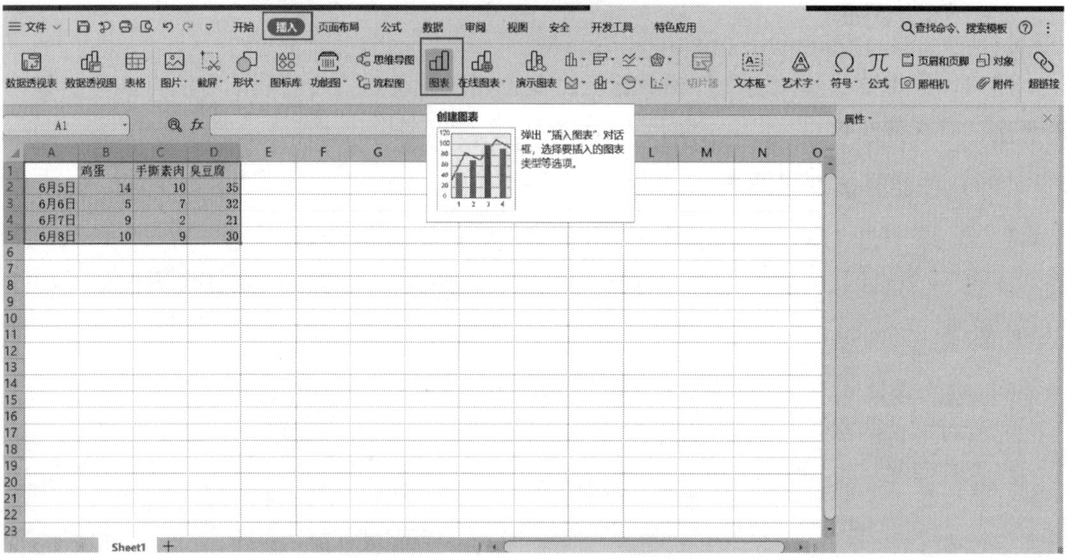

图 7-13　对话框法创建图表（1）

【步骤 2】打开“创建图表”对话框，切换至“插入图表”对话框，如图 7-14 所示。

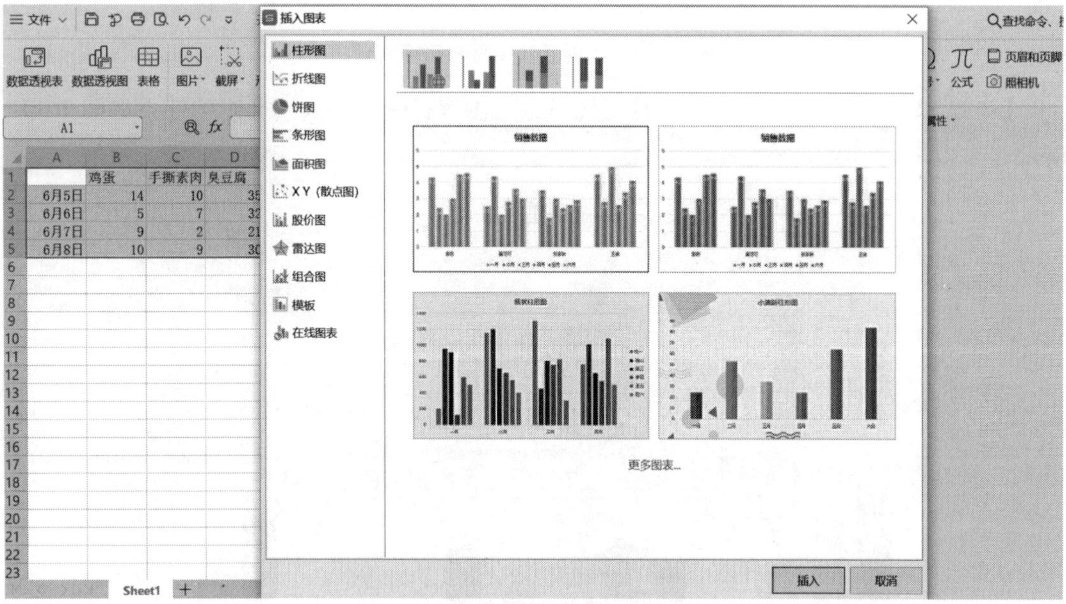

图 7-14　对话框法创建图表（2）

【步骤 3】选择“折线图”选项，然后在右侧选择“折线图”类型，单击“插入”按钮，如图 7-15 所示。

【步骤 4】工作表中插入折线图效果如图 7-16 所示。

【步骤 5】输入图表标题，查看最终效果，如图 7-17 所示。

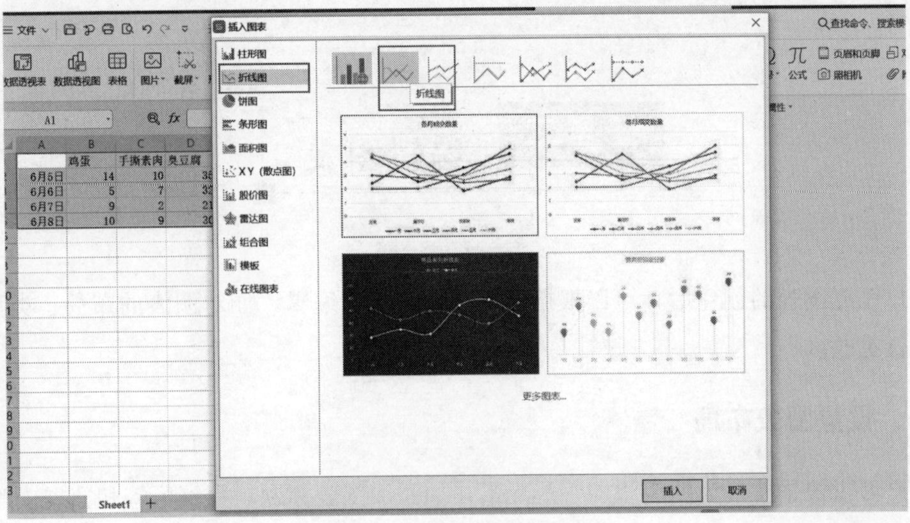

图 7－15　对话框法创建图表（3）

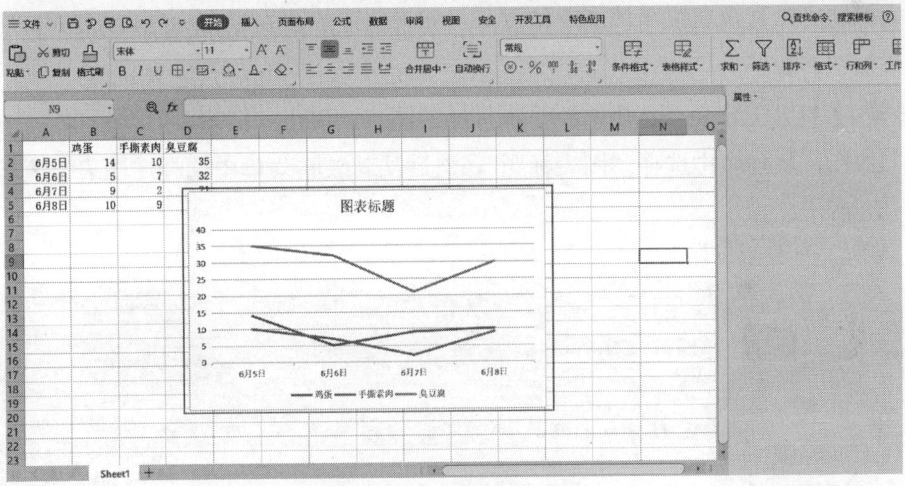

图 7－16　对话框法创建图表（4）

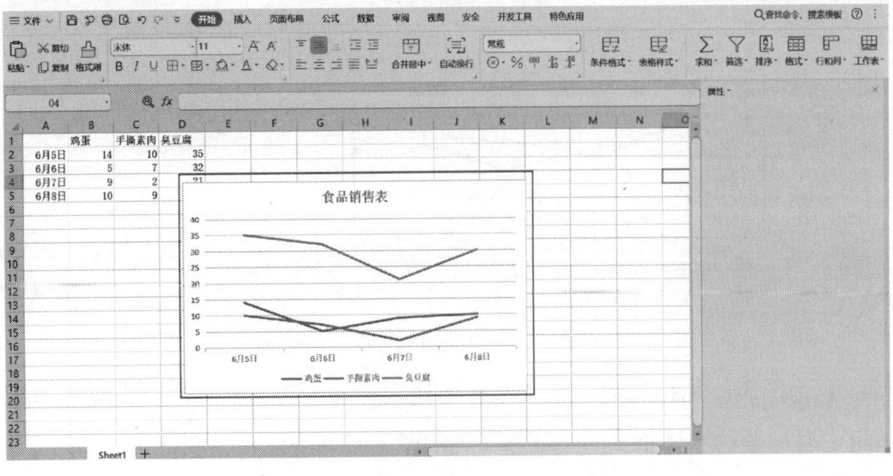

图 7－17　对话框法创建图表（5）

任务二 编辑图表

用户完成图表的创建后，可以根据需要对图表进行编辑，如对图表的布局、类型和数据源进行更改。

一、设置图表布局

用户可以根据需要为图表添加一些元素，如添加图表标题、数据标签和数据表等。

（一）添加图表标题

图表标题可以直观地说明该图表的意义。如果创建的图表没有标题，用户可以通过以下方法添加图表标题。

【步骤 1】打开工作表，选中需要添加标题的图表，单击“图表工具”选项卡中的“添加元素”按钮，从列表中选择“图表标题”，然后从其级联菜单中选择“图表上方”选项，如图 7－18 所示。

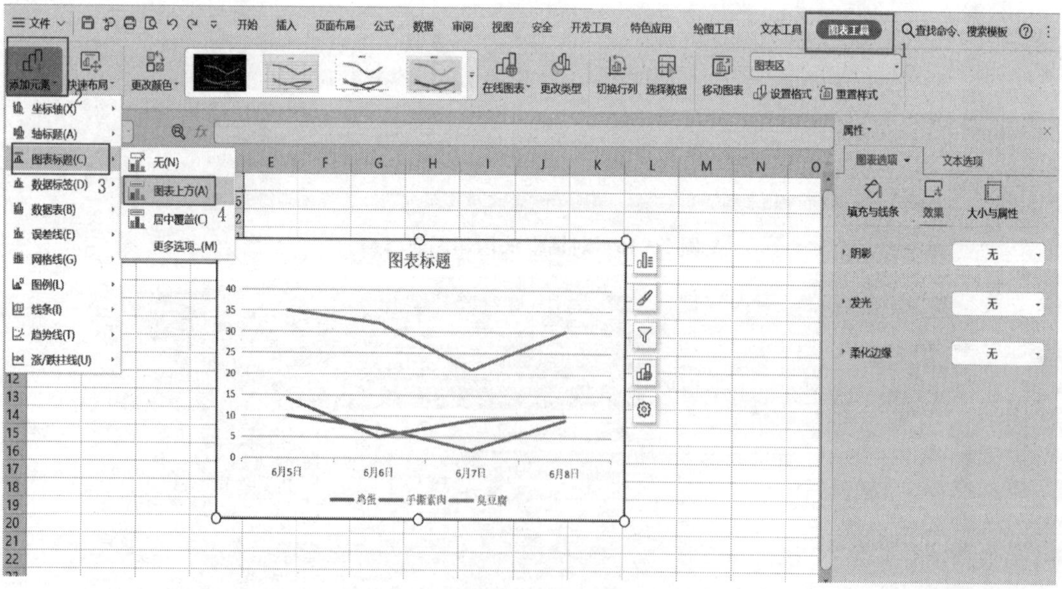

图 7－18　添加图表标题（1）

【步骤 2】为图表添加标题后，在文本框中输入标题内容，然后在“开始”选项卡“字体”选项组中对标题的字体格式进行设置，如图 7－19 所示。

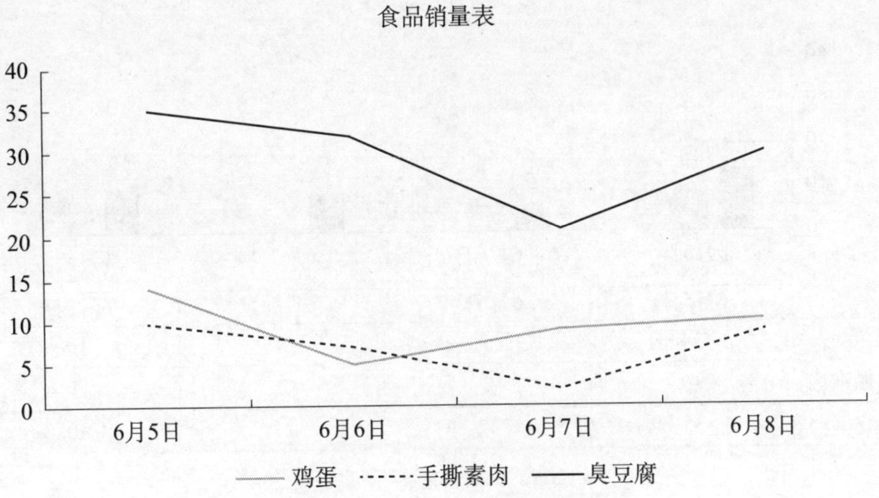

图 7－19　添加图表标题（2）

（二）添加数据标签和数据表

数据标签用于表示数据系列的实际数值，而数据表则用于显示图表中所有数据系列的源数据。

【步骤 1】添加数据标签。打开工作表，选择图表，单击“添加元素”按钮，从展开的列表中单击“数据标签”右侧的小三角按钮，从其级联菜单中选择“数据标签外”选项即可，如图 7－20 所示。

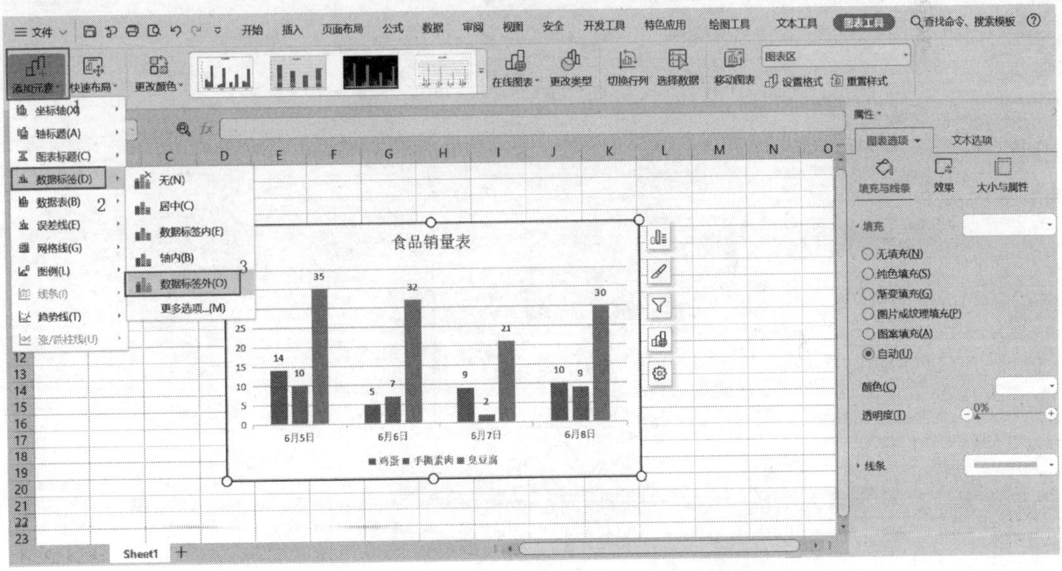

图 7－20　添加数据标签

【步骤 2】添加数据表。选择图表，单击右侧“图表元素”按钮，从展开的列表中勾选“数据表”前面的复选框，即可为图表添加数据表，如图 7－21 所示。

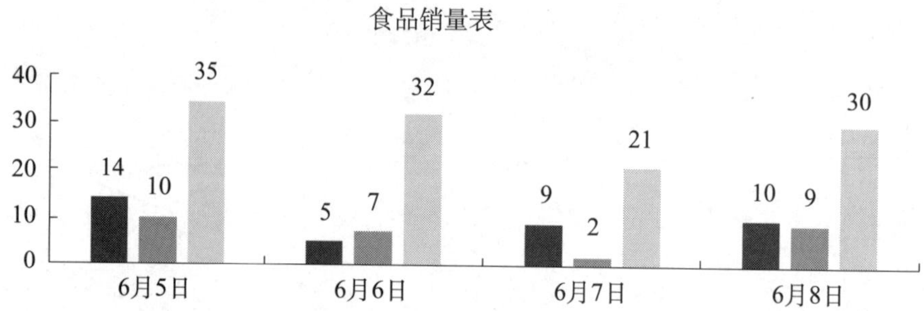

	6月5日	6月6日	6月7日	6月8日
鸡蛋	14	5	9	10
手撕素肉	10	7	2	9
臭豆腐	35	32	21	30

■鸡蛋 ■手撕素肉 ■臭豆腐

图 7-21 添加数据表

（三）编辑图例

除了单系列图表不需要图例来区分系列外，几乎所有图表都需要用由文字和标识组成的图例来进行系列的注释。

打开工作表，选择图表，单击“图表工具”选项卡中的“添加元素”按钮，从列表中选择“图例”选项，然后从其级联菜单中选择“右侧”选项即可，如图 7-22 所示。

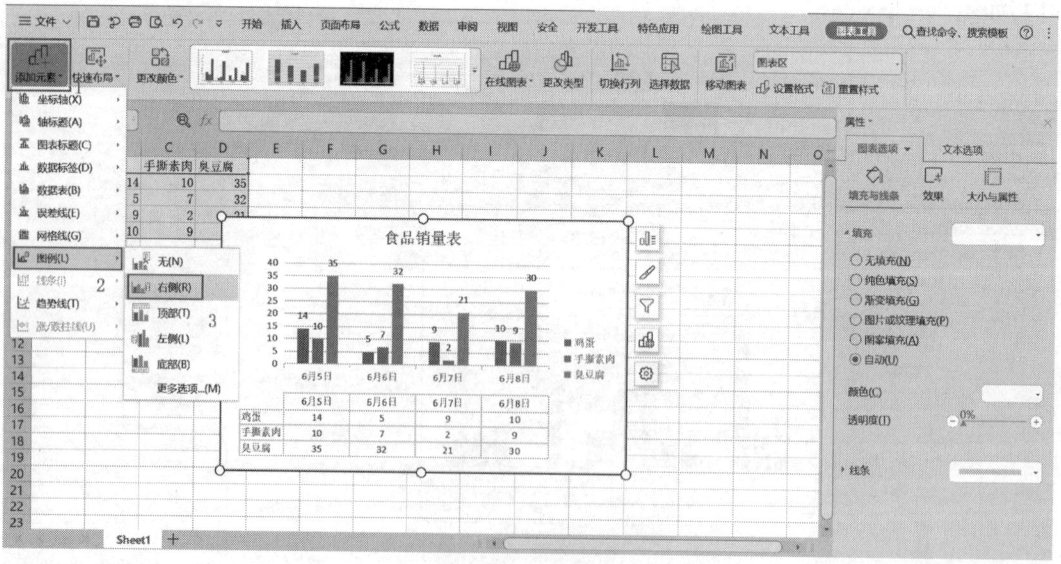

图 7-22 编辑图例

（四）快速布局

用户可以使用“快速布局”功能，快速整体地更改图表布局。打开工作表，选择图表，单击“图表工具”选项卡中的“快速布局”按钮，从列表中选择“布局 7”选项即可，如图 7－23 所示。

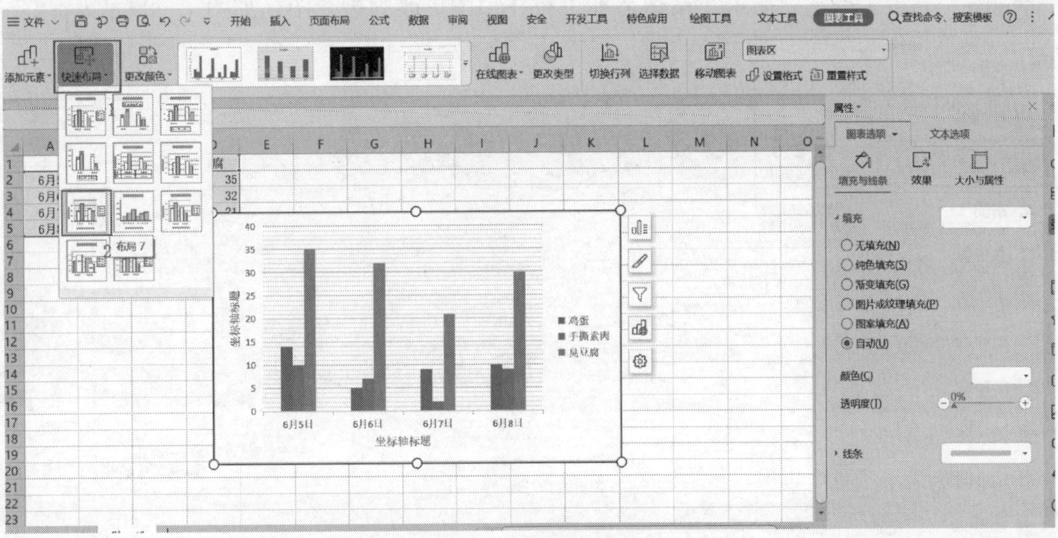

图 7－23　快速布局

二、更改图表类型

用户如果对创建的图表不满意，可以更改图表的类型，使其更好地表现用户想要表达的意思。

【步骤 1】打开工作表，选择需要更改类型的图表，单击“图表工具”选项卡中的“更改类型”按钮，如图 7－24 所示。

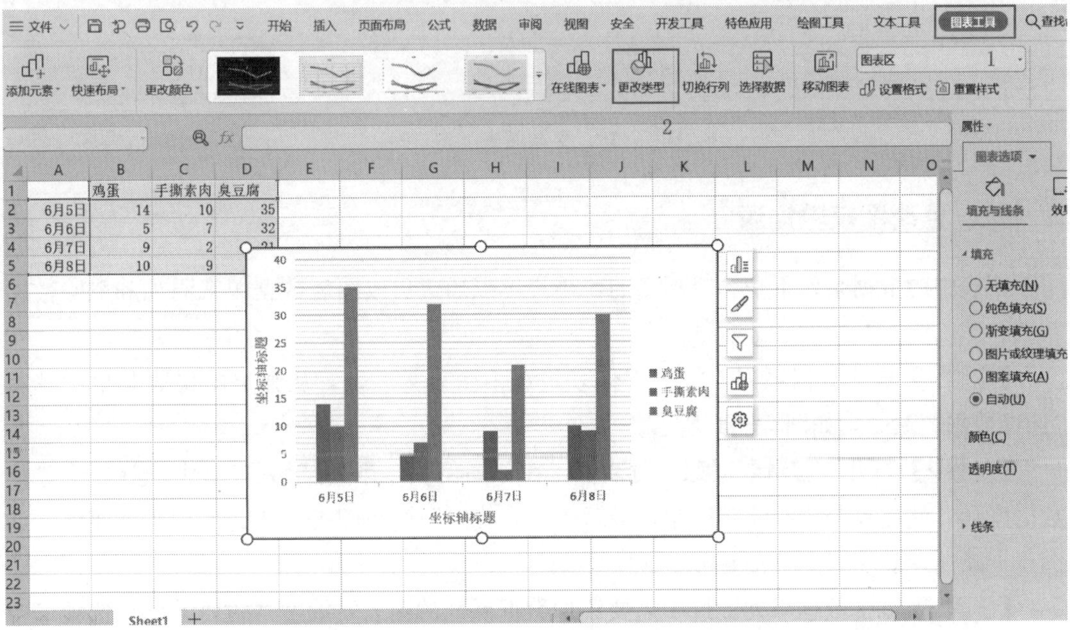

图 7－24　更改图表类型（1）

【步骤 2】打开“更改图表类型”对话框，从中选择“折线图”选项，然后在右侧选择“折线图”类型，单击“插入”按钮，即可将柱形图更改为折线图，如图 7－25 所示。

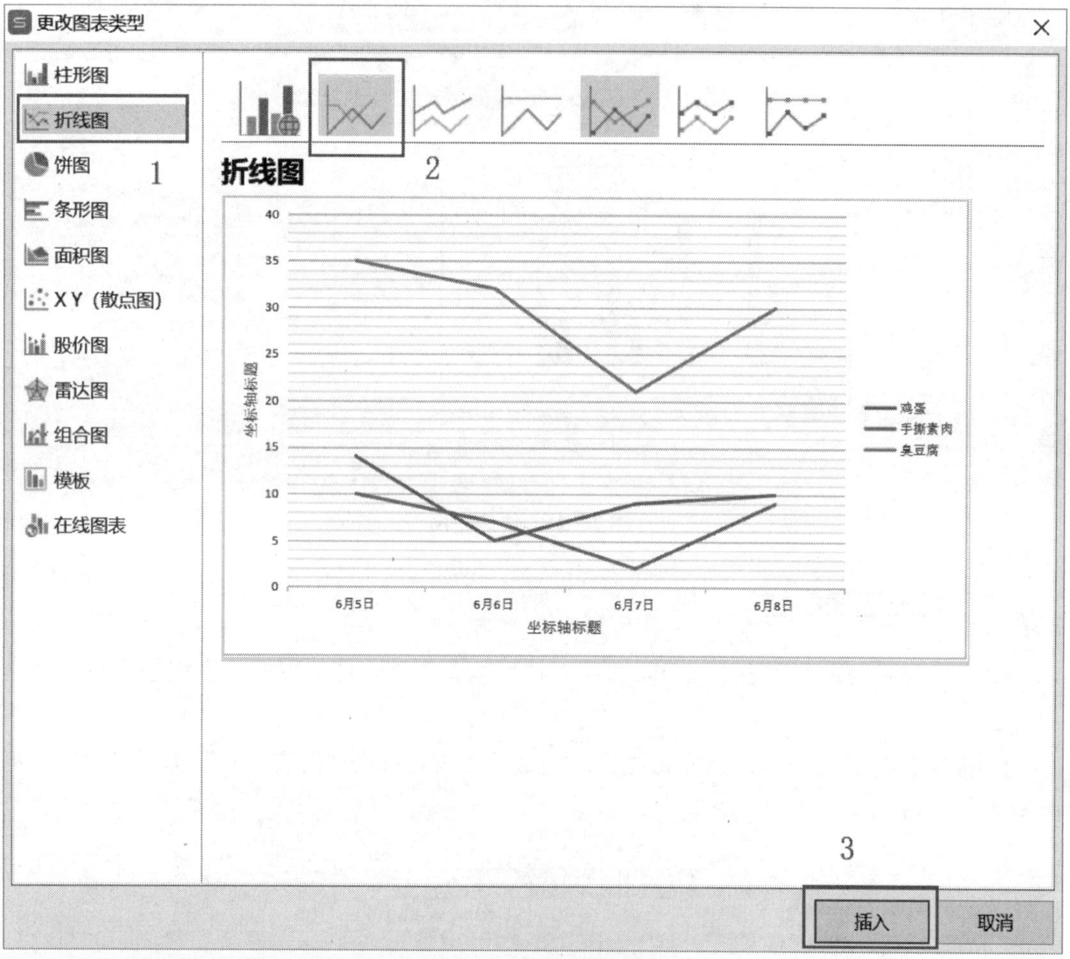

图 7－25　更改图表类型（2）

三、更改图表数据源

图表中的数据系列不是一成不变的，用户可以通过更改图表数据源来添加和删除数据系列。

【步骤 1】删除数据系列。打开工作表，选中图表并右击，从弹出的快捷菜单中选择“选择数据”命令，如图 7－26 所示。

【步骤 2】打开“编辑数据源”对话框，在“图例项（系列）”列表框中选择要删除的数据系列，然后单击“删除”按钮，最后单击“确定”按钮即可将所选数据系列删除，如图 7－27 所示。

【步骤 3】添加数据系列。选中需要添加数据系列的图表，单击“图表工具”选项卡中的“选择数据”按钮，如图 7－28 所示。

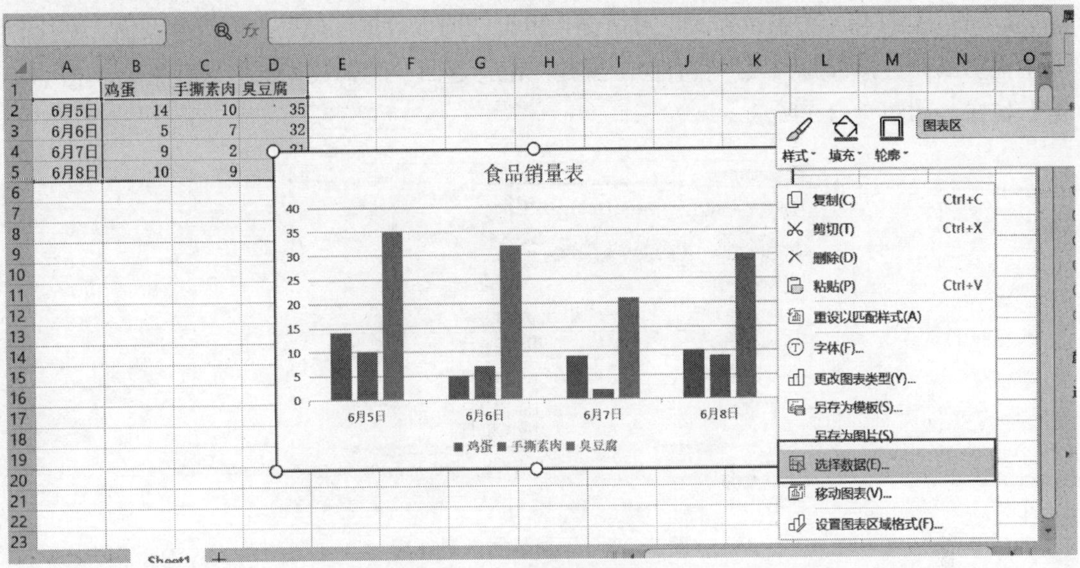

图 7-26　删除数据系列（1）

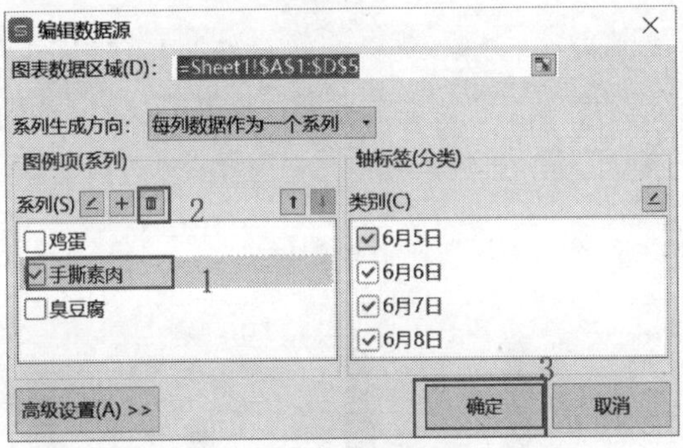

图 7-27　删除数据系列（2）

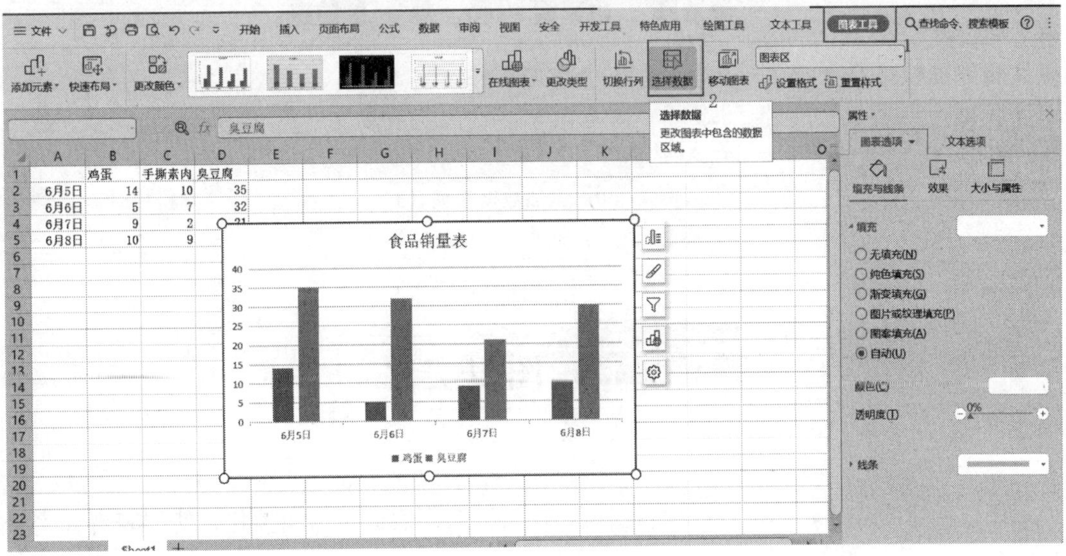

图 7-28　添加数据系列（1）

【步骤4】打开“编辑数据源”对话框，单击“图表数据区域”右侧折叠按钮，在工作表中拖动鼠标选择数据区域，然后单击折叠按钮，返回“编辑数据源”对话框，单击“确定”按钮，如图7-29所示。

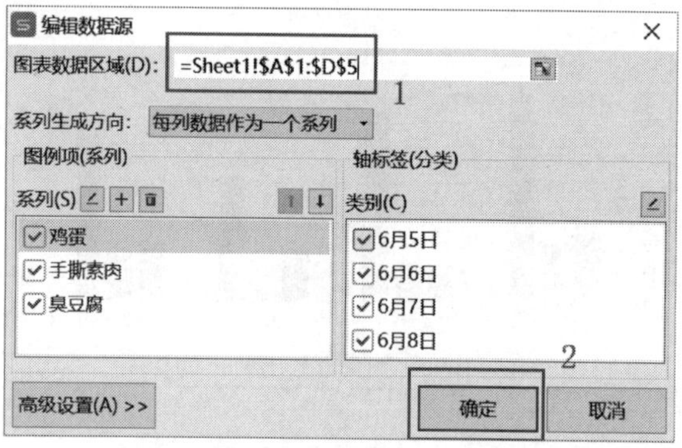

图7-29 添加数据系列（2）

【步骤5】返回工作表后，可以看到已经将数据系列添加到图表中，如图7-30所示。

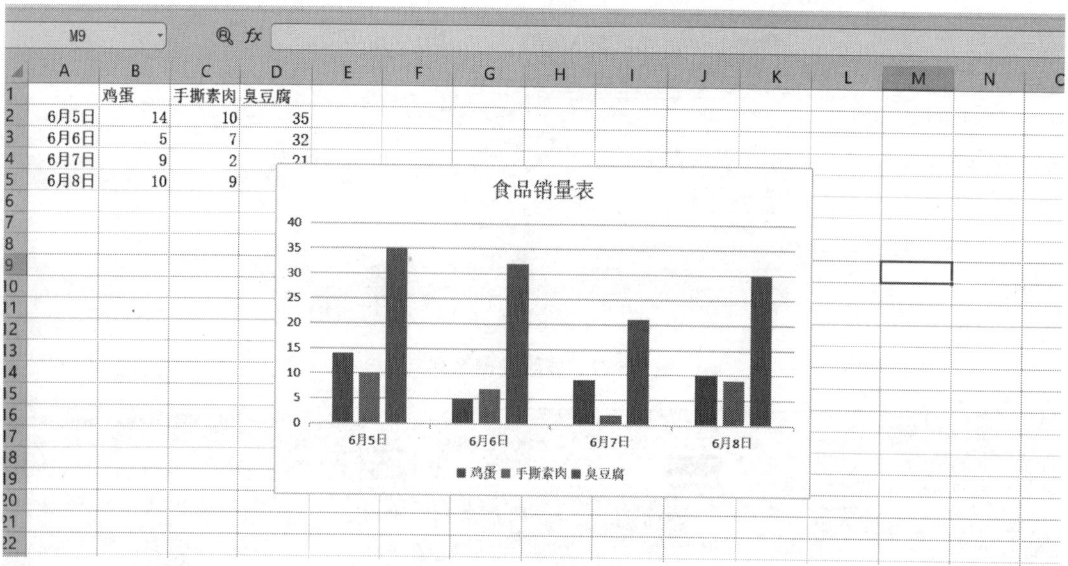

图7-30 添加数据系列（3）

任务三 图表美化

用户创建图表后，不仅可以编辑图表，还可以对图表进行适当美化，使图表看起来更加美观。

一、图表样式的快速应用

用户可在“图表样式”选项组中对图表进行快速美化。

【步骤1】打开工作表，选中图表，单击“图表工具”选项卡“图表样式”选项组中的“其他”按钮，如图7－31所示。

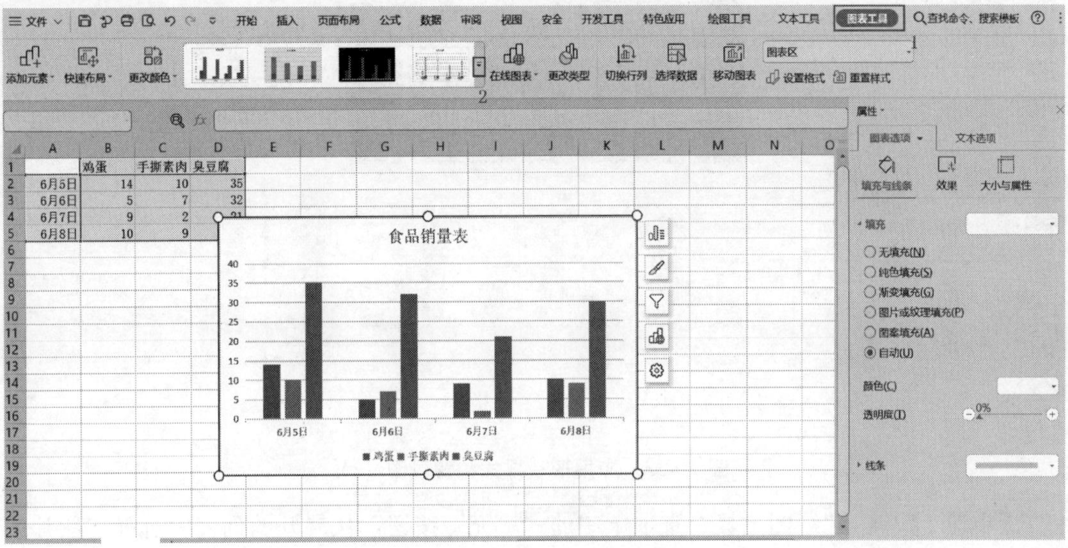

图7－31　图表样式的快速应用（1）

【步骤2】从展开的列表中选择“样式3”选项，返回工作表，查看为图表快速应用新样式的效果，如图7－32所示。

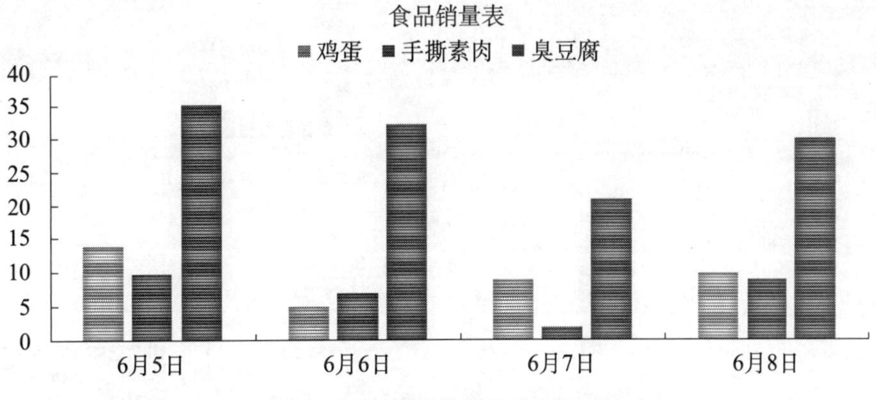

图7－32　图表样式的快速应用（2）

二、应用形状样式和背景图

用户还可以为图表设置形状样式和背景图片，达到美化图表的效果。

【步骤1】打开工作表，选中图表中“鸡蛋”数据系列，单击“绘图工具”选项卡的“其他”按钮，从列表中选择合适的形状样式，如图7－33所示。

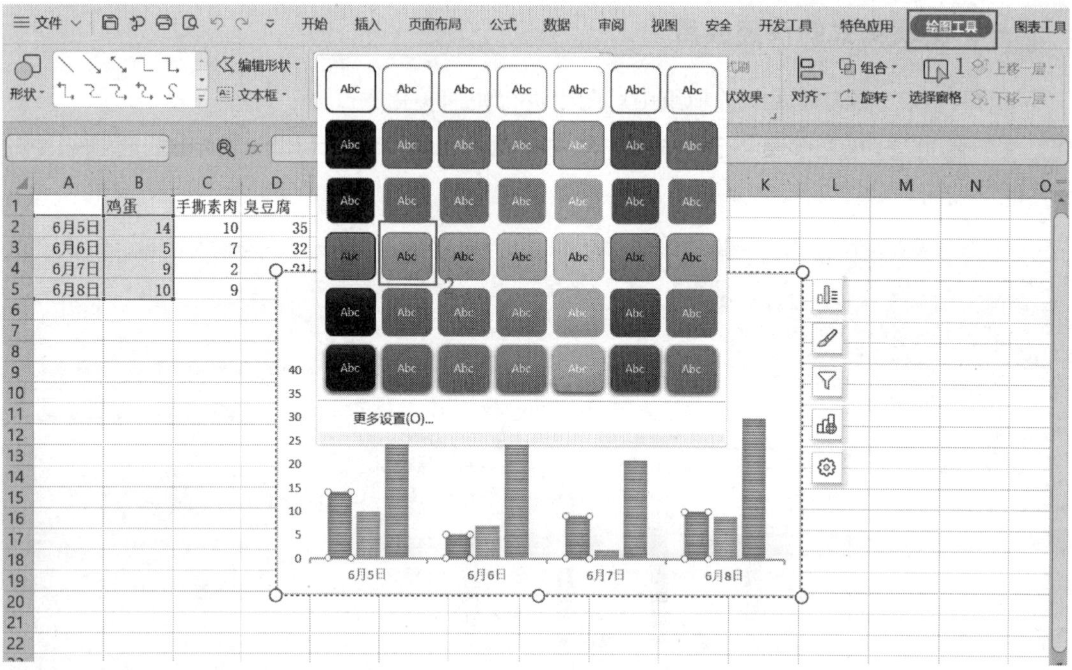

图 7－33　应用形状样式和背景图（1）

【步骤 2】单击“绘图工具”选项卡中的“填充”按钮，从展开的列表中选择“图片或纹理”选项，并从其级联菜单中选择合适的纹理样式，如图 7－34 所示。

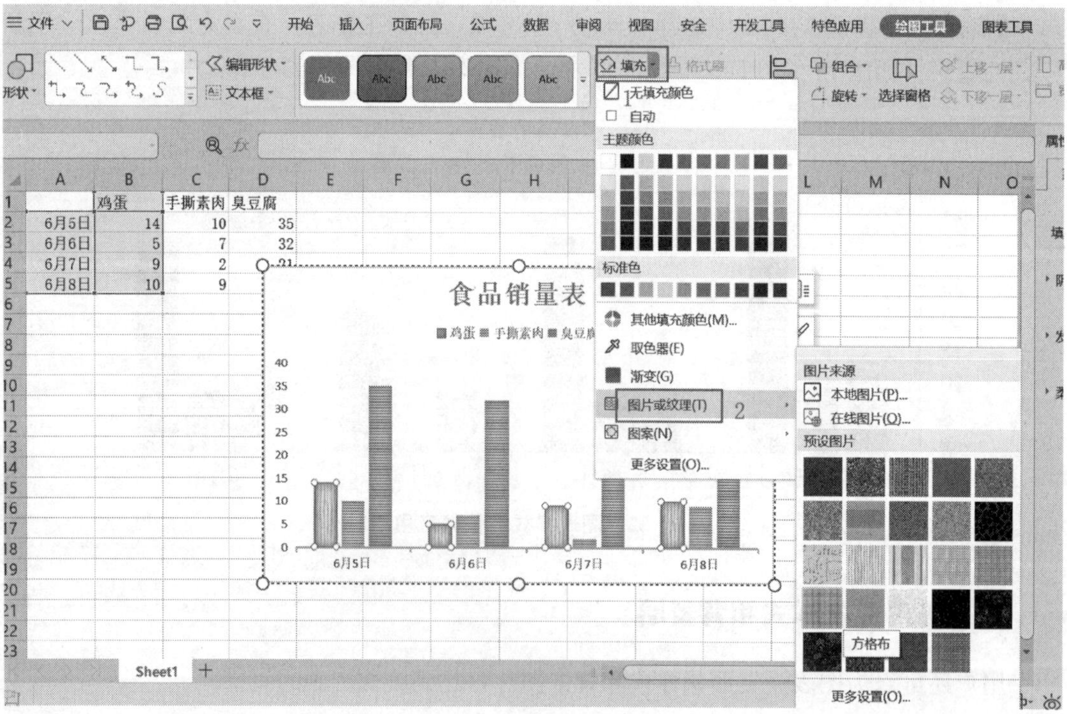

图 7－34　应用形状样式和背景图（2）

【步骤3】单击“形状效果”按钮，从列表中选择“阴影”选项，然后从其级联菜单中选择合适的效果，如图7－35所示。

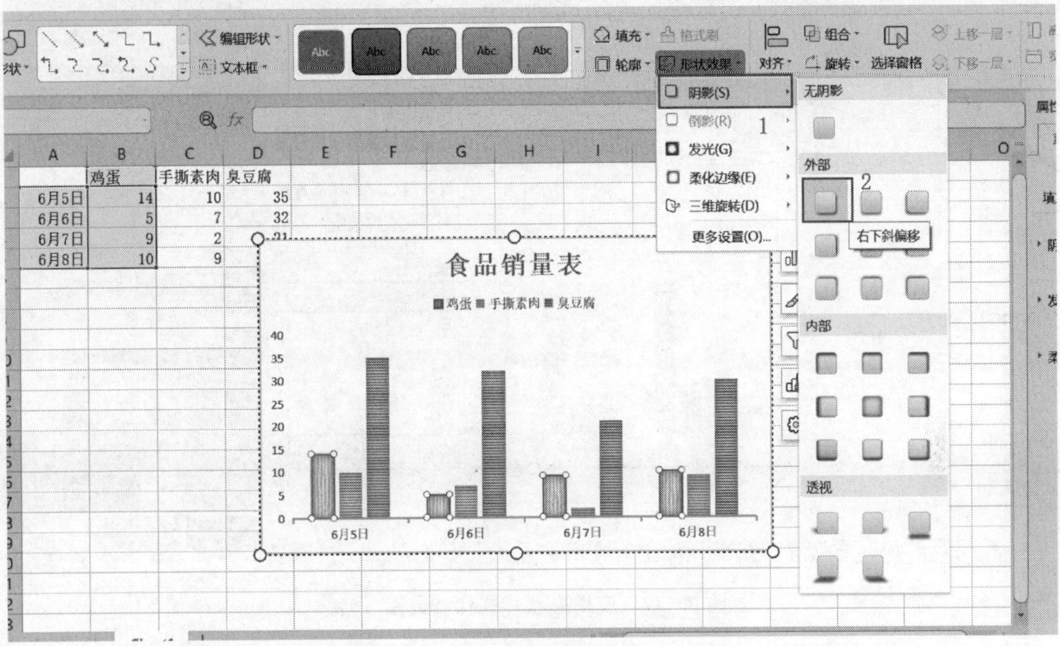

图7－35 应用形状样式和背景图（3）

【步骤4】按照同样的方法，为其他数据系列设置形状样式。设置完成后，查看最终效果，如图7－36所示。

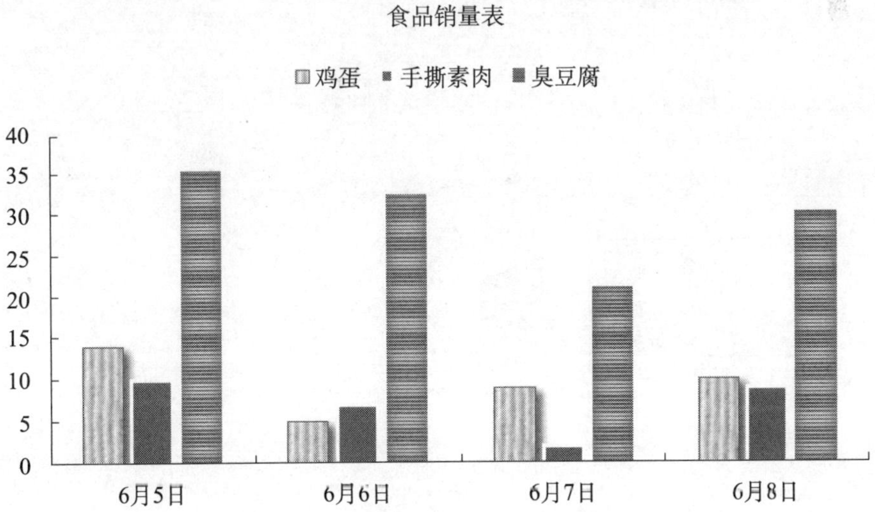

图7－36 应用形状样式和背景图（4）

【步骤5】为图表设置背景图片。选中图表，单击“绘图工具”选项卡中的“填充”按钮，从列表中选择“图片或纹理”选项，然后从其级联菜单中单击“本地图片”按钮，如图7－37所示。

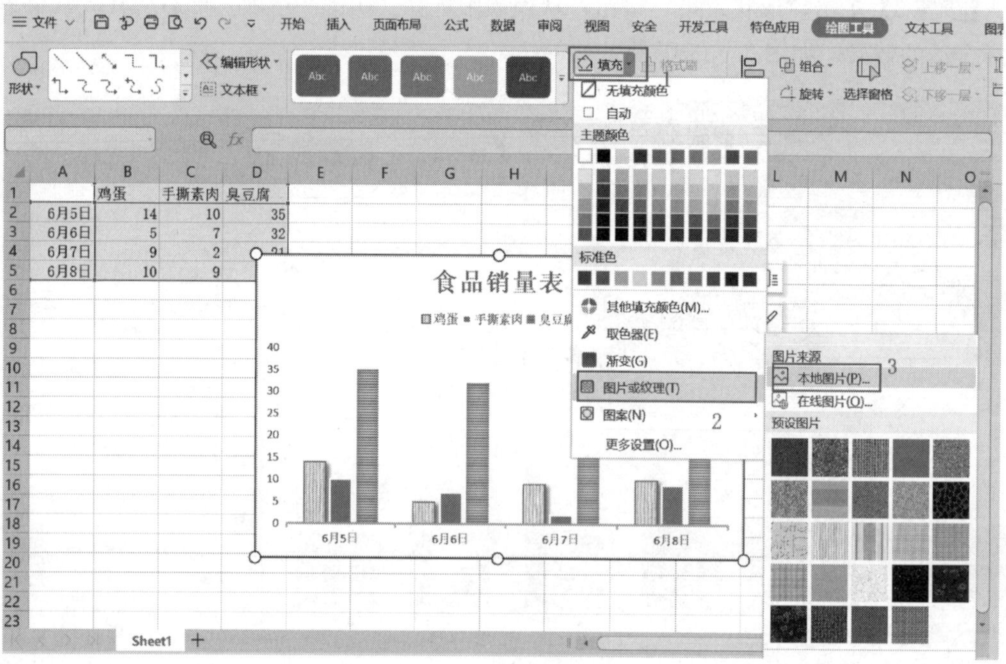

图 7－37　应用形状样式和背景图（5）

【步骤 6】打开“插入图片”对话框，从中选择图片，然后单击“打开”按钮，如图 7－38 所示。

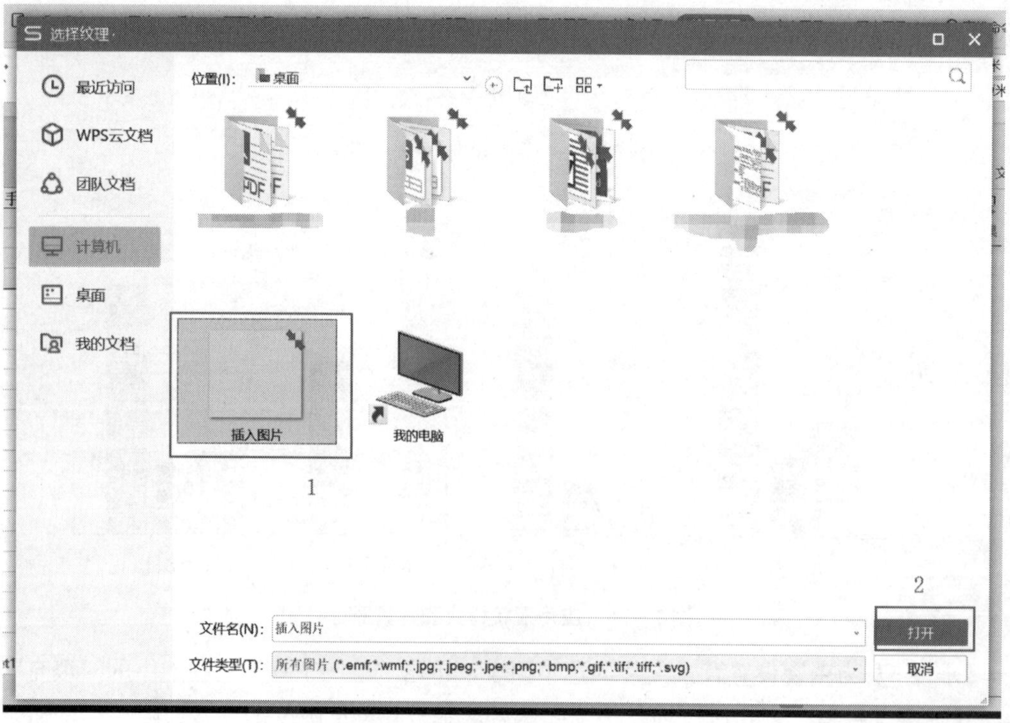

图 7－38　应用形状样式和背景图（6）

【步骤 7】返回工作表中，查看为图表设置背景图片后的效果，如图 7－39 所示。

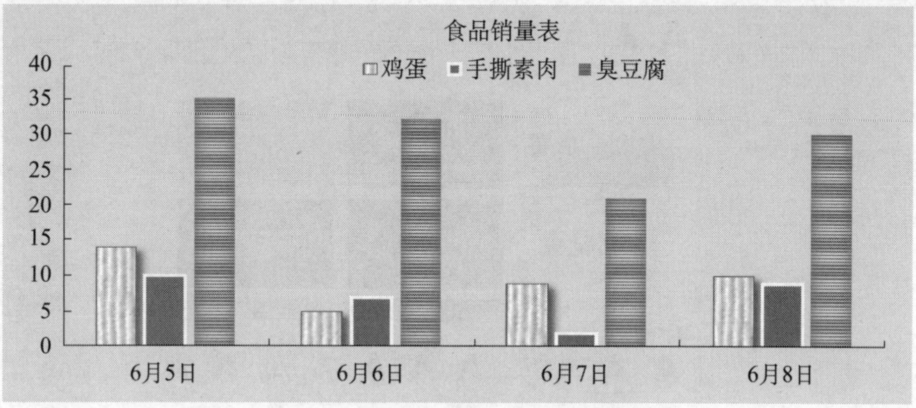

图 7－39　应用形状样式和背景图（7）

三、设置艺术字样

用户可以为图表设置艺术字样式，使图表的文本更加醒目。

【步骤 1】打开工作表，选择图表中的标题，在“开始”选项卡“字体”选项组中设置标题的字体和字号，如图 7－40 所示。

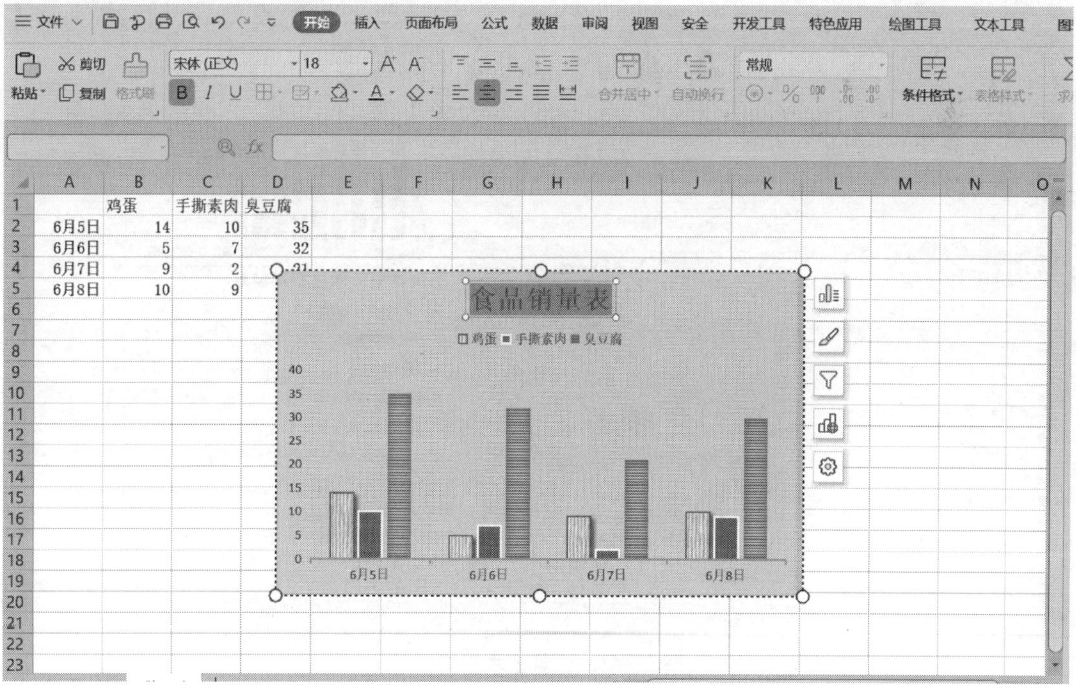

图 7－40　设置艺术字样（1）

【步骤 2】单击“文本工具”选项卡“艺术字样式”选项组的“更多设置”按钮，从列表中选择合适的艺术字样式，如图 7－41 所示。

图 7-41　设置艺术字样（2）

【步骤 3】单击“艺术字样式”选项组中的“文本填充”按钮，从列表中选择合适的颜色，如图 7-42 所示。

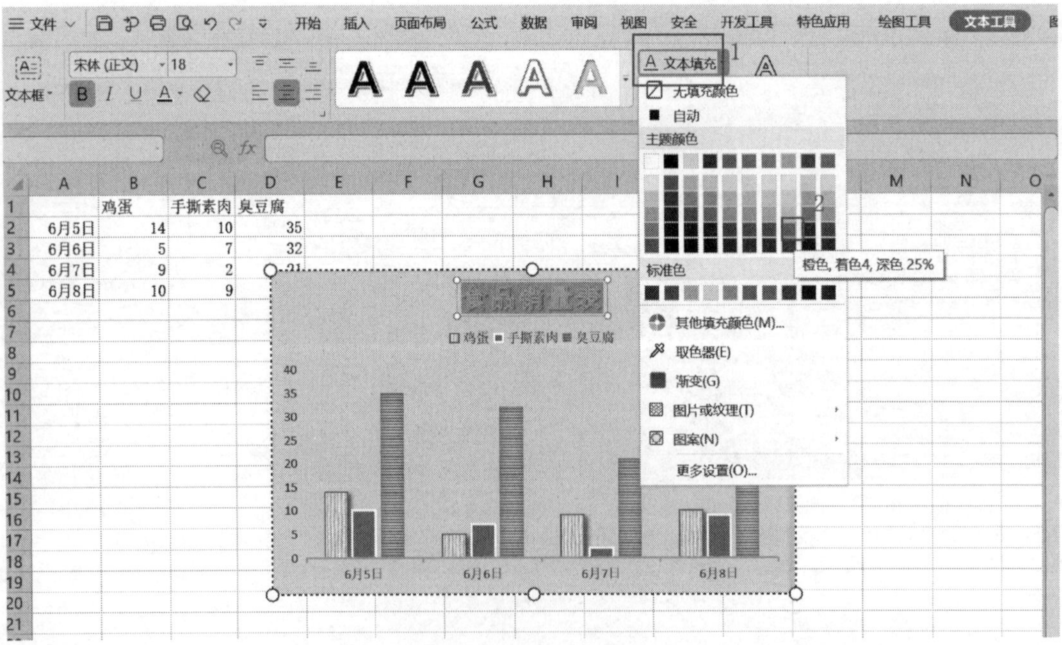

图 7-42　设置艺术字样（3）

【步骤 4】返回工作表中，可以看到为图表标题应用艺术字样式的效果，如图 7-43 所示。

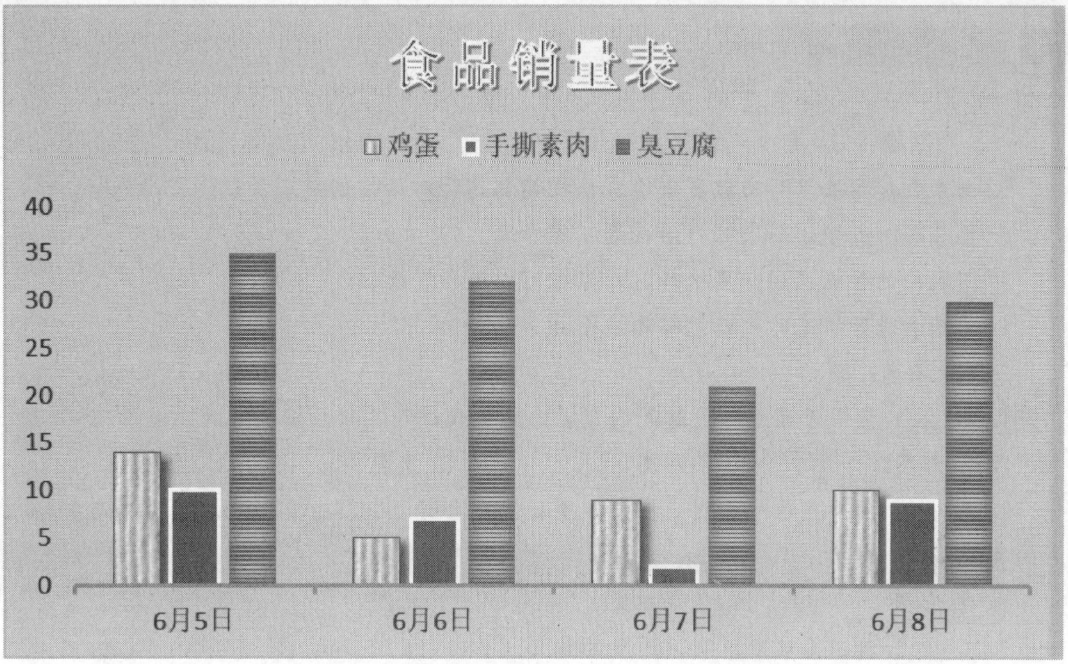

图 7-43　设置艺术字样（4）

项目小结

通过本项目的学习，掌握柱形图、折线图、饼图等各种图表的创建方法，掌握图表的编辑要点并能对图表进行简单美化。

实训活动

表 7-1 是某公司四位员工的工资表，按以下要求完成操作。

表 7-1　1～4 月工资表

	1月	2月	3月	4月
小张	3 200	3 500	3 680	3 600
小李	3 100	3 400	3 600	3 580
小王	3 150	3 350	3 500	3 600
小刘	3 200	3 200	3 500	3 600

任务要求如下：

（1）使用 Excel 建立工资表，并创建该工资表的柱形图。

（2）为该表添加标题“1～4 月工资表”。

（3）给不同月份的工资添加不同类型的背景图。

思考与练习

一、判断题

1. 图表创建方法只有功能区创建、快捷键创建和对话框创建三种。（ ）

2. 已经添加标题的图表保存后标题不能修改。（ ）

3. 图表中的数据系列一旦选择，后期也可以进行修改。（ ）

4. 为图表进行填充时可以选择本地图片。（ ）

二、单项选择题

1. （ ）常用于显示一段时间内数据的变化或说明各项数据之间的比较情况。

A. 柱形图　　B. 条形图　　C. 饼状图　　D. 折线图

2. （ ）用于显示一系列数据中各项数值的比例大小，能直观地表达部分与整体之间的关系。

A. 柱形图　　B. 条形图　　C. 饼状图　　D. 折线图

3. （ ）可以直观地说明该图表的意义。

A. 图表字体　　B. 图标大小　　C. 图表标题　　D. 图表类型

三、简答题

1. 常见的图表类型有哪些？各自有什么特点？

2. 创建图表常用的方法有哪些？

3. 如何更改图表类型？

项目八

Excel 的高级分析

项目导读

Excel 提供了一组强大的数据分析工具。它基于现有的计算模型，在影响最终结果的诸多因素中进行测算和分析，以寻求最佳方案，可以在极大程度上满足用户的各种需求。本项目主要对 Excel 的单变量求解和规划求解进行分析。

学习目标

知识目标

- 了解单变量求解和规划求解的基本含义
- 掌握单变量求解的操作方法
- 掌握规划求解的操作方法

能力目标

- 学会使用单变量进行求解
- 能够熟练使用规划求解

素养目标

- 了解单变量求解的基本概念和原理，能够运用科学思维解决问题
- 掌握基本的数据处理技能，能够使用现代科技工具进行工作和学习

案例导入

小峰需要处理每天的直通车数据，有些数据要用到一些数据操作处理方法，比如店铺老板在每月资金有限的情况下如何为店铺添加办公设备？办公设备可选的范围有哪些？在有资金限制的情况下如何进货使得利润最大化？

点评：Excel 对表格图表的数据处理功能非常强大，通常可以使用它进行数据的加工处理。

任务一 单变量求解

单变量求解是解决假定一个公式要取得某一结果值，其中变量的引用单元格应取值多少的问题。

例如，某人想贷款买车，他的月还款能力为每月 3 000 元，在年利率为 4.9%的情况下，贷款 5 年，计算此人的最高贷款额。

【步骤 1】打开工作表，在工作表中输入数据，然后选中 B4 单元格输入公式“＝PMT(B3/12，B2，B1)”，如图 8－1 所示，按回车键确认，计算出月还款额。

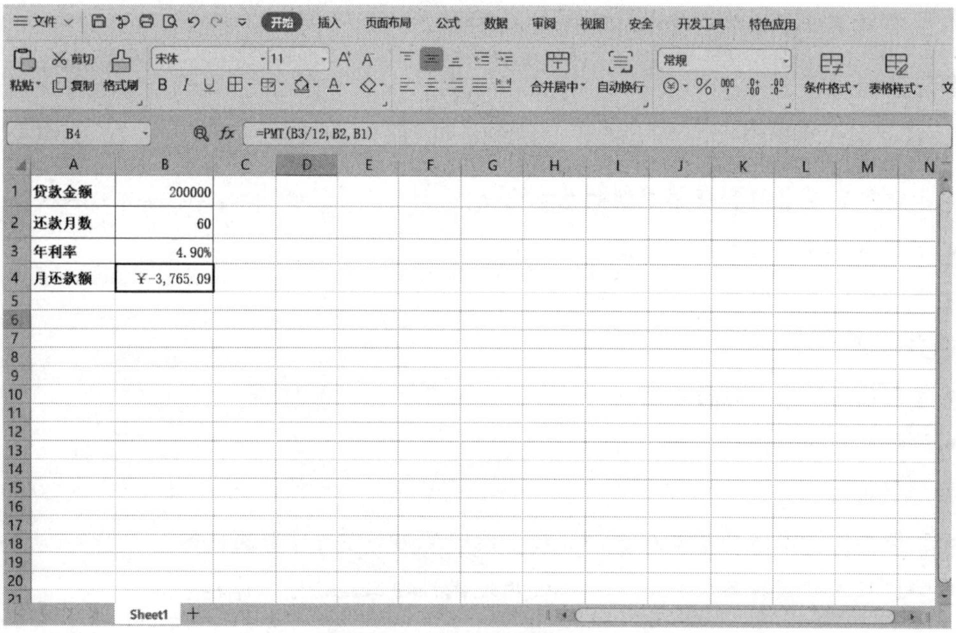

图 8－1　单变量求解（1）

【步骤 2】再次选中 B4 单元格，单击“数据”选项卡“预测”选项组中的“模拟分析”下拉按钮，从列表中选择“单变量求解”选项，如图 8－2 所示。

【步骤 3】打开“单变量求解”对话框，在“目标单元格”编辑框中输入“B4”，在“目标值”编辑框中输入“－3 000”，在“可变单元格”编辑框中输入“$B$1”，单击“确定”按钮，如图 8－3 所示。

【步骤 4】弹出“单变量求解状态”对话框，列出求解的状态，单击“确定”按钮，如图 8－4 所示。

【步骤 5】返回工作表中，可以看到已经显示出求解的结果，即在每月还款 3 000 元的情况下，最高可贷款金额为 159 358.708 5 元，如图 8－5 所示。

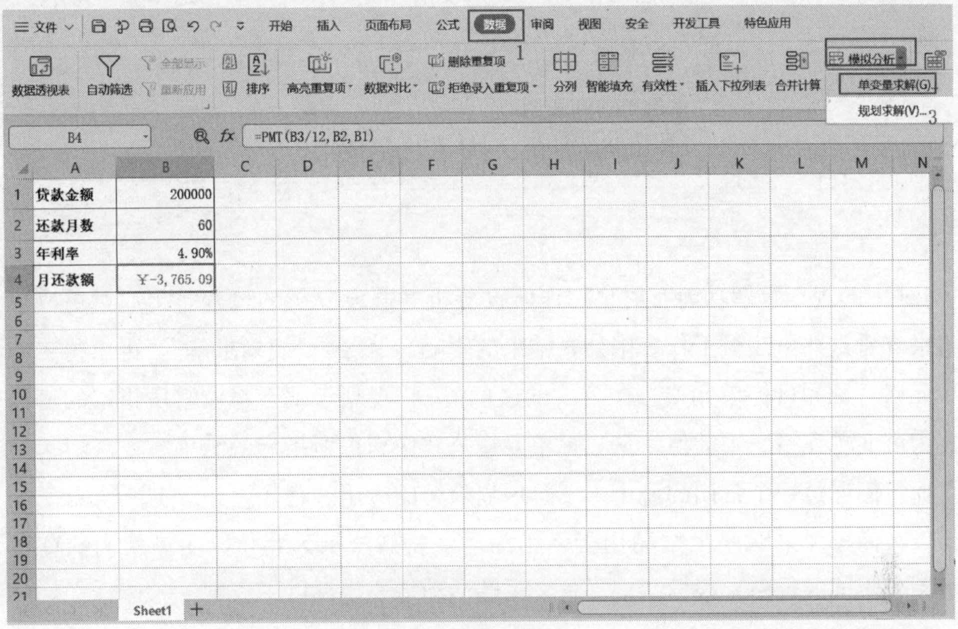

图 8-2 单变量求解（2）

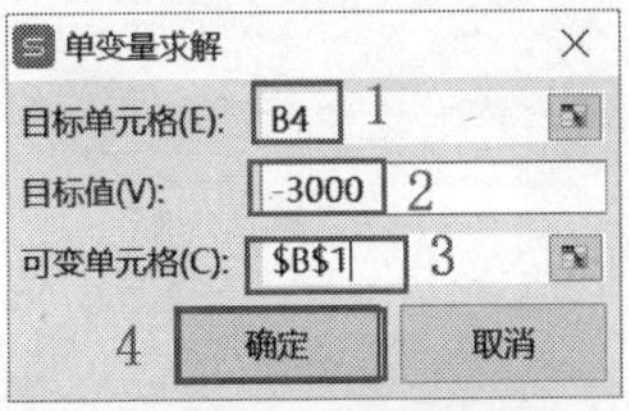

图 8-3 单变量求解（3）

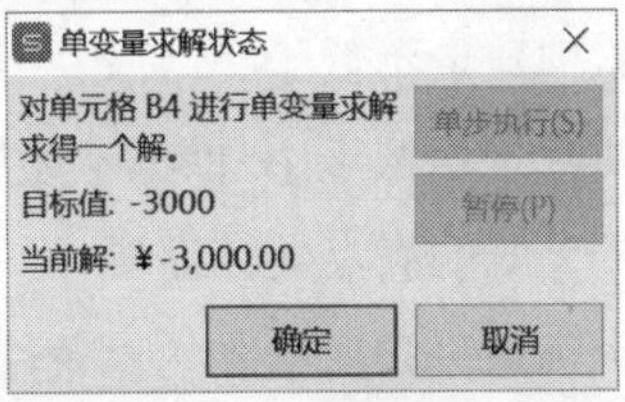

图 8-4 单变量求解（4）

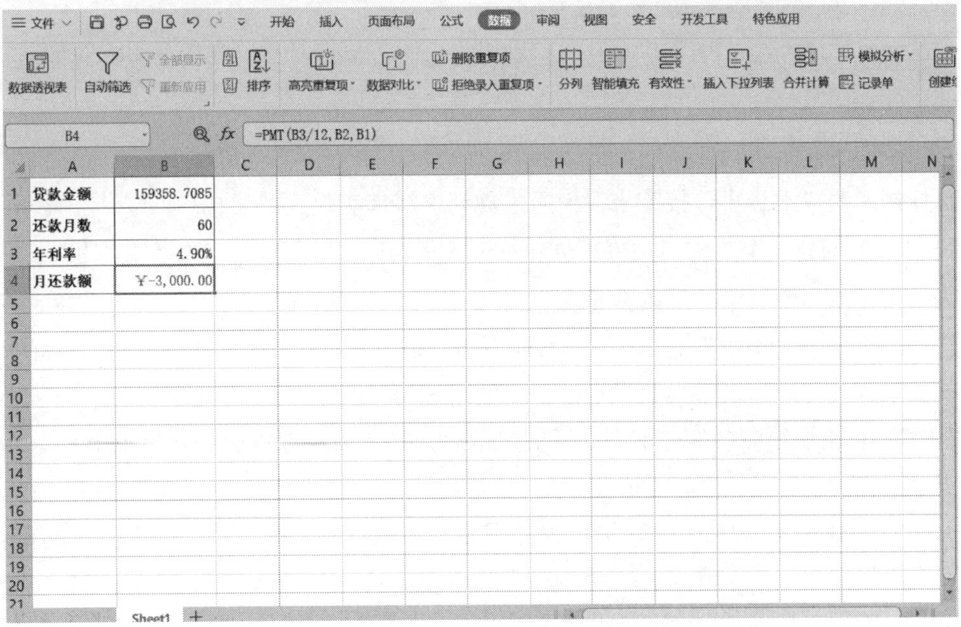

图 8-5 单变量求解（5）

任务二 规划求解

Excel中的规划求解功能有时也称作假设分析（假设分析的过程是指通过更改单元格中的值来查看这些更改对工作表中公式结果的影响）。借助“规划求解”，可求得工作表中某个单元格（称为目标单元格）中公式的最优值。“规划求解”将调整所指定的变动单元格（称为可变单元格）中的值，从目标单元格公式中求得所指定的结果。

下面我们通过一个常用的例子来了解规划求解的应用过程。

假设某商家要采购一批赠品用于促销活动，商品分别为鸡蛋、手撕素肉、臭豆腐三种，分别有不同的价格，根据活动需求，采购活动需要遵循以下原则：

（1）全部赠品总数为100件；

（2）鸡蛋数量不低于30件；

（3）手撕素肉数量不低于20件；

（4）臭豆腐数量不低于10件但不超过20件。

规划的目的是既能满足促销需要，又使得采购成本最低。要解决这类问题，首先要将其模型化，分别确定决策变量、约束条件和目标。

其中决策变量则为三种商品的采购数量，分别用a、b、c来表示，那么约束条件则为：

$30 \leqslant a$

$20 \leqslant b$

$10 \leqslant c \leqslant 20$

目标是采购成本最小，接下来我们通过规划求解来实现这一目标。

【步骤1】新建一个工作簿文件，创建如图8-6所示的表格，把有关数据输入工作表中，表中先输入一个暂定的采购数量。

【步骤2】选择“数据”菜单中的“模拟分析”命令，然后点击“规划求解”，如图8-7所示，即可打开“规划求解参数”对话框，如图8-8所示。

【步骤3】添加约束条件，单击“添加”按钮，打开“规划求解参数”对话框，“设置目标”单元格为D5，并选定“最小值”按钮，“通过更改可变单元格”为B2:B4，如图8-9所示。在单元格与运用中选择B2单元格，运用符号选择＞＝，约束值输入30，然后再点击添加按钮，依次输入B2＞＝30，B3＞＝20，B4＜＝20，B4＞＝10。输入完成后如图8-10所示。

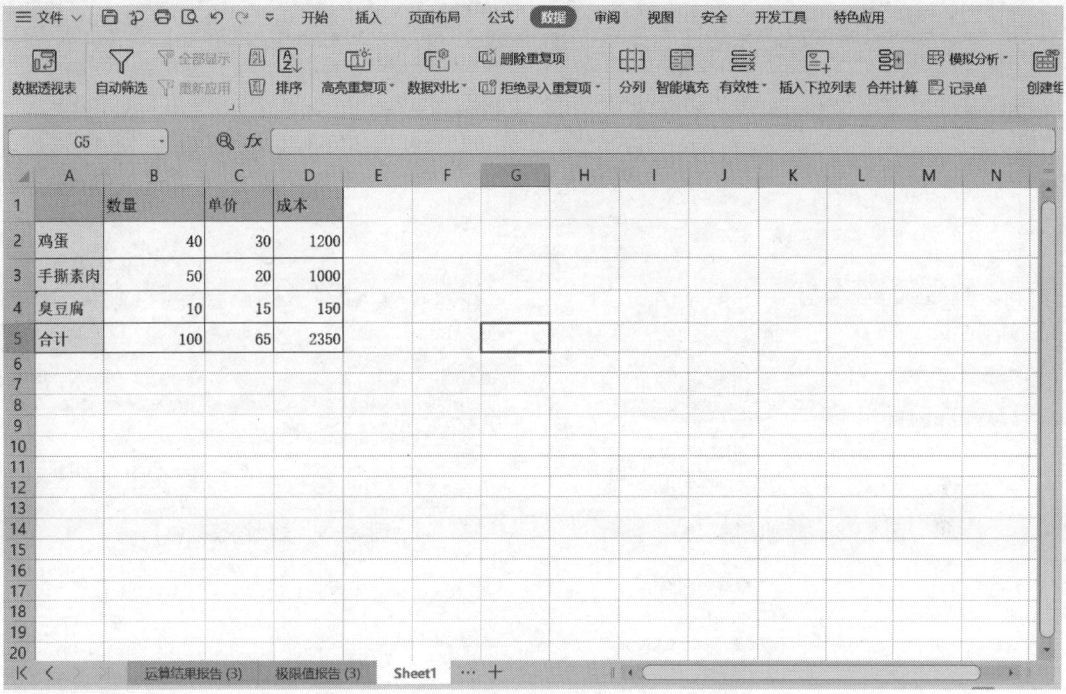

图 8-6　规划求解（1）

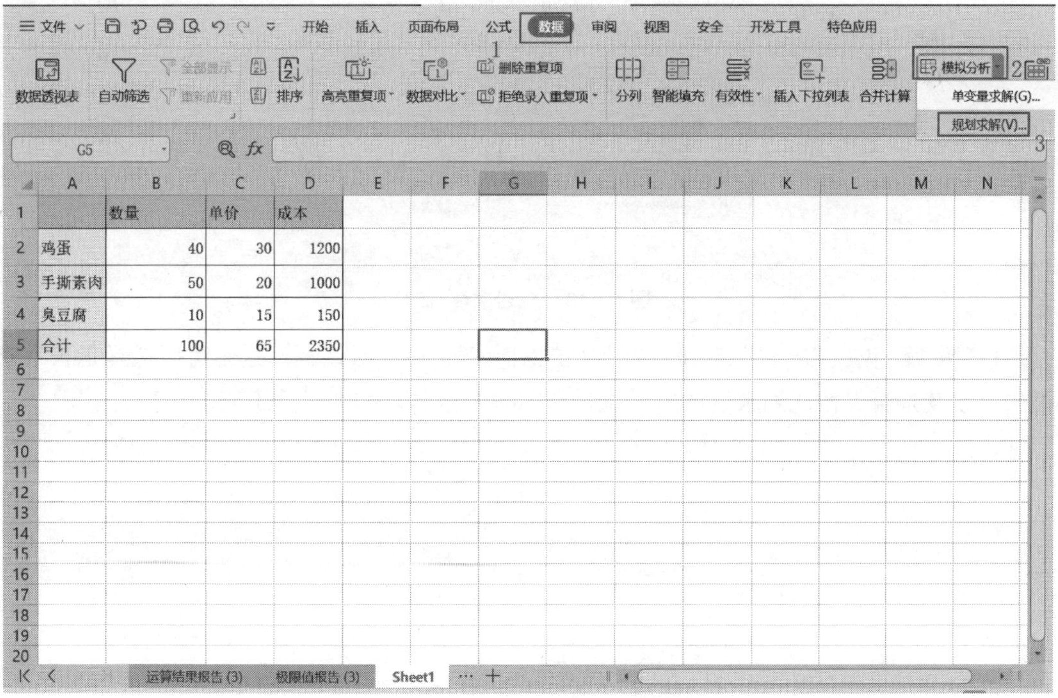

图 8-7　规划求解（2）

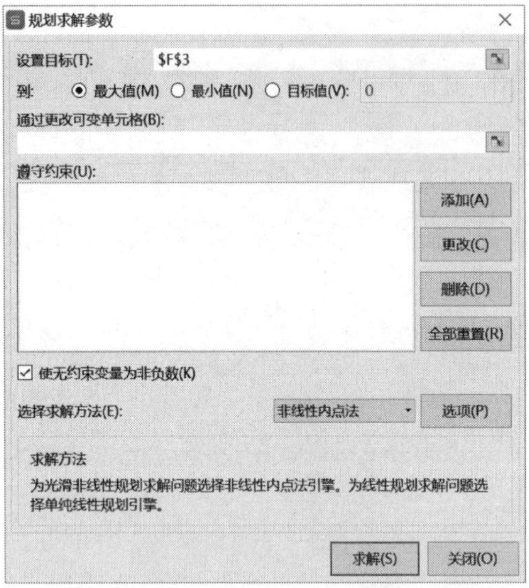

图 8-8　规划求解（3）

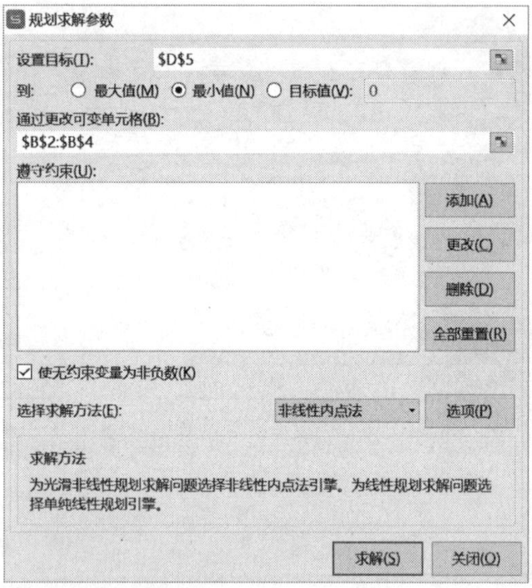

图 8-9　规划求解（4）

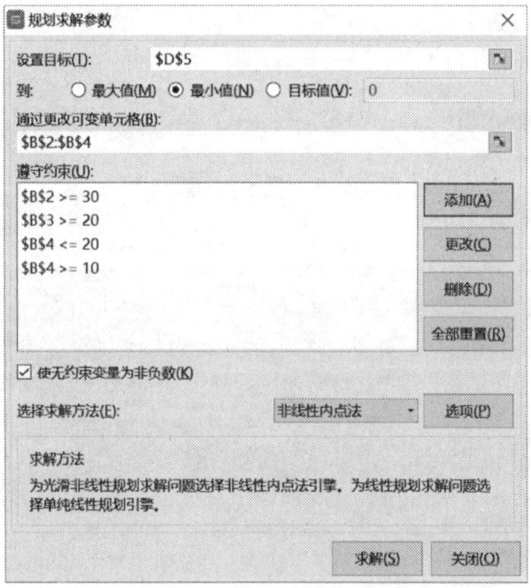

图 8-10　规划求解（5）

【步骤 4】单击“求解”按钮，打开“规划求解结果”对话框，这里可以选择是否生成报告，以及是否保留规划求解的解，选择全部两个报告，如图 8-11 所示。

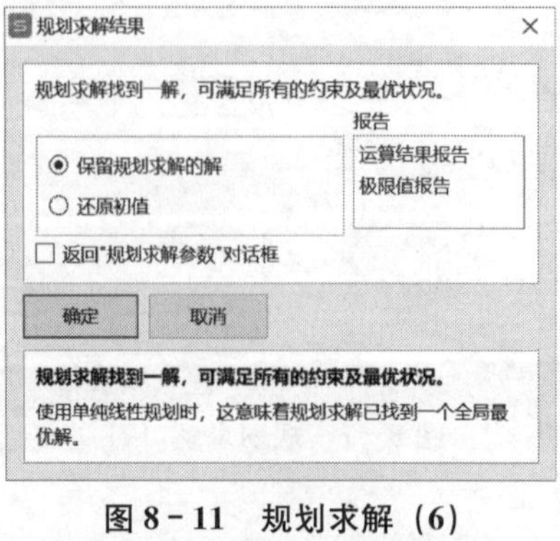

图 8-11　规划求解（6）

【步骤 5】单击“确定”按钮，即可得到求解结果，如图 8 - 12 所示，可以看到此时成本变成了 2 200，比原来表格成本节省了 150 元，同时也会看到生成的各类报告，如图 8 - 13、图 8 - 14 所示。

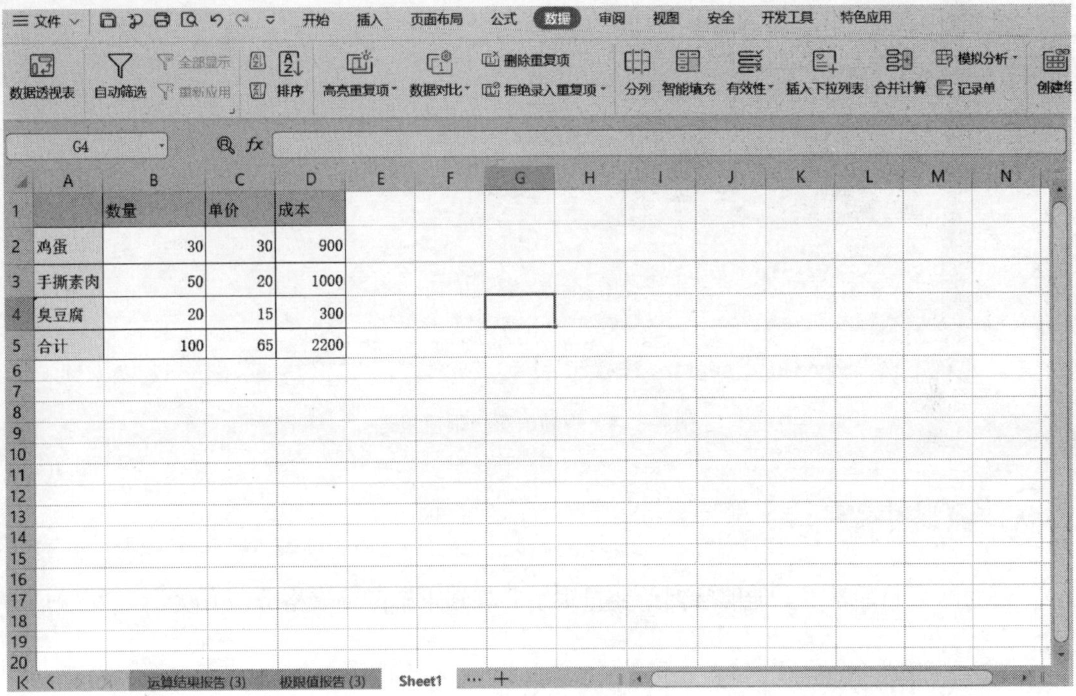

图 8 - 12　规划求解（7）

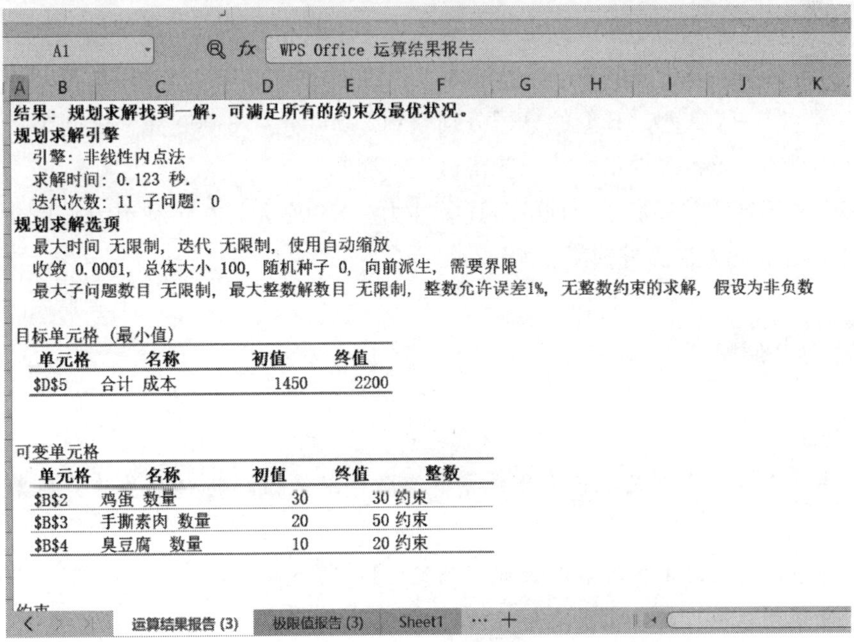

图 8 - 13　规划求解运算结果报告

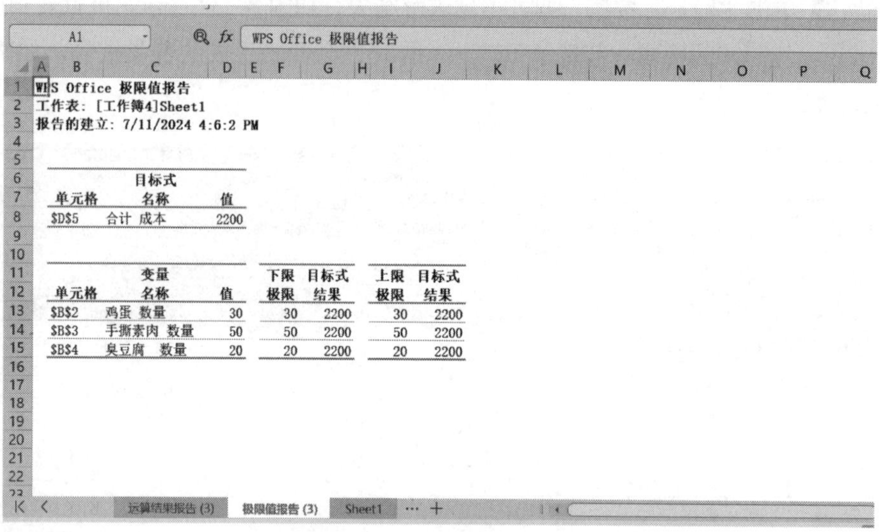
WPS Office 极限值报告
工作表：[工作簿4]Sheet1
报告的建立：7/11/2024 4:6:2 PM

目标式		
单元格	名称	值
$D$5	合计 成本	2200

变量			下限	目标式	上限	目标式
单元格	名称	值	极限	结果	极限	结果
$B$2	鸡蛋 数量	30	30	2200	30	2200
$B$3	手撕素肉 数量	50	50	2200	50	2200
$B$4	臭豆腐 数量	20	20	2200	20	2200

图 8-14 规划求解极限值报告

项目小结

通过本项目的学习，能够掌握单变量求解和规划求解两种表格分析方法。

实训活动

1. 某工厂家具车间生产 A 型、B 型两类桌子，每张桌子需要木工和漆工两道工序完成。已知木工做一张 A 型、B 型的桌子分别需要 1 小时和 2 小时，漆工刷一张 A 型、B 型的桌子分别需要 3 小时和 1 小时；又已知木工、漆工每天工作时间不得超过 8 小时和 9 小时，而工厂生产一张 A 型、B 型的桌子分别获利 2 000 元和 3 000 元，试问工厂每天应生产 A 型、B 型的桌子各多少张，才能获得最大利润？

2. 某人从银行贷款买房子，他的月还款能力为 5 000 元，在年利率为 4.9%的情况下，贷款 30 年，计算此人最高贷款额。

思考与练习

一、判断题

1. 单变量求解是解决假定一个公式要取得多个结果值，其中变量的引用单元格应取值多少的问题。（　　）

2. 单变量求解的结果值可能会出现不确定的情况。（　　）

3. 线性规划求解可能会出现无解的情况。（　　）

二、单项选择题

1. 借助规划求解，可求得工作表中某个单元格（称为目标单元格）中公式的（　　）。

A. 最大值　　B. 最小值

C. 最优值　　D. 中间值

2. 规划求解将调整所指定的（　　）中的值，从目标单元格公式中求得所指定的结果。

A. 可变单元格　　B. 固定单元格

C. 固定数值　　D. 某一数值

三、简答题

1. 什么是单变量求解？

2. 用表格进行规划求解可以解决哪些常见的问题？

第三篇　商业实践

项目九 运营数据分析

项目导读

当今社会，数据化运营变得越来越重要。运营数据分析就是对店铺运营情况进行诊断，如搜索流量是否增长、退款率上升和销售额下降的原因是什么等；根据这些数据的反馈进行优化，做好全局精准运营，从而实现运营效益的最大化。

学习目标

知识目标

- 掌握商品数据、交易数据、服务数据、客服数据、流量数据等运营数据分析的相关指标
- 熟悉商品数据、服务数据、流量数据、客服数据等运营数据分析的工具
- 了解运营数据分析的相关概念

能力目标

- 能够准确识别商品数据、交易数据、服务数据、客服数据、流量数据等信息和知识
- 能够熟练使用运营数据分析工具

素养目标

- 培养在数据分析过程中的职业道德和社会责任感
- 培养实事求是的作风

案例导入

分析数据　挖掘网络产品

学电子商务专业的李同学，想利用业余时间进行网上创业。经过调查，他在第一财经商业数据中心（CBNData）发布的《2023 年健康休闲零食白皮书》上发现，近两年线上零食品类消费人数增长显著，增速一直保持在20%以上，成为行业增长的主要驱动力，如图 9-1、9-2 所示。

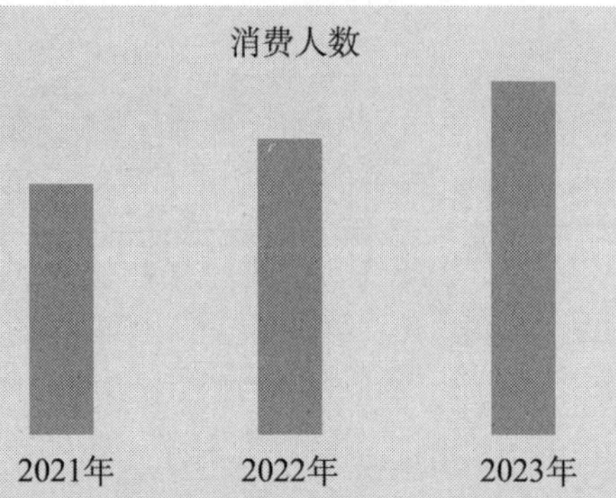

图 9-1　2021—2023 年线上零食品类消费人数

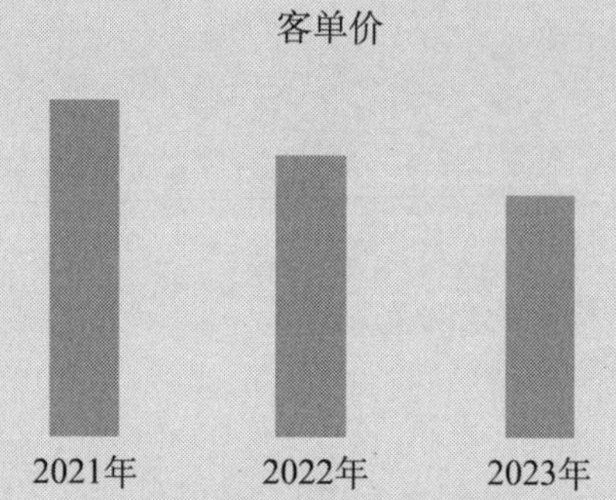

图 9-2　2021—2023 年线上零食品类消费客单价

从图 9-3 可以看出，“00 后”是带动线上零食消费的主体，已成长为线上零食市场中占比最大的群体。在消费力上，“00 后”与其他代际仍存在一定差距，但他们的人均消费金额增速超过其他代际，是一群极具潜力的新兴消费者。

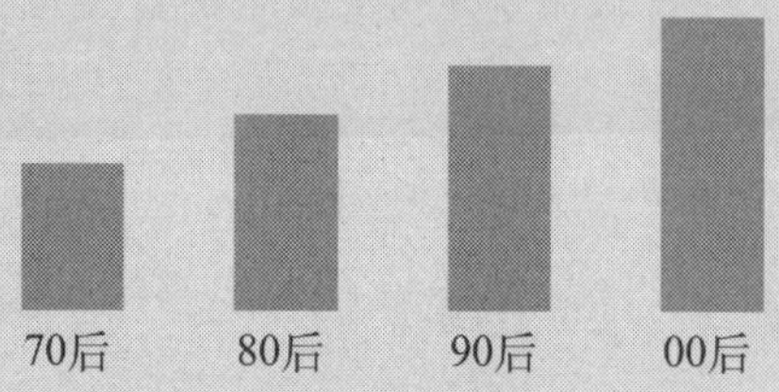

图 9-3　2021—2023 年线上零食品类消费者分布示意图

从图 9-4 可以看出，我国休闲食品零售渠道呈现去中心化、多元化、细分化趋势，线下有便利店、仓储式会员超市、社区生鲜超市、零食量贩店等业态，线上模式进一步创新，传统 B2C、C2C 外出现 O2O、社交电商、直播电商等新零售业态，休闲零食销售进入全渠道融合阶段。

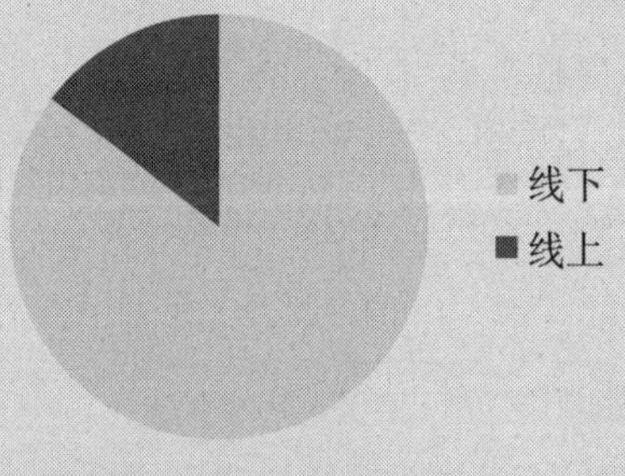

图 9-4　2023 年中国休闲食品线上线下销售额占比

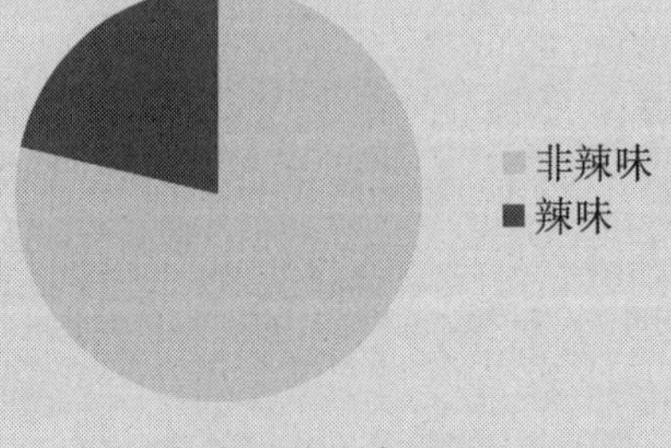

图 9-5　2023 年中国休闲食品非辣味和辣味占比

看了这些数据之后，李同学似乎找到了网上创业的方向——网上销售零食。

点评： 数据分析是网上开店的必需步骤，而运营数据分析是关键的第一步；只有找到权威数据，才能从中找到商机。

任务一　认识运营数据分析的相关概念

大数据时代，网店运营过程中的一些日常关键指标直观反映着网店运营的效果，一个网店的运营程度如何，取决于几个关键指标。

一、网店运营分析

运营部门对某个产品或者营销活动进行的调整，都会影响运营指标。如果关键指标没有提高，说明方法有问题或者存在其他的原因。我们需要对关键指标做跟踪观察，周报就是最好的对比方式。用户下单与付款可能不在同一天，但是一周的数据相对是精准的，我们将一周的数据与上一周做趋势对比，就能明显看出网店在做过调整后的运营指标变化，从而重点指导运营内部的工作，如产品引导、定价策略、促销策略、包邮策略等。

二、相关概念

以拼多多康乐零食小店为例，其涉及的数据分析的相关概念有商品数据、交易数据、服务数据、客服数据、流量数据等。

（一）商品数据

商品数据，包括商品访客数、商品浏览量、商品成团件数、被访问商品数和商品收藏用户数等，是网店运营的关键指标之一。

1. 商品访客数

商品访客数指的是统计周期内，该店铺内所有商品详情页的被访问去重人数，一个人在统计范围内访问多次，仅计算一次。拼多多康乐零食小店近7天的商品访客数如图9-6所示。

2. 商品浏览量

商品浏览量指的是统计周期内，该店铺内所有商品详情页的被访问累加人次，一个人在统计范围内访问多次，则计算多次。拼多多康乐零食小店近7天的商品浏览量如图9-7所示。

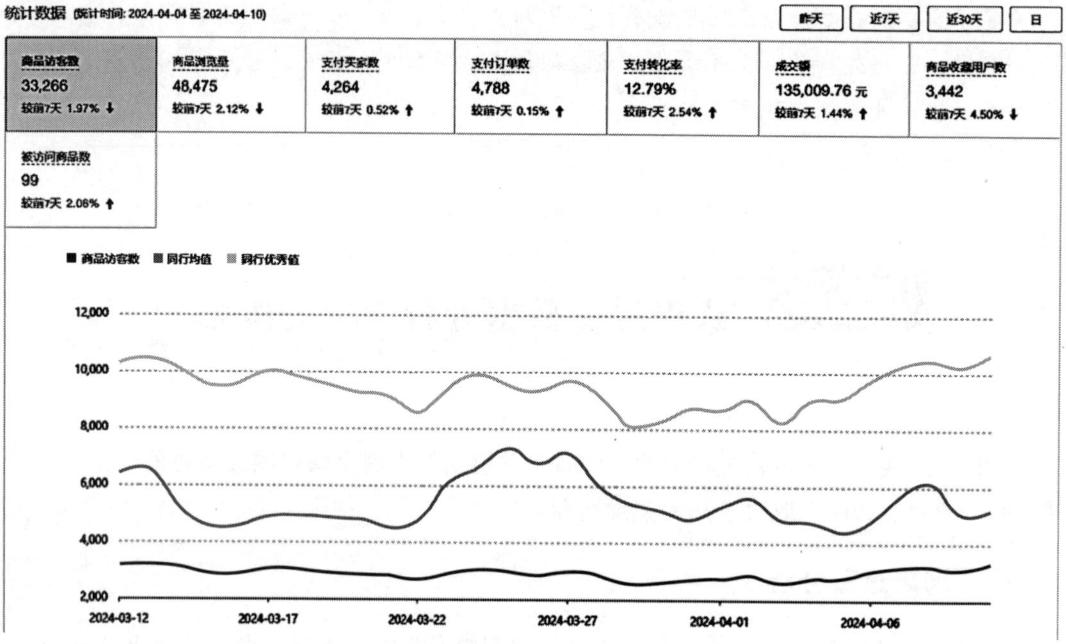

图 9-6　康乐零食小店的商品访客数

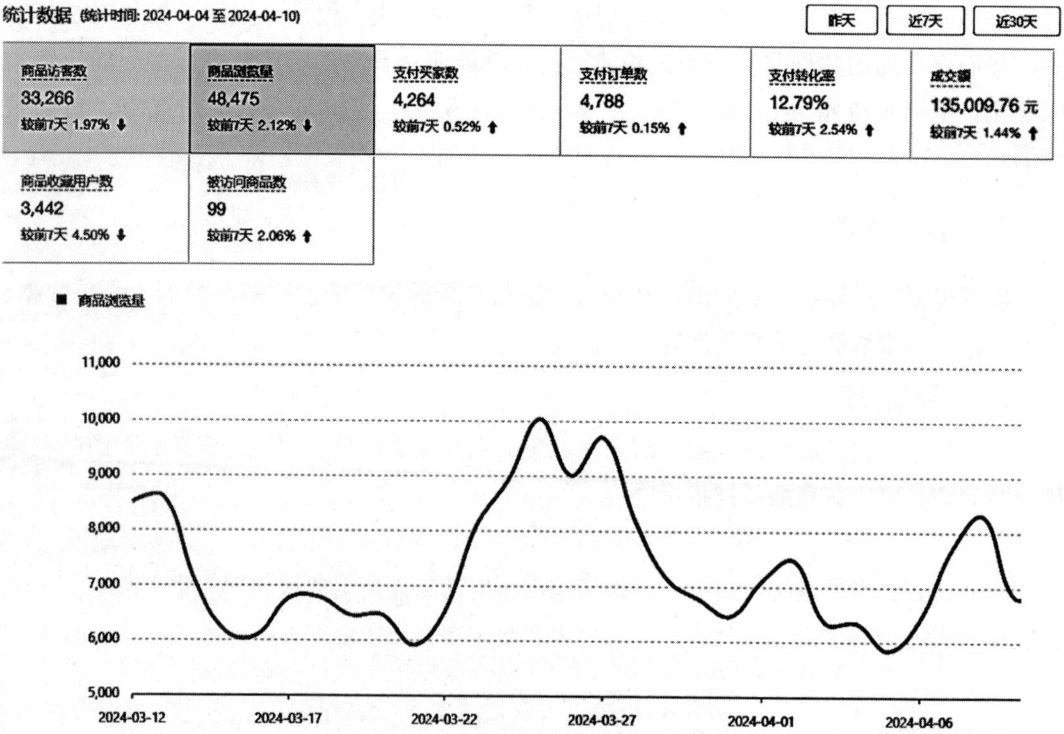

图 9-7　康乐零食小店的商品浏览量

3. 商品成团件数

商品成团件数是指统计周期内，该店铺内所有商品的成团总件数。

4. 被访问商品数

被访问商品数是指统计周期内，该店铺内所有被访问过商品详情页的商品去重总数量。拼多多康乐零食小店某天的被访问商品数如图 9－8 所示。

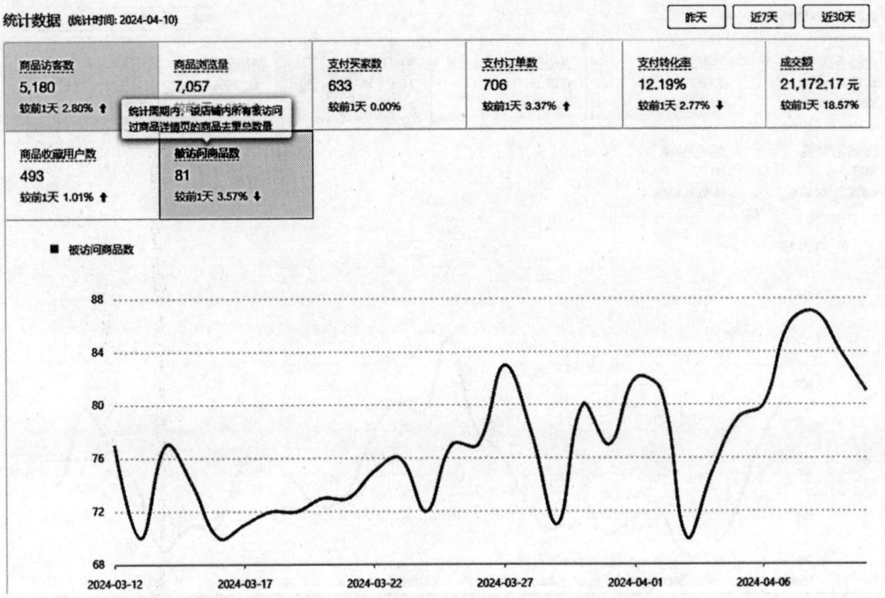

图 9－8　康乐零食小店的被访问商品数

5. 商品收藏用户数

商品收藏用户数是指统计周期内，该店铺上架商品的收藏总数量，不考虑取消收藏情况。拼多多康乐零食小店近 7 天的商品收藏用户数如图 9－9 所示。

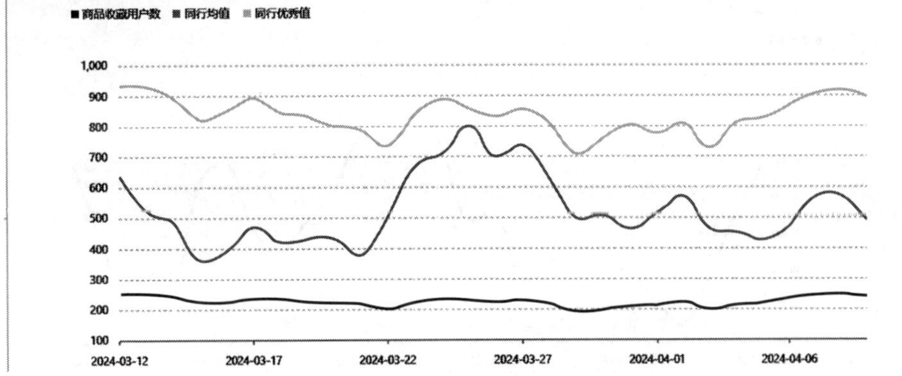

图 9－9　康乐零食小店的商品收藏用户数

6. 支付订单数

支付订单数指统计周期内，该店铺所有已支付订单的总数量。拼多多康乐零食小店某天的支付订单数如图 9－10 所示。

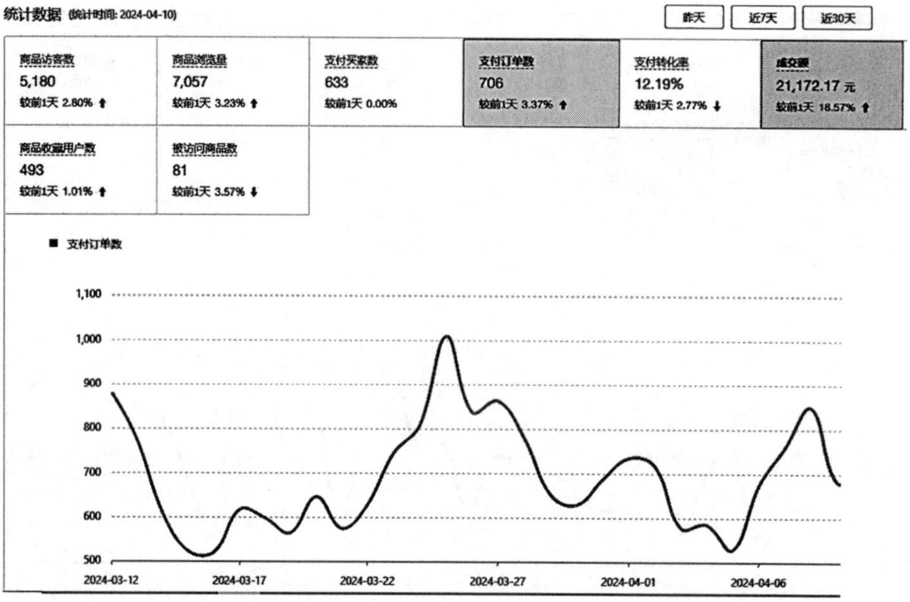

图 9－10　康乐零食小店的支付订单数

7. 支付金额

支付金额是指统计周期内，该店铺所有已支付订单的总金额，包含买家实际支付和使用平台优惠券的总金额，未剔除售后订单。拼多多康乐零食小店某天的支付金额如图 9－11 所示。

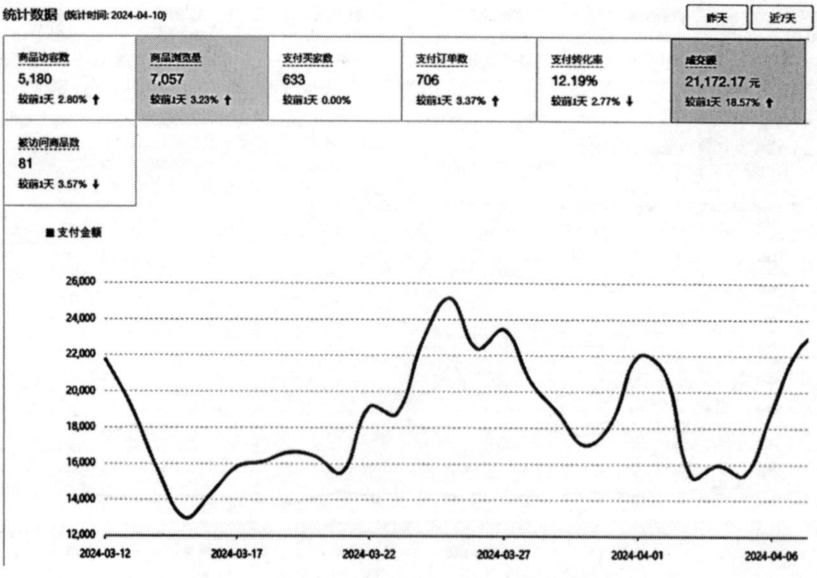

图 9－11　康乐零食小店的支付金额

8. 支付买家数

支付买家数指统计周期内，完成订单支付的去重买家数，即同一买家支付多笔订单，只记一人。拼多多康乐零食小店某天的支付买家数如图 9－12 所示。

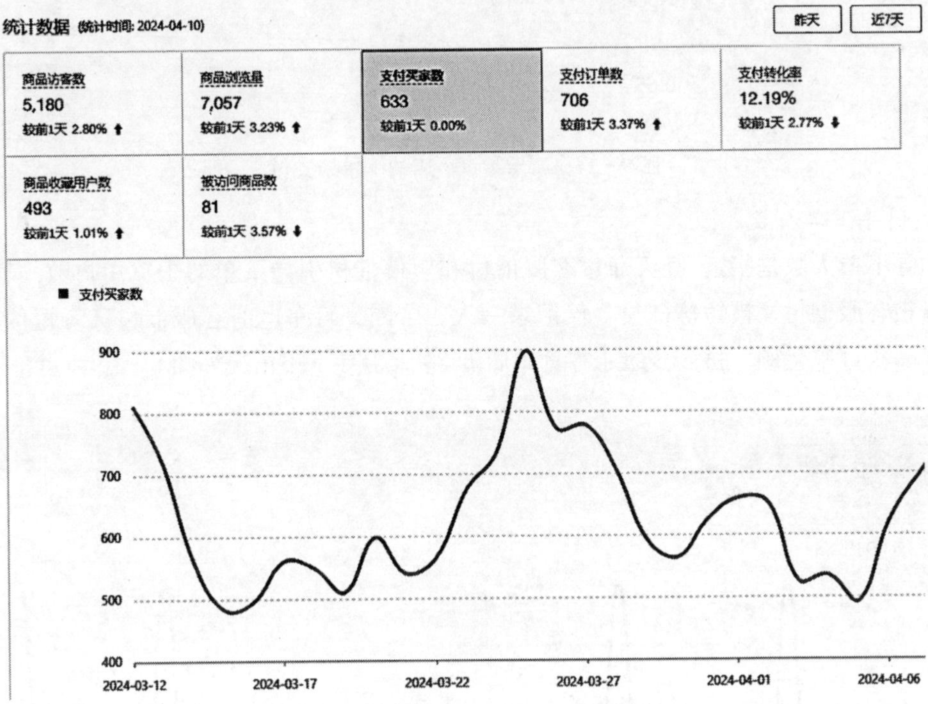

图 9－12　康乐零食小店的支付买家数

（二）交易数据

1. 交易概况

交易概况的成交额是指统计周期内，该店铺所有已支付订单的总金额，包含买家实际支付和使用平台优惠券的总金额，未剔除售后订单。拼多多康乐零食小店某天的成交额如图 9－13 所示。

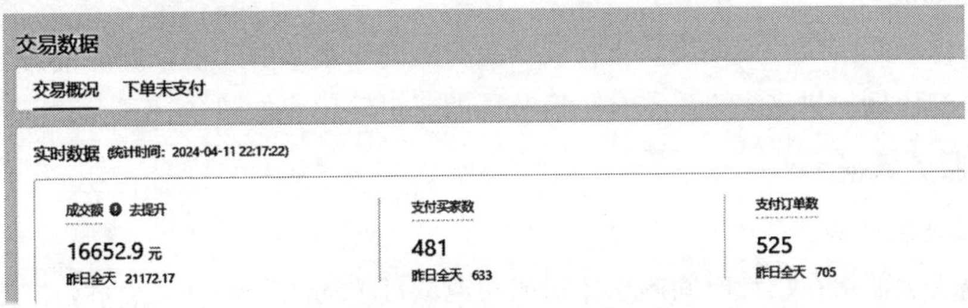

图 9－13　康乐零食小店的成交额

2. 下单未支付

下单未支付，是指截至当前更新时间，该店铺已下单未支付的订单总数。拼多多康乐零食小店某天下单未支付数如图 9－14 所示。

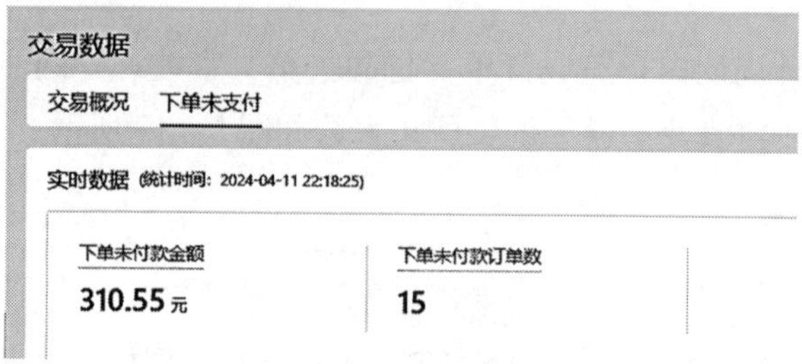

图 9-14　康乐零食小店的下单未支付

3. 引导下单人数

引导下单人数是指近 30 天通过客服催付和短信催付引导下单的去重用户数。若同一用户既被客服催付又被短信催付，仅记录一人。若同一订单既有客服催付又有短信催付，仅记录一次订单金额。拼多多康乐零食小店近 30 天引导下单情况如图 9-15 所示。

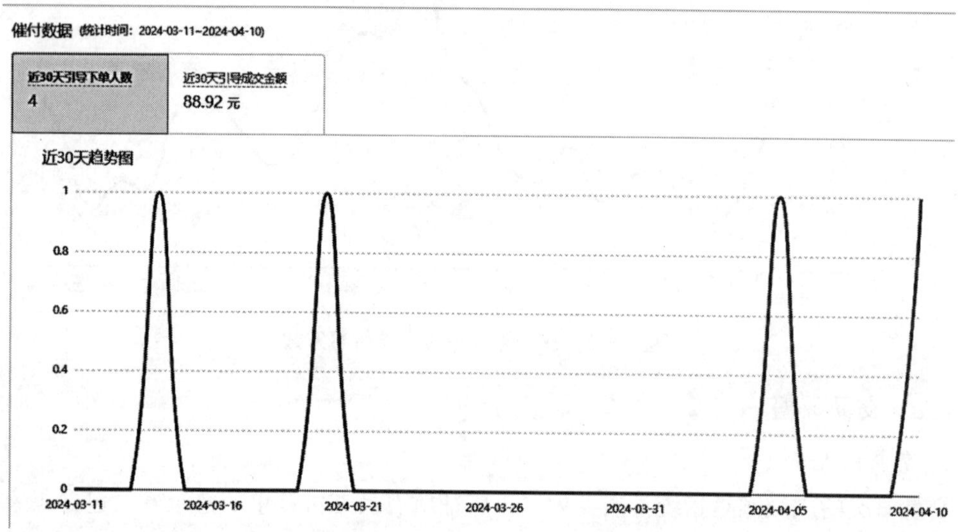

图 9-15　康乐零食小店的引导下单人数

4. 支付转化率

支付转化率是指统计周期内，支付买家数与店铺访客数的比值，即店铺访客数转化为支付买家数的比例。拼多多康乐零食小店某天的支付转化率如图 9-16 所示。

（三）服务数据

1. 成功退款金额

成功退款金额指在统计时间内，店铺成功退款订单的实际退款总金额，非申请退款金额。拼多多康乐零食小店某段时间的成功退款金额如图 9-17 所示。

2. 成功退款订单数

成功退款订单数指在统计时间内，店铺成功退款的订单总数量。拼多多康乐零食小店某段时间的成功退款订单数如图 9-18 所示。

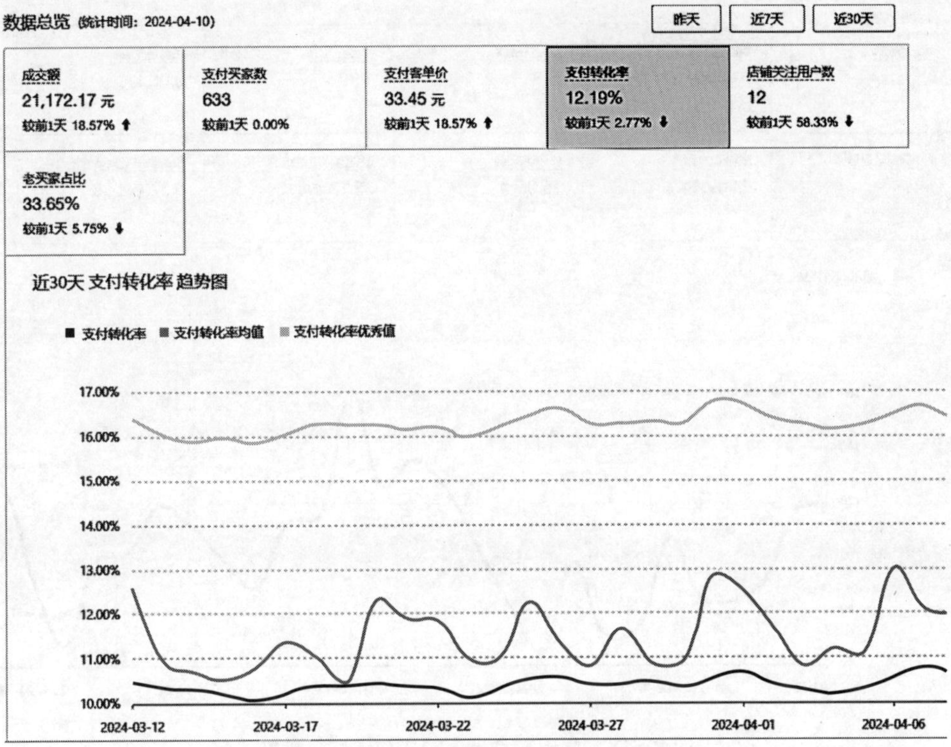

图 9－16　康乐零食小店的支付转化率

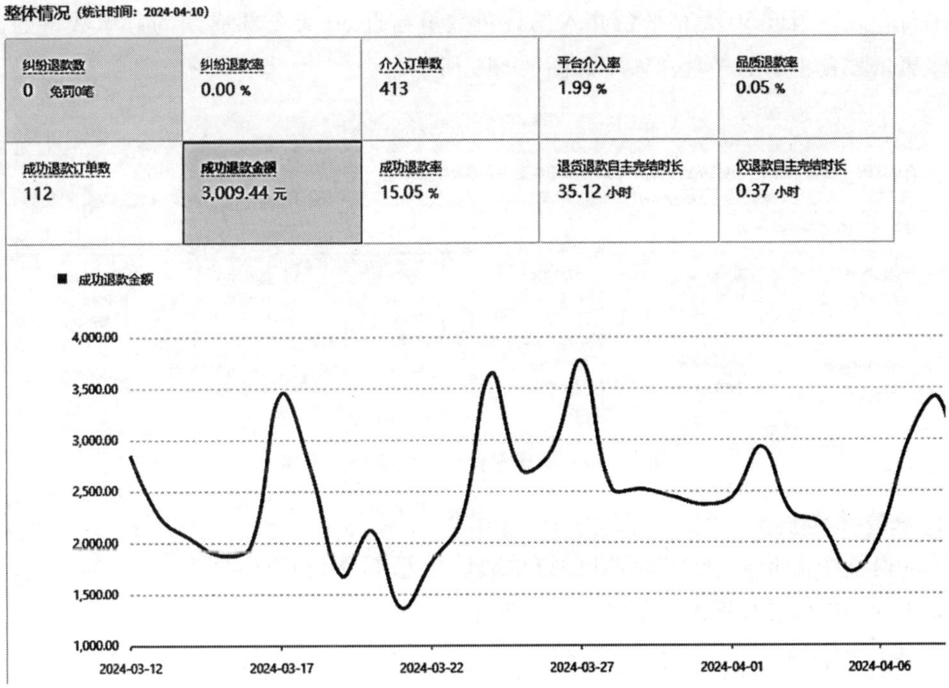

图 9－17　康乐零食小店的成功退款金额

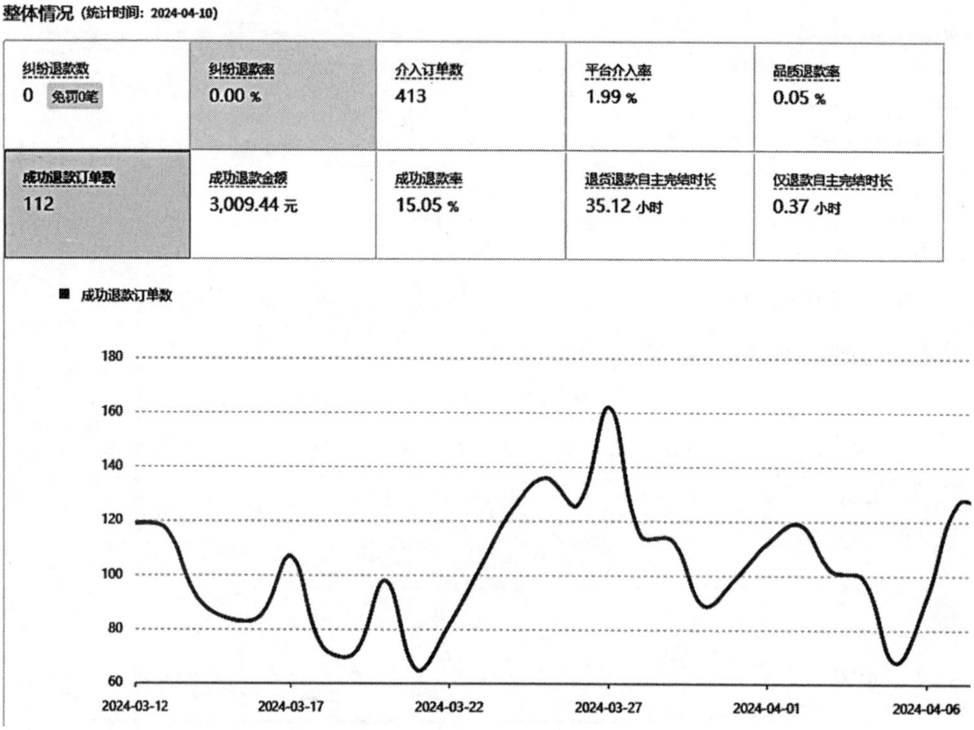

图 9-18　康乐零食小店的成功退款订单数

3. 平台介入率

平台介入率指近 30 天有平台介入的订单数量与近 30 天全部成团的订单数量的比值。拼多多康乐零食小店的平台介入率如图 9-19 所示。

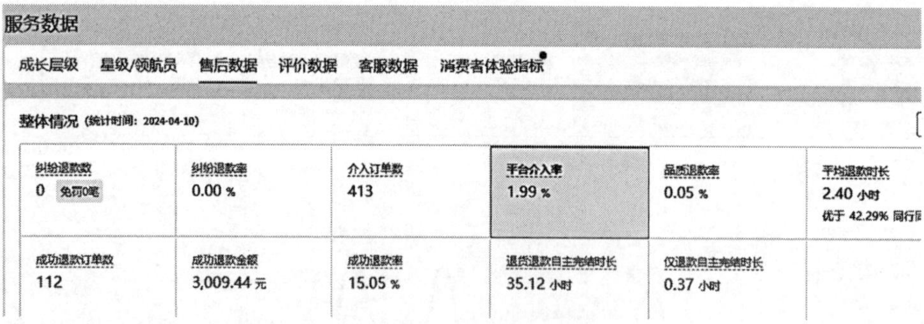

图 9-19　康乐零食小店的平台介入率

4. 成功退款率

成功退款率指近 30 天退款成功的订单数量与近 30 天已成团的订单数量的比值。拼多多康乐零食小店的成功退款率如图 9-20 所示。

5. 平均退款速度

平均退款速度指特定的统计周期内，所有退款成功的订单的平均退款时长。拼多多康乐零食小店的平均退款时长如图 9-21 所示。

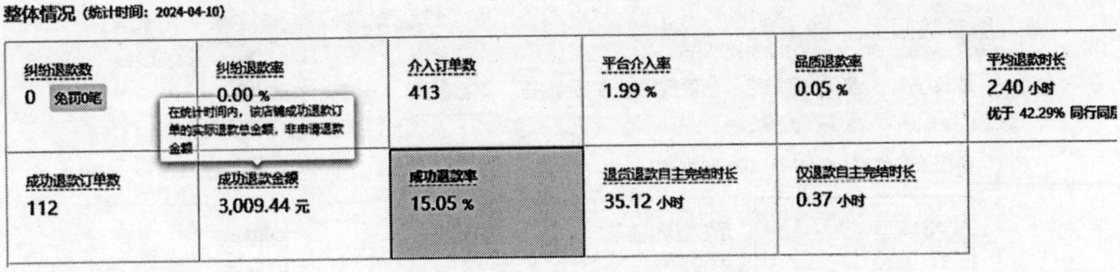

图 9-20　康乐零食小店的成功退款率

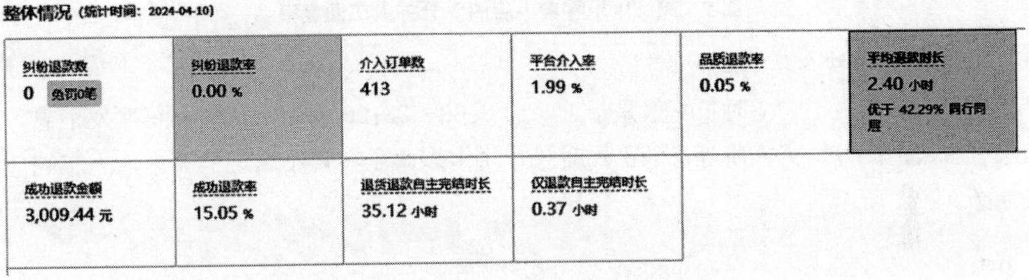

图 9-21　康乐零食小店的平均退款时长

(四) 客服数据

1. 平均人工响应时长

平均人工响应时长一般是指 8:00—23:00 期间，从买家每次发消息，到商家客服人工回复，买家所等待的平均时长。拼多多康乐零食小店平均人工响应时长如图 9-22 所示。

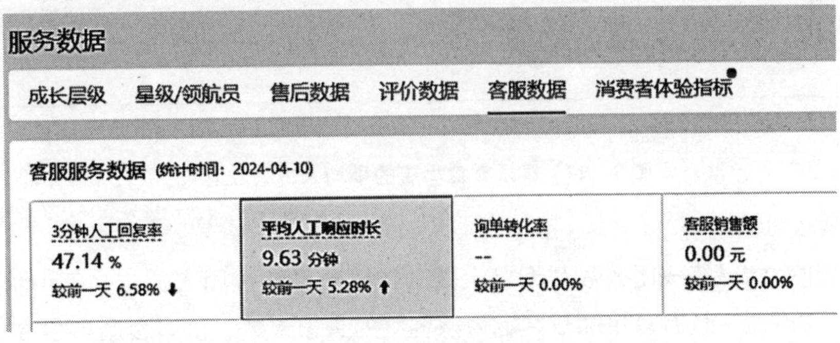

图 9-22　康乐零食小店的平均人工响应时长

2. 3 分钟人工回复率

3 分钟人工回复率＝(咨询人数－3 分钟未人工回复累计人数)/咨询人数

注意：

(1) 仅计 8:00—23:00 的咨询。

(2) 用户有任一条消息超过 3 分钟未人工回复，则该用户计入 3 分钟未人工回复累计人数。

拼多多康乐零食小店 3 分钟人工回复率如图 9-23 所示。

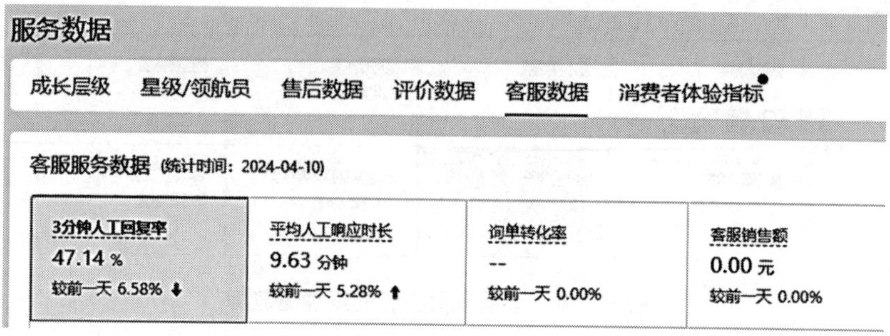

图 9－23　康乐零食小店的 3 分钟人工回复率

3. 近 7 天平均人工响应时长

近 7 天平均人工响应时长一般是指近 7 天 8:00—23:00 期间，从买家每次发消息，到商家客服人工回复，买家所等待的平均时长。拼多多康乐零食小店近 7 天平均人工响应时长如图 9－24 所示。

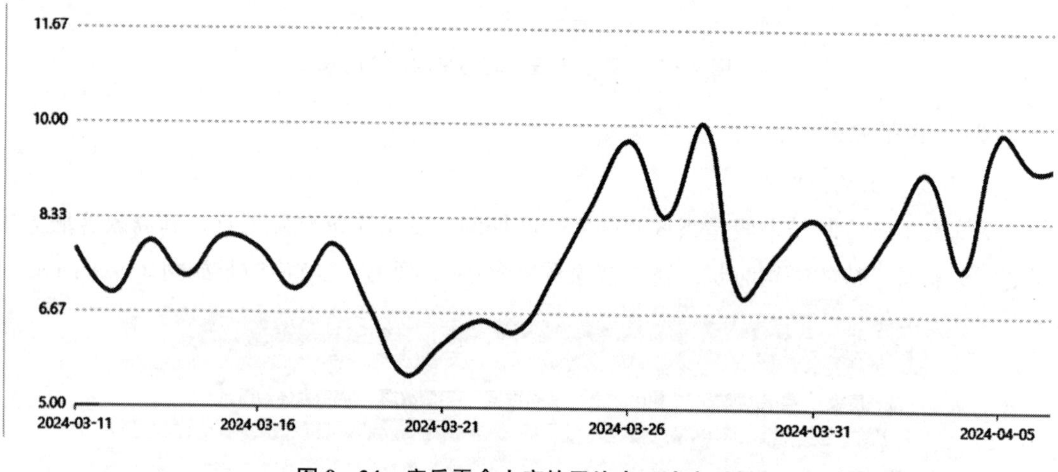

图 9－24　康乐零食小店的平均人工响应时长

4. 询单转化率

询单转化率指最终成团人数与询单人数的比值。最终成团人数指当日询单的买家中，三日内下单并成团，且有订单绩效判定为该客服的买家人数。拼多多康乐零食小店询单转化率如图 9－25 所示。

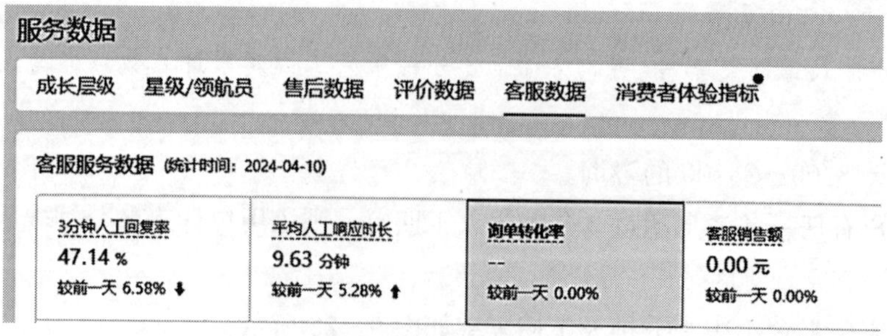

图 9－25　康乐零食小店的询单转化率

5. 客服销售额

客服销售额指当日询单的买家，三日内下单并成团的订单总金额。拼多多康乐零食小店客服销售额如图 9－26 所示。

图 9－26　康乐零食小店的客服销售额

（五）流量数据

1. 店铺访客数

店铺访客数指统计周期内，店铺内的商品详情页、店铺页、团页面等所有属于店铺的页面被访问的去重人数。一个人统计范围内访问多次，仅计算一次。拼多多康乐零食小店店铺访客数如图 9－27 所示。

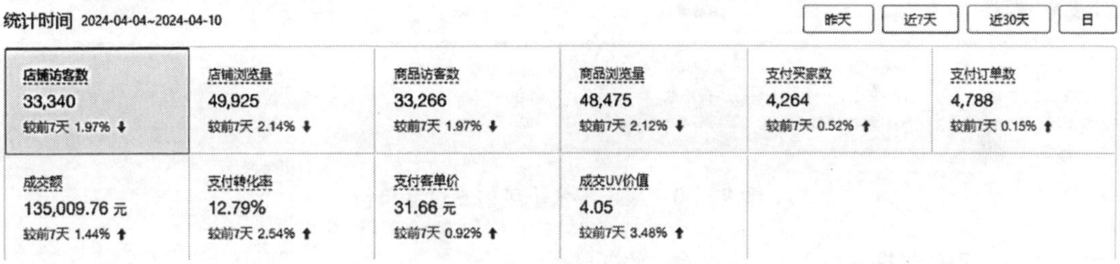

图 9－27　康乐零食小店的店铺访客数

2. 店铺浏览量

店铺浏览量是指统计周期内，该店铺内的商品详情页、店铺页、团页面等所有属于店铺的页面被访问的累加人次。一个人在统计范围内访问多次，则计算多次。拼多多康乐零食小店近 7 天的店铺浏览量如图 9－28 所示。

图 9－28　康乐零食小店的店铺浏览量

3. 成团 UV 价值

成团 UV 价值指统计周期内，该店铺成团订单的总金额与店铺访客数的比值，即每个访客的价值，包括用户实际支付和平台优惠券金额，未剔除售后订单。拼多多康乐零食小店近 7 天的成团 UV 价值如图 9-29 所示。

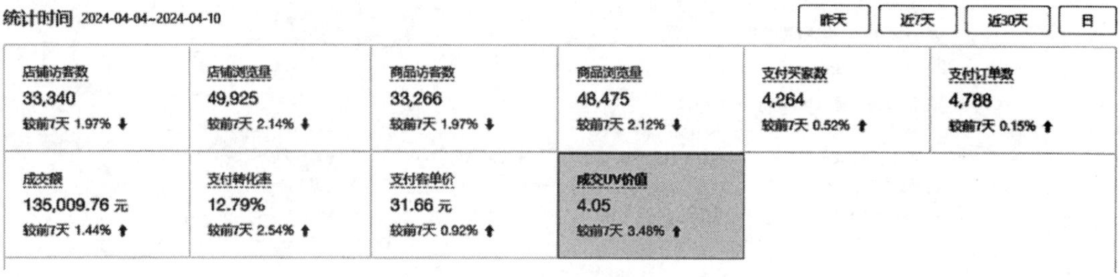

图 9-29　康乐零食小店的成团 UV 价值

4. 支付客单价

支付客单价指统计周期内，店铺支付总金额与支付买家数（去重）的比值，即平均每个支付买家的支付金额。拼多多康乐零食小店近 7 天的支付客单价如图 9-30 所示。

图 9-30　康乐零食小店的支付客单价

（六）其他数据

1. 投资回报率（ROI）

投资回报率（Return on Investment，ROI）是指通过投资而应返回的价值，即企业从一项投资活动中得到的经济回报。它涵盖了企业的获利目标。利润和投入经营所必备的财产相关，因为管理人员必须通过投资和现有财产获得利润。投资可分为实业投资和金融投资两大类，人们平常所说的金融投资主要是指证券投资。

计算公式为：

投资回报率(ROI)＝(税前年利润/投资总额)×100％

2. 购买频率

购买频率（Frequency of Purchase）是指消费者或用户在一定时期内购买某种或某类商品的次数。

3. 毛利润率

毛利润率（Gross Profit Margin）是毛利与销售收入（或营业收入）的百分比，其中毛利是收入和与收入相对应的营业成本之间的差额。

用公式表示：

毛利率=毛利/营业收入×100%

4. 销售额

销售额是指纳税人销售货物、提供应税劳务或服务，从购买或接受应税劳务方或服务方收取的全部价款和价外费用，但是不包括向购买方收取的销项税额以及代为收取的政府性基金或者行政事业性收费。

网店销售额计算公式：

销售额=访客数×转化率×客单价

对于网店运营人员来说，提升销售额就是要提高访客数、转化率和客单价。

5. 利润计算公式

利润是企业的经营成果，是企业经营效果的综合反映，也是其最终成果的具体体现。

网店利润计算公式为：

利润=访客数×转化率×客单价×购买频率×毛利润率-成本

任务二　了解运营数据分析工具

数据分析是指用适当的统计分析方法对收集来的大量数据进行分析，为提取有用信息和形成结论而对数据加以详细研究和概括总结的过程。这一过程也是质量管理体系的支持过程。在实践中，数据分析可帮助人们做出判断，以便采取适当行动。

数据分析的数学基础在20世纪早期就已确立，但直到计算机的出现才使得实际操作成为可能，并使得数据分析得以推广。数据分析是数学与计算机科学相结合的产物。数据分析是一个非常复杂的过程，借助数据分析工具能够大大简化人工的工作。拼多多常用的数据分析工具有电霸拼多多、多多情报通、情报魔方等。

一、电霸拼多多

电霸拼多多是一个专注于全球大数据分析、为商家提供运营决策服务的平台，具有行业分析、店铺分析、商品分析、关键词分析等功能。电霸拼多多页面如图9-31所示。

（一）核心优势

电霸拼多多具有自己独特的核心优势，如具有稳定的配置、成熟的架构、丰富的数据及贴心的服务等。

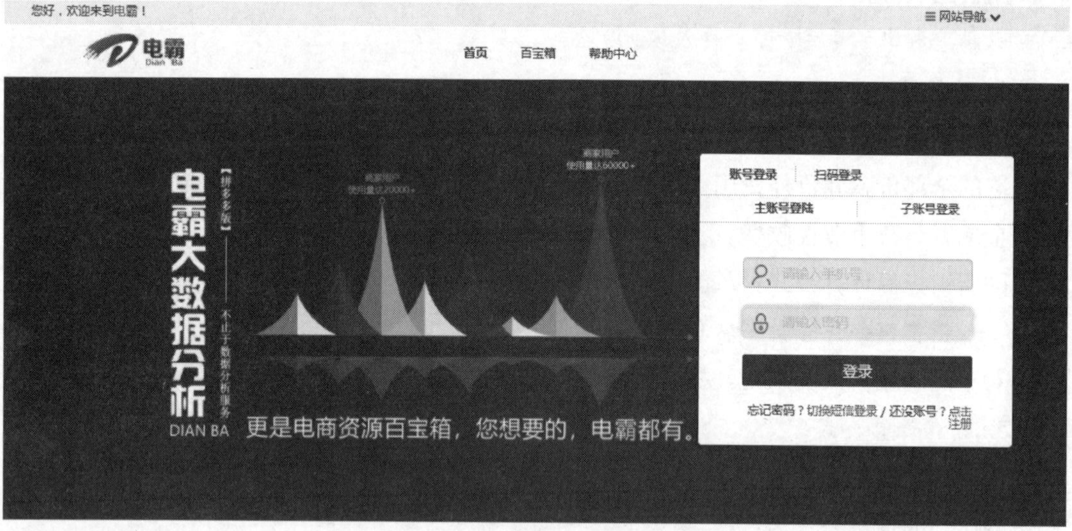

图 9-31 电霸拼多多页面

（二）功能板块

1. 首页

电霸系统在首页集合了新品、排名、监控、搜索等功能，如图 9-32 所示。

图 9-32 首页

2. 新品

新品模块主要针对新开店铺需求开发，包括选品、选词、定价三个主要功能模块。新品模块如图 9-33 所示。

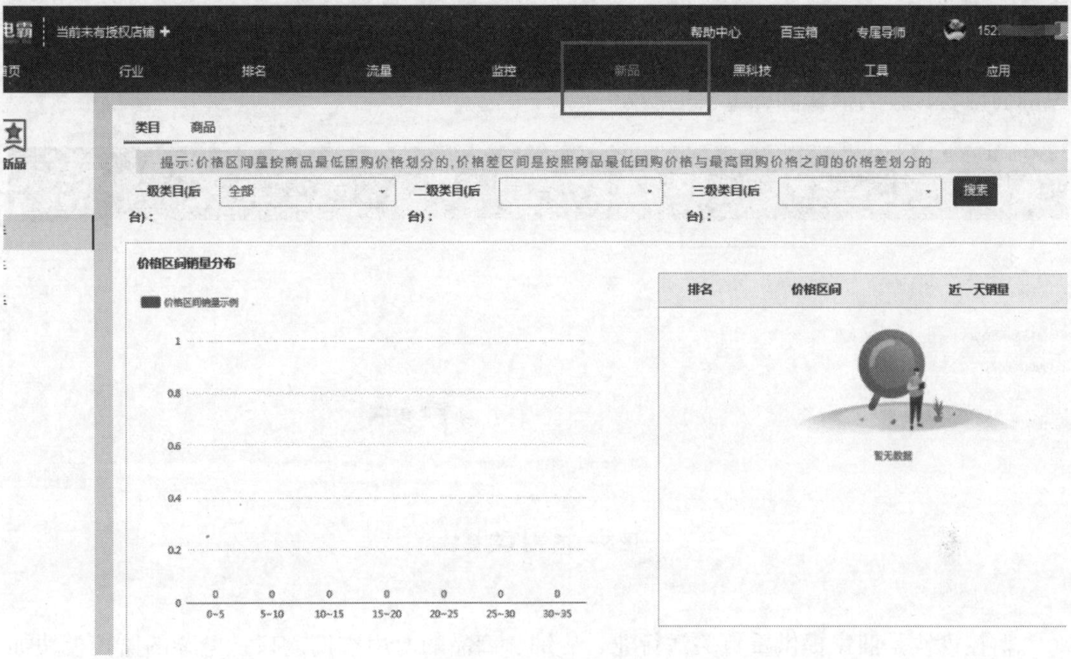

图 9-33　新品模块

3. 行业

行业模块是电霸系统中菜单最多的一个模块，可利用海量的数据基础、多元的数据维度为商家提供市场信息。

4. 流量

流量模块分为竞品流量窥探和自家店铺流量解析两部分。电霸的流量模块如图 9-34 所示。

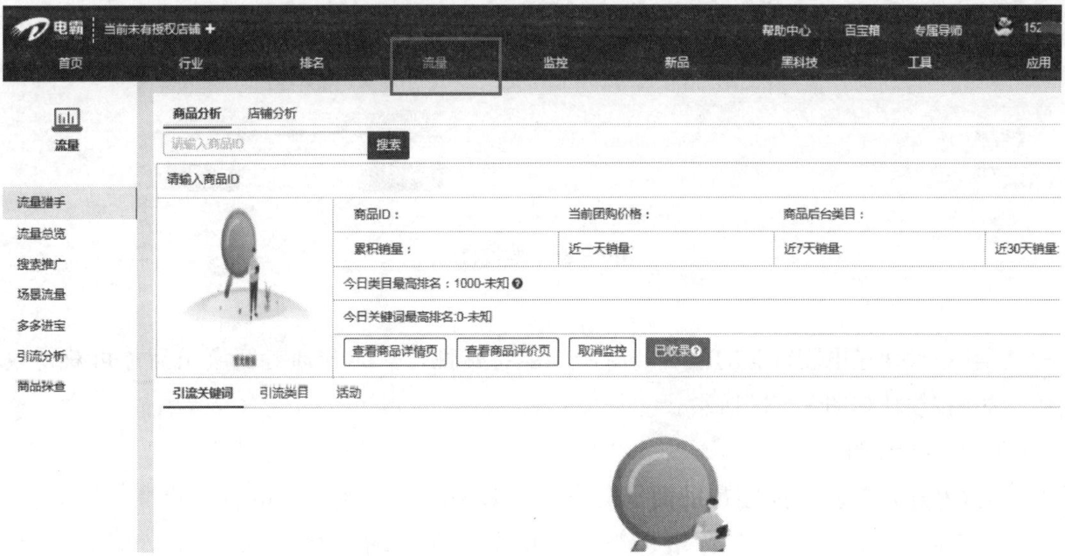

图 9-34　流量模块

5. 排名

排名模块通过类目和关键词两种查询方式展示商品数据列表，排序方式为类目排名和关键词排名。排名模块如图 9－35 所示。

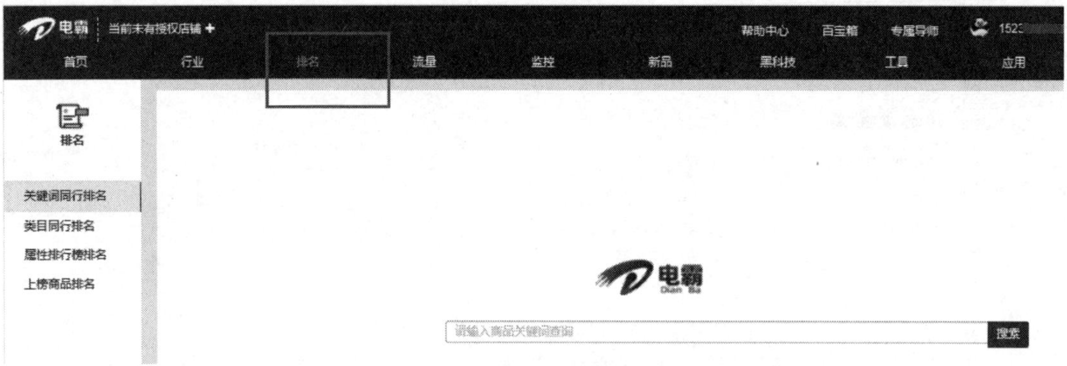

图 9－35　排名模块

6. 监控

监控模块是商家提供重点关注行业、店铺、商品的专用查询入口。电霸的监控模块如图 9－36 所示。

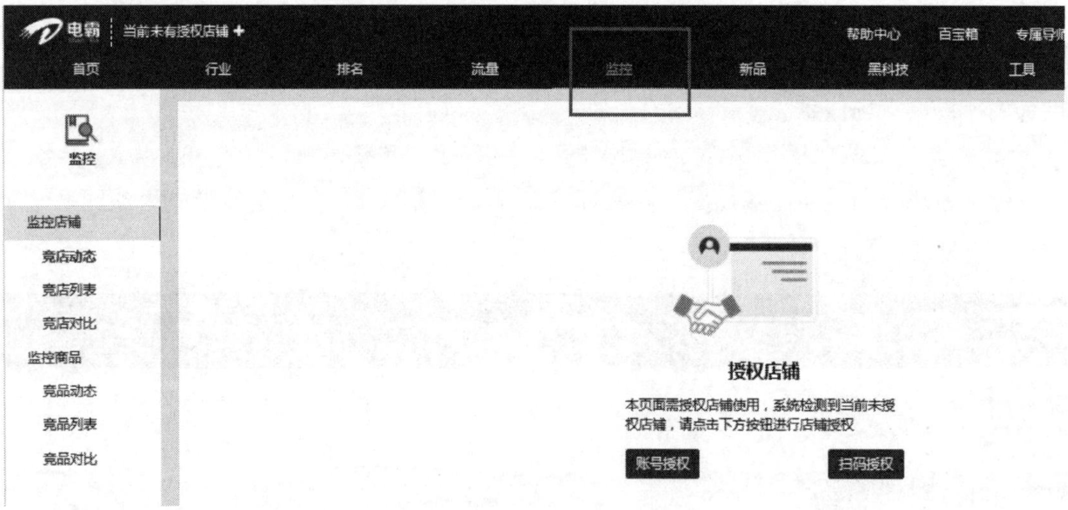

图 9－36　监控模块

7. 黑科技

黑科技模块是电霸特有的模块，由于功能特殊性，只能开通终身会员后才可获得权限。黑科技模块如图 9－37 所示。

8. 工具和应用

工具和应用模块是能够帮助商家提升运营效率的工具及电霸的合作资源，如空包、多多进宝推广、代运营、教育培训等。工具模块和应用模块如图 9－38 和图 9－39 所示。

图 9－37　黑科技模块

图 9－38　工具模块

图 9－39　应用模块

二、多多情报通

多多情报通是一款拼多多的大数据分析软件，是拼多多的生意参谋，拥有销量解析、选款选词、查排名、关键词卡位、引流关键词等多种功能，能够一站式辅助商家进行数据化运营。多多情报通如图 9-40 所示。

图 9-40　多多情报通页面

（一）软件特色

1. 开店阶段

通过查看该类目下的大数据，掌握类目行情走势。

2. 选款阶段

通过查看商品/店铺排行榜，选出畅销商品，借助商品/店铺成长指数，发掘潜力宝贝。

3. 测款阶段

通过关键字排名和类目排名，了解排名情况，调整运营方式，不断优化排名，提高曝光率。

4. 爆款阶段

查看店铺和商品成交时段分布，分析 SKU（最小存货单位）成交量占比，挖掘流量变化。

5. 初始运营阶段

多维度分析商品，包括：商品销量，同类产品数，深度分析活动商品信息、价格以及排名等，深挖竞品销量走势，全方位监控竞品。

6. 成熟运营阶段

查看全站的成交额和销量走势，分析全站市场的发展空间，充分掌握市场环境，合理制定运营策略。

（二）软件功能

多多情报通软件有较多实用的功能，如可以进行技术项目研究、电信技术咨询、校准（测量）、材料测试、替他人创建和维护网站、通过网站提供计算机技术和编程信息、包装设计、化学研究、云计算及地图绘制服务等。

三、情报魔方

情报魔方运用先进的数据采集、清洗及储存等大数据开发技术，通过对众多网购电商平台，包含淘宝、天猫、京东、拼多多等主流电商平台，最长累积历史数据已达 3 年的公开交易数据进行抓取和分析，为各行业网店运营用户提供重要详尽的商业数据，帮助电商企业用户做出正确的营销决策。情报魔方如图 9－41 所示。

图 9－41　情报魔方页面

（一）提供服务

1. 行业趋势动向分析

了解行业细分市场，监控市场数据变化，发现优秀店铺和标杆商品。

2. 细分市场机会发现

发现下一个机会点，可能是营销热点，也可能是潜在市场。

3. 行业店铺竞品分析

关注竞争对手销售数据及市场体量，掌控整体销售趋势。

4. 爆款趋势发现

全面监控、实时掌握、分析竞品、全方位解读透视对手数据。

5. 品牌渠道监控

销售渠道、市场份额、销售走势、品牌商品成交价趋势呈现。

6. 行业类目属性分析

锁定每个市场细分标签，进行多维度数据交叉分析。

（二）经营范围

情报魔方的经营范围包括以下几方面：

（1）发现电商平台细分市场潜在机会；帮助商家选品、定价。

（2）查看交易类数据，向竞争店铺学习。

（3）通过电商平台数据化精准进行实力评估，用数据辅助营销投放，提高投入产出比。

四、多多查

多多查是拼多多店铺数据分析的一款工具，如图 9－42 所示。

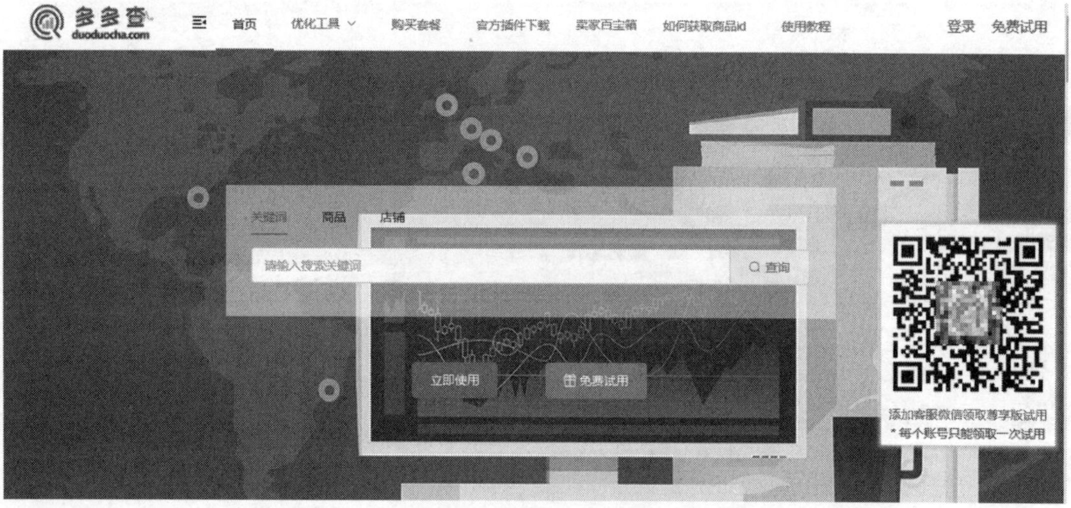

图 9－42　多多查页面

（一）多多查的功能

一般用户可以通过多多查来查看排名跟商品 ID，在搜索页直接分析竞争对手店铺商品，通过创建时间跟类目信息分析竞品创建的爆发期，浏览搜索页中的数据并一键导出详细数据等。

（二）多多查的核心优势

1. 数据丰富

数据齐全，及时更新用户所关注的品牌/店铺/单品的交易价格、交易数量、交易额、排名升降等，让用户对经营环境了如指掌。

2. 快速稳定

先进海量数据储存技术的数据秒级响应、大规模服务器集群的稳定性保证，确保网站数据安全、稳定、实时。

3. 服务保障

在线专业客服随时待命，技术人员随时等待召唤，并有系统的培训机制，如线上视频教学、文档教学、定期专业讲师在线直播。

4. 方便易用

在线查询、数据导出、监控竞品，有利于商家快速揭秘关键词，打造爆款类目，追踪活动，提升销量。

任务三 运营数据分析指标

网店运营做得怎么样，可用数据来衡量，以数据作为网店运营的指导思想来发现问题、解决问题。

网店运营体系的数据模型分为六层。

一、第一层是基础数据分析

(一) 流量数据分析指标

(1) 独立访客数（UV）：是指某站点被多少台电脑访问过，以用户电脑的 Cookie 作为统计依据。00:00—24:00 内相同的客户端只被计算一次。

(2) 浏览量（PV）：店铺各页面被查看的次数。用户多次打开或刷新同一个页面，该指标值累加。

(3) 人均店内停留时间（秒）：所有访客的访问过程中，平均每次连续访问店铺的停留时间。

(4) 新访客数：该来源在选定时间段内带来的访问人数中在前 6 天从未访问过店铺的用户数。

(5) 收藏量：用户访问店铺页面过程中，添加收藏的总次数（包括首页、分类页和宝贝页的收藏次数）。

(6) 宝贝页访客数：店铺宝贝页面的访问人数。所选时间段内，同一访客多次访问会进行去重计算。

(7) 宝贝页收藏量：用户访问宝贝页面添加收藏的总次数。

(8) 进店时间：用户打开该页面的时间点，如果用户刷新页面，也会记录下来。

(9) 停留时间：用户打开本店最后一个页面的时间点减去打开本店第一个页面的时间点。

(10) 搜索次数：在店内搜索关键词或价格区间的次数。

(二) 订单数据分析指标

1. 下单买家数

下单买家数=统计时间内拍下商品的去重买家人数

2. 支付买家数

支付买家数=统计时间内完成支付的去重买家人数

3. 支付金额

支付金额=统计时间内买家拍下商品后支付的金额总额

4. 客单价

客单价=统计时间内支付金额/支付买家数

5. 营业利润金额

营业利润金额=营业收入金额-营业成本金额

6. 营业利润率

营业利润率=营业利润金额/营业收入金额×100%

(三) 转化率数据分析指标

1. 下单转化率

下单转化率=下单买家数/访客数×100%

2. 支付转化率

支付转化率=支付买家数/访客数×100%

(四) 效率数据分析指标

1. 连带率

连带率=销售商品总数量/成交订单总数×100%

2. 动销率

动销率=动销品种数/店铺商品总品种数×100%

(五) 库存数据分析指标

1. 库存天数

库存天数=期末库存金额×(销售期天数/某个销售期的销售金额)

2. 库存周转率

库存周转率=销售数量/[(期初库存数量+期末库存数量)/2]×100%

3. 售罄率

售罄率=某段时间内的销售数量/(期初库存数量+期中进货数量)×100%

(六) 退货数据分析指标

1. 金额退货率

金额退货率＝某段时间内的退货金额/总销售金额×100％

2. 订单退货率

订单退货率＝某段时间内的退货订单数量/总订单量×100％

3. 数量退货率

数量退货率＝某段时间内的商品退货数量/总销售数量×100％

4. 退款率

退款率＝退款成功笔数/支付子订单数×100％

二、第二层是销售分析类

(一) 网店流量分析指标

(1) 跳失率：表示顾客通过相应入口进入，只访问了一个页面就离开的访问次数占该入口总访问次数的比例。

(2) 浏览回头率：浏览回头客占店铺总访客数的百分比。

(3) 平均访问深度：访问深度，是指用户一次连续访问的店铺页面数（即每次会话浏览的页面数）；平均访问深度即用户平均每次连续访问的店铺页面数。

(二) 运营数据分析指标

(1) 拍下件数：宝贝被拍下的总件数。

(2) 成交用户：成功拍下并完成付款的人数。

(3) 成交回头客：曾在店铺发生过交易，再次发生交易的用户。

(4) 支付率：支付成交笔数占拍下笔数的百分比。

(5) 全店成交转化率：成交用户数与访客数的比值。

(6) 促销成交用户数：参与宝贝促销活动的成交用户数。

三、第三层是用户分析类

(一) 访客复购率

访客复购率分析包括 1 次购物比例、2 次购物比例、3 次购物比例、4 次购物比例、5 次购物比例、6 次购物比例、高频购物比例。

(二) 转化率

转化率＝成交笔数/访客人数×100％

四、第四层是来源分析类

(1) 访客数（UV）：店铺各页面的访问人数。所选时间段内，同一访客多次访问会进行去重计算。

（2）到达页浏览量：通过该来源给店铺入口页面带来的查看次数。

（3）浏览量：店铺各页面被查看的次数。用户多次打开或刷新同一个页面，该指标值累加。

（4）入店访问深度：该来源带来的访客每次入店后在店铺内的平均访问页面数。

（5）入店跳失率：该来源带来的访客入店后只访问了该店铺 1 个页面就离开的次数占该来源访客总入店次数的比例。

（6）入店页面：单个用户每次浏览店铺时查看的第一个页面为入店页面。

（7）出店页面：单个用户每次浏览店铺时所查看的最后一个页面为出店页面。

（8）入店人次：从该页面进入店铺的人次。

（9）出店人次：从该页面离开店铺的人次。

五、第五层是内容分析

网店内容分析主要是分析跳失率和热点内容。

（一）跳失率

跳失率可以直接体现出网站的登录页（Landing Page/Entry Page）是否有足够的吸引力让访客深入访问下去，达到营销的目的。跳失率的数值越小代表网站越可能受欢迎，反之，数值越大说明越不受欢迎。

跳失率实质是衡量被访问页面的一个重要因素，此前用户已经通过某种方式对页面形成事实上的访问，跳失的原因无非是因为感觉搜索点击达到的页面与预期不符合，进而言之，是感觉页面内容、服务甚至整体网站感觉与之前预期不一致。

（二）热点内容

热点内容是用来指导运营工作的。消费者最关注什么，哪些商品、分类、品牌点击最多，这些数据能引导运营人员推荐消费者最关注的品牌、促销最关注的商品等。

六、第六层是商品销售分析

这部分是内部数据，店铺可根据每周、每月的商品销售详情，了解网店的经营状况，做出未来销售趋势的判断。

商品销售分析指标包括商品销售计划完成率、销售利润率、成本利润率。

（一）商品销售计划完成率

商品销售计划完成率＝(企业商品实际销售量×计划单价)/(商品计划销售量×计划单价)

（二）销售利润率

销售利润率＝企业利润/销售收入

（三）成本利润率

成本利润率＝企业利润/成本

项目小结

本项目主要介绍了运营数据分析的相关概念、运营数据分析的工具和运营数据分析的指标；其中运营数据分析的指标包括流量数据分析指标、订单数据分析指标、转化率数据分析指标、效率数据分析指标、库存数据分析指标、退货数据分析指标等。在这个过程中，可以有机地融入素养元素，从而培养学生的综合素质和社会责任感。

实训活动

撰写网店诊断报告。

任务要求：

对经营的网店展开初步诊断，在销售额变化趋势分析的基础上对店铺的访客数、店铺成交转化率和客单价三个指标展开分析并做出诊断，并提出相应对策。

本任务是一个团队任务，要求队员分工完成；完成后上交《××网店初步诊断报告》。

实施步骤：

【步骤 1】获取网店诊断的相关数据；

【步骤 2】对比分析，找出差距；

【步骤 3】商讨对策；

【步骤 4】撰写《××网店初步诊断报告》；

【步骤 5】做好汇报准备。

思考与练习

一、判断题

1. 成团买家数是指统计周期内，该店铺所有成团买家的去重人数，即一个买家多次成团，仅记一人，剔除售后订单。（　　）

2. 支付转化率是指统计周期内，支付买家数与店铺访客数的比值，即店铺访客数转化为支付买家数的比例。（　　）

3. 5 分钟回复率＝(咨询人数－5 分钟未回复累计)/咨询人数。（　　）

4. 购买频率是指通过投资而应返回的价值，即企业从一项投资活动中得到的经济回报。（　　）

5. 网店运营体系的数据模型分为五层。（　　）

6. 访客复购率分析包括 1 次购物比例、2 次购物比例、3 次购物比例、4 次购物比例、

5 次购物比例、6 次购物比例、高频购物比例。（　　）

7. UV 是指店铺各页面被查看的次数。用户多次打开或刷新同一个页面，该指标值累加。（　　）

8. 销售利润率＝企业利润/销售收入。（　　）

二、单项选择题

1. 商品访客数指的是统计周期内，该店铺内所有商品详情页的被访问去重人数。一个人在统计范围内访问多次，仅计算（　　）次。

A. 一　　B. 二　　C. 三　　D. 四

2. 商品浏览数指的是统计周期内，该店铺内所有（　　）的被访问累加人次，一个人在统计范围内访问多次，则计算多次。

A. 主页　　B. 商品详情页

C. 活动页　　D. 被访问过的商品详情页

3. （　　）指的是统计周期内，该店铺内所有已支付订单的总数量。

A. 商品收藏用户数　　B. 被访问商品数

C. 商品成团件数　　D. 支付订单数

4. （　　）指的是在统计时间内，该店铺成功退款订单的实际退款总金额，非申请退款金额。

A. 成功退款订单数　　B. 平台介入率

C. 成功退款金额　　D. 成功退款率

5. （　　）指的是统计周期内，该店铺内的商品详情页、店铺页、团页面等所有属于店铺的页面被访问的去重人数。一个人在统计范围内访问多次，仅计算一次。

A. 店铺浏览量　　B. 成团 UV 价值

C. 店铺访客数　　D. 支付客单价

三、简答题

1. 一名合格的数据分析师，应该具备什么样的能力？

2. 某拼多多网店 10 月份的销售收入为 28 000 元，销售成本为 15 000 元，利润为 6 000 元，请计算该网店的销售利润率和成本利润率。

项目十

流量数据分析

项目导读

一个店铺能否生存下来，主要取决于它流量的多少。精准引流能带来事半功倍的效果。

学习目标

知识目标

- 掌握流量来源分析、流量质量评估、流量价值计算方法等
- 熟悉运营数据分析工具
- 了解爆款引流的关键因素和千人千面的原理

能力目标

- 能够准确分析店铺流量数据来源
- 能够对电子商务数据的流量来源、质量等方面进行分析，学会爆款引流的方法

素养目标

- 培养思辨能力，能够全面客观地评价相关流量数据
- 培养数据安全和数据真实的意识，注重保护隐私信息

案例导入

看 ADHUB 如何帮助三星精准引流助推转化

1. 项目背景

三星希望借助“双十一”这个关键营销节点，通过品牌曝光以及各项增值服务提升其品牌销量。

2. 投放节奏

测试期（10 月 16 日—10 月 20 日）：测试媒体、广告位、广告素材、文案、落地页、移动端广告资源位投放，测试出最好的广告展现形式。

调整期（10 月 23 日—10 月 31 日）：根据后台数据以及客户情况，重点投放转化率高的广告，不断优化投放定向条件，适时更新广告素材；同时进行备用流量准备。

蓄势期（11月1日—11月9日）：提量投放，定时优化广告素材，提升品牌曝光力度；同时进行备用流量准备。

爆发期（11月10日—11月12日）：加大投放力度，实现品牌曝光目标以及官网引流目标。

3. 投放策略

（1）大数据精准定向目标群体。

ADHUB通过机器学习、数据挖掘技术以及多重人群定向技术，并结合目前已累积的近10亿条的广告投放活跃数据，锁定三星核心目标群为18～45岁，对新闻、音乐、书籍、游戏等感兴趣的学生、白领、商务人士等，以此进行规模化目标人群覆盖，从而提高广告点击率，降低广告投放成本。

（2）优质品牌资源，行业对标资源全覆盖。

ADHUB针对品牌目标人群属性，合理制定品牌媒体资源包、兴趣人群媒体包、开屏资源包，以此保证“双十一”投放期间有足够的流量。

（3）多套广告创意素材，直击用户痛点。

通过对产品的精准分析以及市场环境的把握，ADHUB从三星手机的设计、功能及价格点出发进行广告创意素材亮点提炼，并配合信息流、开屏等广告展现形式，引导用户转化。

（4）投放实时优化，提升ROI转化。

ADHUB配合一站式赋能体系，采用智能化的广告投放系统，通过多维度的数据报表实时展现媒体流量数据和投放效果数据，自动给出优化建议，帮助运营人员提升投放能力，以此提升广告转化效果。

4. 投放详情

从投放数据看，72%的曝光量集中在11月7日—11月11日。参与媒体共计75家，其中Hero App（头部媒体）占比21%，轻媒体曝光量为3 691 451次（见图10-1）。

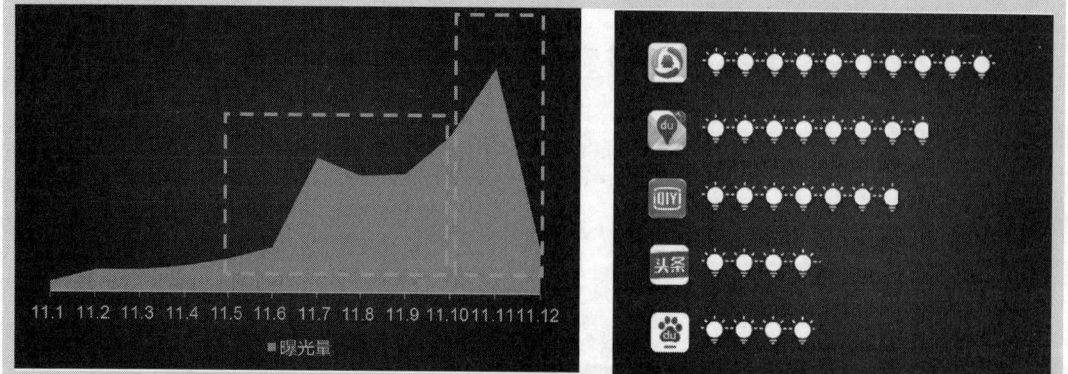

图10-1　“双十一”大促期间广告曝光量与媒体曝光量TOP5

由于本次活动为保价保量投放，所以在整个投放期间，CPC价格波动不大，大促当天才有2～3倍增幅（见图10－2）。

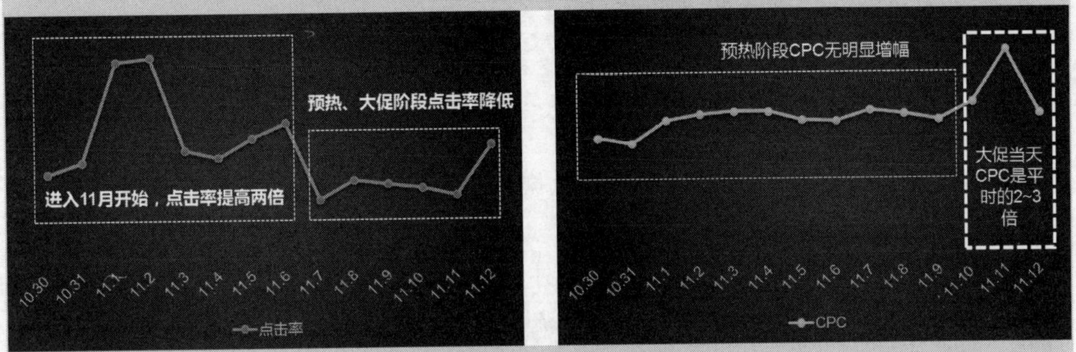

图10－2　“双十一”大促期间广告点击率及CPC趋势

针对“双十一”广告的投放，ADHUB提供多样化的广告形式，其中开屏及原生信息流占比超过50%（见图10－3）。

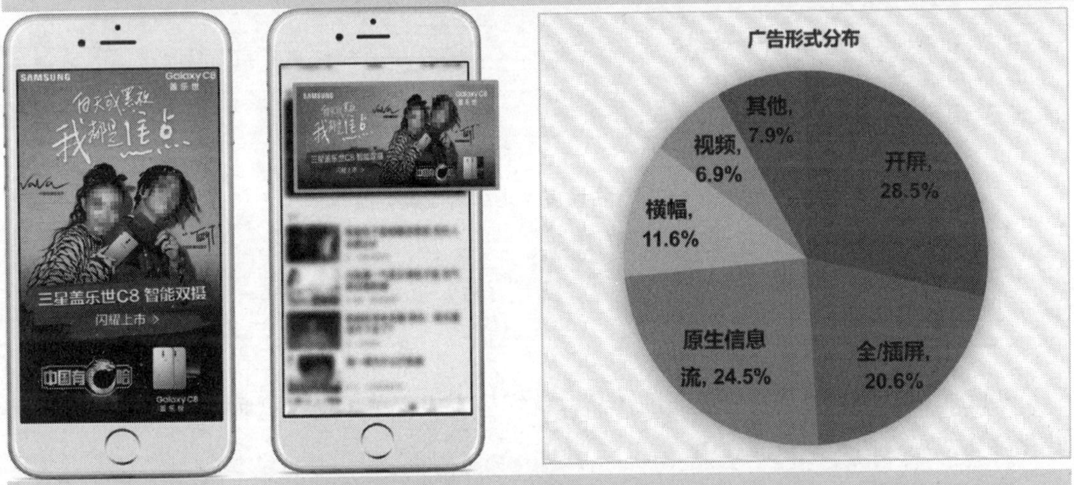

图10－3　广告形式表现

5. 投放效果

广告投放期间效果远超客户预期目标，总曝光量超3 000万次，超目标预期60%，总点击次数在100万次以上，超预期目标80%，广告点击成本维持在0.7元左右；最终实现总销售额超过2 400万元，产品收藏数超15 000个，订单增长率为23%，客单价比客户预期降低48%。

点评：三星借助“双十一”策划营销活动，利用技术对数据进行全面细致的分析，实现精准引流并大大促进转化。

任务一 流量来源分析

店铺的流量是其生存的根本。流量用数据表示；数据的分析首先要明确店铺流量的来源。

店铺流量根据渠道可分为站内流量和站外流量；根据终端类型可分为 PC 流量和无线流量。站内流量根据付费情况又可分为免费流量和付费流量。拼多多康乐零食小店数据流量如图 10－4 所示。

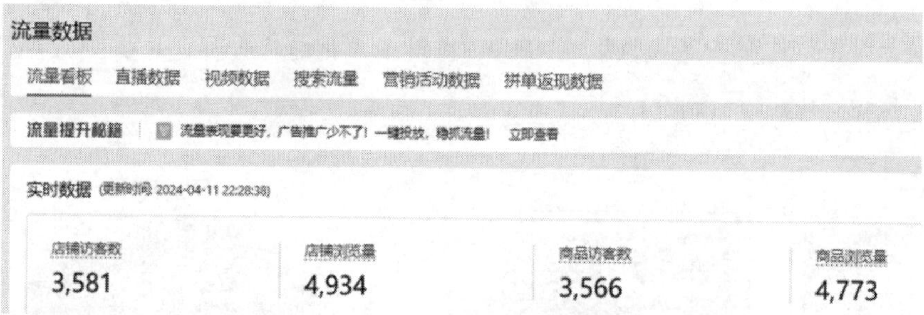

图 10－4　拼多多康乐小店流量数据

一、站内免费流量

（一）自然搜索流量

买家通过搜索来查找商家发布的产品，就容易生成订单。通过这种途径获得的流量和转化率高，买家回头率也高。

自然搜索流量的主要影响因素有宝贝的相关性、上下架时间、宝贝的权重、人气排名、转化率、收藏量等。

（二）自主访问流量

自主访问流量是买家主动访问店铺时产生的流量，其来源包括购物车、直接访问。这种流量稳定性好，成交转化率高，是所有流量中质量最高的流量。

（三）朋友圈访问

微信朋友圈分享是拼多多最直接、最简单的推广方法，商家可以通过将链接分享到朋友圈，推荐给身边的亲戚朋友，让他们购买。如果这些朋友对商品满意，他们也会推荐给自己的朋友，从而扩大推广圈，带来更多的流量和转化。

注意事项：在朋友圈发广告有被屏蔽的风险，不要直接发图片写介绍，可以发一些搞笑的图片来吸引人，巧妙插入软广告，或者发布简单的测试小游戏，让用户来选择，一般效果还是挺好的。

（四）拼多多补量

按照现在的趋势，如果拼多多规则不出现颠覆性变化，那么补量技术是最有效的，成本也是最低的。假设卖家想提升某一款宝贝的排名，但宝贝综合数据都落后于同行，如果卖家把各个维度数据都补到行业平均线上，那么拼多多给的排名会比平均线上的竞争对手高。

注意事项：拼多多优质补量数据可以在绝版概念、达摩快数等平台操作，但需要按一个周期一个周期去提升。另外，做补量数据不能用软件，因为很多软件采用假 IP 去做，现在拼多多对虚假数据的过滤有完善的规则，软件做的假数据都会被识别出来。

二、站内付费流量

站内付费流量是指卖家通过付费的方式获得的流量，其在店铺流量中占比越大就意味着商家的成本越高。

（一）直通车

直通车是按点击付费的效果营销工具，能实现宝贝的精准推广。

直通车推广在给宝贝带来曝光量的同时，精准的搜索匹配也给宝贝带来了精准的潜在买家。直通车推广用一个点击，让买家进入你的店铺，产生一次甚至多次的店铺内跳转流量，这种以点带面的关联效应可以降低整体推广的成本和提高整店的关联营销效果。

同时，直通车还给用户提供了首页热卖单品活动和各个频道的热卖单品活动以及不定期的拼多多平台各类资源整合的直通车用户专享活动。

（二）多多进宝

多多进宝是拼多多官方营销推广工具之一，相当于淘宝的淘宝客。商家可以在后台设置商品专享优惠券和商品佣金，而推手则接任务去推广商品获取佣金，最终帮商家达到销售的目的。

拼多多康乐零食店铺利用多多进宝近 7 天的推广效果如图 10－5 所示。

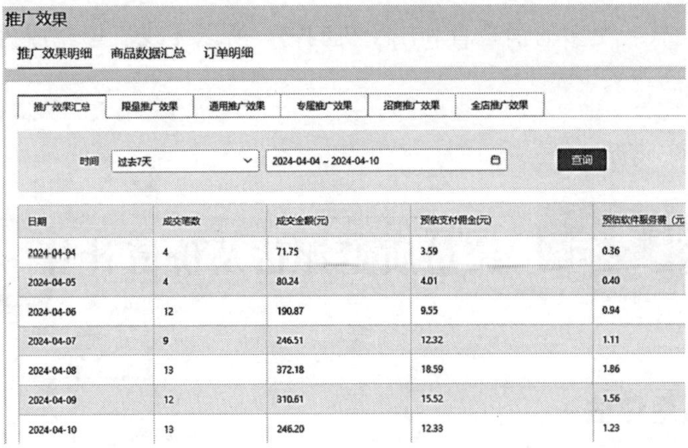

日期	成交笔数	成交金额(元)	预估支付佣金(元)	预估软件服务费（元
2024-04-04	4	71.75	3.59	0.36
2024-04-05	4	80.24	4.01	0.40
2024-04-06	12	190.87	9.55	0.94
2024-04-07	9	246.51	12.32	1.11
2024-04-08	13	372.18	18.59	1.86
2024-04-09	12	310.61	15.52	1.56
2024-04-10	13	246.20	12.33	1.23

图 10－5　近 7 天多多进宝推广效果

注意事项：该玩法对推广预算的要求较高，商家需储备较充足的推广资金，建议前期做好详细的阶段计划，后续的活动一定要跟上，且控制住后续的利润率，避免陷入亏损过多的不利境地。

（三）拼多多活动

拼多多活动是商家进行推广的首选，因为既能得到更多的曝光和免费流量，效果也比较好。但是除了新品推荐活动，想参加其余的活动都有一定难度。为了满足参加活动的条件，90％的商家都会想办法提高销量。

拼多多的营销活动如图 10－6 所示。

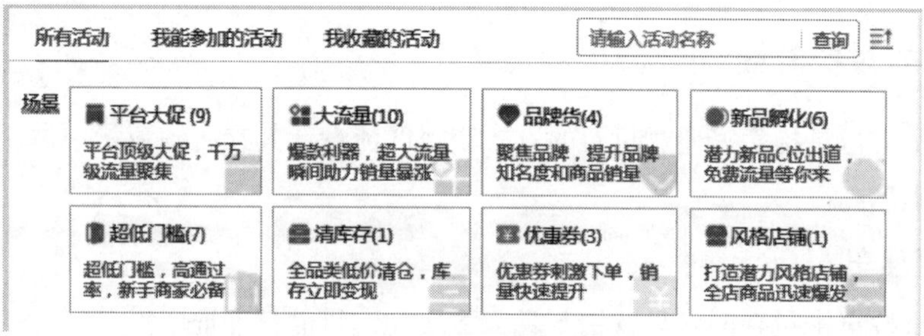

图 10－6　拼多多营销活动

注意事项：想提高销量一定要提前做优质补量数据。刚开始的新店，一定先让数据空跑几天，等数据沉淀后再去补销量，这样效果是最好的；因为正常的宝贝上架后是先有人浏览，然后才会有人下单；先做补量数据后刷销量，这个是正常的搜索逻辑。

三、站外流量

站外流量是指访客从拼多多以外的途径点击链接直接进入店铺所产生的流量。随着拼多多对店铺站外的流量越来越重视，获取更多站外流量就成为卖家关注的焦点。

站外流量主要来自各大知名网站，如百度、搜狗、新浪微博、腾讯微博等。

四、无线流量

移动互联网时代，更多的消费者利用手机购物，所以无线流量就成为流量来源的主要载体。

任务二　流量质量评估及价值计算

一、流量质量评估

流量质量评估的关键在于流量本身的有效性，看流量是否能带来价值。

（一）对流量进行评估时需要关注的几个重要指标

1. 免费流量与付费流量之比

免费流量是通过免费渠道获得的访客数，而付费流量是通过付费方式获得的访客数。

2. 真实流量占比

真实流量是除去虚假流量后的流量。

3. 有效流量

有效流量是登录网店后并非立即离开的这部分流量，并非是一定产生购买的流量，也可以是访问店铺后二次跳转的流量。

4. 高质量的流量

高质量的流量是指与网店有互动行为的流量，如收藏、咨询、浏览更多网页、下单、支付、加购等。

（二）流量质量的评估指标

通常采用转化率、活跃客户率和参与指数作为衡量流量有效性的指标。

1. 转化率

转化率是指流量带来的访客中成交客户的比例，它直接衡量流量的效果。

2. 活跃客户率

活跃客户率是指流量带来的访客中活跃客户的比例，它衡量流量的潜在价值。

3. 参与指数

参与指数是指一段时间内流量带来的访客平均访问网店的次数，它衡量流量带来的访客的黏性。

如果某个渠道带来的流量的以上三个指标都很高，那么流量就可以看成是高质量；如果某个渠道带来的流量在这三个指标上有高有低，那么就以转化率作为主要的衡量指标。

二、流量价值计算

店铺需要流量，很多卖家通过付费的方式获得很多流量，但这些流量是否有价值需要通过计算衡量。计算流量的价值，可以帮助卖家知道店铺整体流量的健康状态。

（一）获取数据

流量价值（UV价值）是指一波流量能带来多少交易金额。

流量价值计算公式：

流量价值＝流量产生的交易额/流量大小
＝访客数×转化率×客单价/访客数
＝转化率×客单价

根据公式，要计算流量价值需要获取的数据包括交易金额、访客数（转化率）和客单价。借助多多情报通的首页，可以查看店铺交易的待发货订单、今日成交金额、近30天的每天平均出货量、近30天的每天平均成交金额等相关数据，如图10-7所示。

图 10-7　多多情报通流量数据

（二）计算流量价值

获得计算流量价值所需要的数据之后，将数据输入 Excel 表格按照公式计算流量价值。

商家可以依据自己店铺的流量价值控制广告成本，如果商家表示要考虑 ROI，只需将直通车、钻石展位及其他类型广告的点击成本控制在流量价值以下即可。

任务三　爆款引流及千人千面

一、爆款引流

（一）爆款的概念

爆款是指人气指数极高、销售量很旺、供不应求的商品，也称为“牛品”“爆款商品”“爆款宝贝”“人气宝贝”“热卖商品”等。

（二）爆款的分类

爆款可以分为两种：引流爆款和盈利爆款。引流爆款也叫小爆款，盈利爆款也叫大爆款。从成本上说，引流爆款的利润比较低。

（三）打造爆款的步骤

1. 全盘分析

全盘分析是指对整个市场进行综合的考察分析。图 10-8 所示为拼多多康乐零食小店商品榜单情况。

商品数据

商品概况　商品明细　商品榜单

商品榜单⑦ (统计时间：2024-04-10)

访客榜Top10　涨幅榜　跌幅榜

排名	商品	访客数	较上周同日
1	ID：7078529739 【盐焗鸡蛋】众合食品…	1,175	421 ▲
2	ID：578572636382 正宗马来西亚咪咪虾条…	464	330 ▲
3	ID：492756378872 【朱二哥】110g*5包乡…	1,017	122 ▲
4	ID：460329997118 【金厨娘虎皮凤爪】独…	276	113 ▲
5	ID：580618207573 盆顶松多味翅尖微辣卤…	108	105 ▲
6	ID：247468321766 【众小合】盐焗鸡蛋酶…	170	82 ▲
7	ID：15432298269 【邬辣妈】手撕素肉卷…	134	77 ▲

支付榜Top10　涨幅榜　跌幅榜

排名	商品	成交额	较上周同日
1	ID：7078529739 【盐焗鸡蛋】众合食品…	7,849.02	2,976.41 ▲
2	ID：597558773470 沟帮子尹家罐鸡腿70g*…	1,817.22	1,570.61 ▲
3	ID：527362069267 亿家椰泡鸡掌25g/袋香…	1,090.22	1,008.24 ▲
4	ID：578572636382 正宗马来西亚咪咪虾条…	1,273.82	792.18 ▲
5	ID：580618207573 盆顶松多味翅尖微辣卤…	603.3	499.78 ▲
6	ID：247468321766 【众小合】盐焗鸡蛋酶…	489.39	372.04 ▲
7	ID：15432298269 【邬辣妈】手撕素肉卷…	415.7	247.49 ▲

图 10-8　康乐零食小店商品榜单

2. 选款

爆款的选择和推广是决定爆款成败的关键因素。是否能挑选出一个好的有潜质的商品作为爆款，直接关系到是否能成功打造出爆款。康乐零食小店涨幅榜商品如图 10-9 所示。

商品数据

商品概况　商品明细　商品榜单

商品榜单⑦ (统计时间：2024-04-10)

访客榜Top10　涨幅榜　跌幅榜

排名	商品	访客数	较上周同日
1	ID：7078529739 【盐焗鸡蛋】众合食品…	1,175	421 ▲
2	ID：578572636382 正宗马来西亚咪咪虾条…	464	330 ▲
3	ID：492756378872 【朱二哥】110g*5包乡…	1,017	122 ▲
4	ID：460329997118 【金厨娘虎皮凤爪】独…	276	113 ▲
5	ID：580618207573 盆顶松多味翅尖微辣卤…	108	105 ▲
6	ID：247468321766 【众小合】盐焗鸡蛋酶…	170	82 ▲
7	ID：15432298269 【邬辣妈】手撕素肉卷…	134	77 ▲

图 10-9　商品涨幅榜

3. 提炼卖点

提炼卖点可以从以下几方面入手：(1) 看市场容量；(2) 站在消费者的角度；(3) 拒绝含糊不清、定义模糊的字眼；(4) 文字简洁有力。

4. 定价

定价是爆款商品的标配。爆款商品初期定价一定要在同类商品中具有优势。被大家关注，该商品才有成为爆款的可能性。店家也可以在爆款商品下做关联购买的商品推荐，尽可能地吸引顾客组合要购买的商品，提升客单价。在选择爆款商品的时候，要把握好质量和盈利点，注重性价比。

5. 商品预热

商品预热阶段需要卖家具有丰富的电商销售经验以及对店铺后台的数据分析能力。在这一过程中，需要对店铺流量、宝贝被访排行、进店搜索关键词、客户咨询量、成交率和跳失率的变化等进行深入研究，最终通过预热所得到的数据确定宝贝的发展趋势，同时也为下一步宝贝的优化奠定基础。

6. 促销方式

爆款必须有自身的亮点，能够满足消费者的需求，而且要不断变换促销花样，增强商品和消费者的黏性，让消费者每天都有所期待。

7. 口碑营销

进行口碑营销比较快速的方式是抓住意见领袖，然后以“一朵云”带动“另一朵云”的方式影响广大消费者。

8. 商品优化

如果店铺整体流量少，就应该结合进店搜索关键词对宝贝标题进行优化，但不要偏离宝贝自身的属性，可以充分利用微信、微博、QQ 空间等推广方式。如果宝贝访问量低，就要确定宝贝在店铺中的区域，优化大标题。

9. 拓展商品

通过以上操作，宝贝就会成为小爆款、爆款。然后店铺内的其他宝贝也要进行更新、优化等，来提高通过爆款带来的访客的二次购买率和客单价。

在整个打造爆款的活动中，爆款其实是在扮演一个“催化剂”的角色，可以为店铺吸引更多的流量，把将要“爆款”的商品更好地呈现在消费者面前，刺激消费者的购买欲望，促进成交。

二、千人千面

千人千面是指基于拼多多平台庞大的数据库，构建出买家的兴趣模型，再从细分类目中抓取那些特征与买家兴趣点匹配的推广宝贝，将其展现在目标客户浏览的网页上，帮助店铺锁定潜在买家，实现精准营销。拼多多的千人千面流量展示的规则包括两种场景：搜索和类目。

（一）搜索的千人千面

拼多多搜索引擎的原理并不复杂，它就是把很多种算法集合在一起，就跟一个空光盘一样，你给它什么，它就给你展示什么。等给的东西足够多了，它就好像懂得你一样，可以进行个性化的推荐。

目前拼多多搜索排名还是以个性化推荐为主，也会按照权重排序进行展示。第二到第六个位置就是个性化展示位置。

（二）类目的千人千面

类目排名一直是拼多多主要的流量入口，但实际上之前的类目排名规则很简单。

类目排名流量很大，但是类目排名只有前100才有流量，后面的都没什么流量。因为一方面买家一般只看前几页的展现内容，另一方面是因为买家的需求不一样。比如有的人点开女装这个大类，只想看连衣裙，但发现有很多T恤在里面，不想看就一下关掉App，造成App访问深度低。

拼多多未来的流量分发方向主要是流量碎片化，推荐式流量加重。这也是每个平台的发展方向，把流量拆得足够散，就可以卖更多的广告位置，但是卖家就更加不好控制流量。

项目小结

本项目主要介绍了流量数据分析的相关知识，包括流量来源分析、流量质量评估、流量价值计算、爆款引流和千人千面。流量数据分析是互联网运营中非常关键的一环，它涉及对网站、App或其他在线平台的访问量、用户行为等数据的深入挖掘和分析，以优化运营策略、提升用户体验和增加用户留存率。在这个过程中，可以有机地融入素养元素，从而培养学生的综合素质和社会责任感。

实训活动

设置商品上下架时间。

任务要求：

选择一家网上店铺，对网店最近一个月的店铺访客时段分布数据、行业买家来访时段分布数据、店铺竞争实力及竞品上架时段进行分析，合理设置商品上下架时间。

思考与练习

一、判断题

1. 店铺的流量是一个店铺生存的根本。（　　）

2. 根据终端的不同，可以分为站内流量和站外流量；站内流量根据付费情况又可分

为免费流量和付费流量。（　　）

3. 客户通过搜索来查找商家发布的产品，很难生成订单。（　　）

4. 自主访问流量是买家主动访问店铺时产生的流量。（　　）

5. 微信朋友圈分享是拼多多最直接、最简单的推广方法。（　　）

6. 站内付费流量是指卖家通过付费的方式获得的流量，其在店铺流量中占比越大就意味着商家的成本越低。（　　）

7. 直通车是按浏览付费的效果营销工具，能实现宝贝的精准推广。（　　）

8. 多多进宝是拼多多官方营销推广工具之一，不同于淘宝的淘宝客。（　　）

9. 站外流量主要来自各大知名网站，如百度、搜狗、新浪微博、腾讯微博等。（　　）

10. 移动互联网时代，更多的消费者选用手机购物，所以无线流量就成为流量来源的主要载体。（　　）

二、单项选择题

1.（　　）是除去虚假流量后的流量。

A. 免费流量　　B. 真实流量

C. 有效流量　　D. 高质量的流量

2. 通常采用（　　）、活跃客户率和参与指数作为衡量流量有效性的指标。

A. 免费流量　　B. 转化率

C. 有效流量　　D. 真实流量占比

3.（　　）指的是一个流量能带来多少交易金额。

A. 活跃客户率　　B. 被访问商品数

C. 参与指数　　D. 流量价值

4.（　　）指的是人气指数极高、销售量很旺、供不应求的商品。

A. 旧品　　B. 爆款

C. 新品　　D. 活动商品

5.（　　）一直是拼多多主要的流量入口，但实际上之前的类目排名规则很简单。

A. 店铺首页　　B. 付费排名

C. 类目排名　　D. 自然排名

三、简答题

1. 流量的来源有哪些？

2. 如何打造爆款？

项目十一
转化数据分析

项目导读

一个网店有了流量，接下来就该考虑如何转化成交了。只有提高流量的转化率，商家才能获取利润。

学习目标

知识目标

● 掌握电商转化率、成交转化漏斗模型、转化路径、转化率分析指标等概念及相互关系

● 熟悉电子商务数据分析中影响转化率的因素

● 了解直通车转化的电子商务数据分析服务

能力目标

● 能够准确识别电商转化率、成交转化漏斗模型、转化路径、转化率分析指标、影响转化率的因素、直通车转化的信息和关系

● 能够对直通车转化方法和工具进行初步设计

素养目标

● 培养辨析比较能力，能够全面客观地评价相关概念的内容和含义

● 培养在数据分析方面的实事求是意识

案例导入

京东平台服务会员的高转化率

京东平台实施创新的会员服务计划、成功提升了会员的转化率和忠诚度计划。该计划以个性化推荐和精准营销为核心，利用大数据分析和人工智能技术，对会员的购物行为、偏好和需求进行深入挖掘。

在这个计划中，京东平台首先根据会员的历史购物记录、浏览行为以及搜索关键词等数据，为每个会员构建了详细的用户画像。基于这些画像，平台能够为会员提供个性化的商品推荐和购物指南，确保每个会员在浏览京东时都能看到自己感兴趣的产品和优惠信息。

此外，京东平台还通过会员专享权益、积分兑换、会员日活动等方式，进一步激发会员的购物热情。例如，会员在特定时间段内购物可以享受额外的折扣或积分返还，或者在会员日参与专属活动赢取丰厚奖品。这些权益和活动不仅增加了会员的购物乐趣，还提高了他们的转化率和复购率。

为了提升会员的购物体验，京东平台还不断优化其服务流程和技术支持。例如，平台提供了便捷的退换货服务、快速的物流配送以及优质的售后服务，确保会员在购物过程中能够享受到无忧的购物体验。同时，京东还通过智能客服系统、在线客服等渠道为会员提供及时、专业的咨询和解答服务，帮助他们解决购物过程中遇到的问题。

通过这一系列的措施，京东平台成功提升了会员的转化率和忠诚度。许多会员表示，在京东购物不仅方便快捷，还能享受到个性化的推荐和专享权益，让他们更愿意在京东平台进行购物。同时，这些措施也为京东带来了更高的销售额和更稳定的客户基础，进一步巩固了其在电商市场的领先地位。

点评：京东平台通过深入了解会员需求、提供个性化服务以及优化购物体验等方式，实现服务会员的高转化率。这些策略不仅提升了会员的满意度和忠诚度，还为京东的持续发展奠定了坚实的基础。网店有了流量，没有成交，也是不行的。一个店铺流量转化率的大小与店铺的装修、宝贝详情页的设计、商品描述、商品定价等有关。

任务一 电商转化

一、转化的相关概述

转化率是指在一个统计周期内，完成转化行为的次数占推广信息总点击次数的比率。转化率高说明进店的客户中成交交易的人数比例高。

从销量和利润公式中，可以看出转化率的重要性。

销量＝流量×购买转化率

利润＝进店人数×购买转化率×客单价×净利润率

二、成交转化漏斗模型

从展现到成交，转化漏斗模型有五个关键步骤，分别是展现、点击、浏览、咨询、订单，如图 11-1 所示。

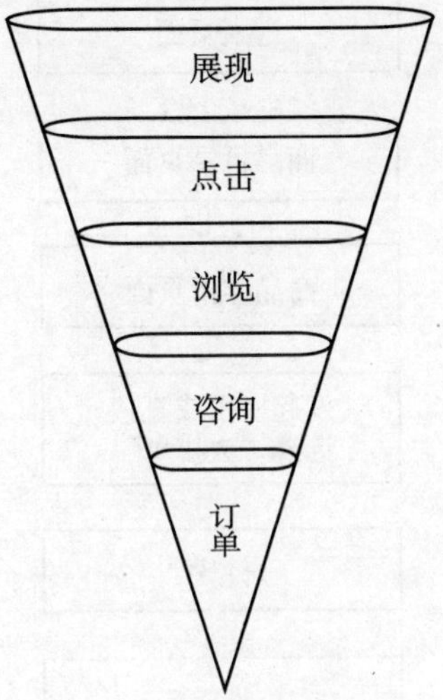

图 11-1　成交转化漏斗模型

（一）展现

展现就是商家推广的信息要让客户看到。展现量与下列因素有关：（1）匹配模式；（2）关键词排名；（3）关键词的数量；（4）推广的时间长短；（5）推广地域；（6）推广预算。

（二）点击

当商家或宝贝的关键词得到足够多的展现时，就要考虑怎样才能吸引客户去点击推广信息。在做搜索引擎优化推广时，要考虑三个关键因素：第一，主图的创意度；第二，关键词与主图创意度的相关性；第三，账户结构。账户结构很重要，需要合理设置推广计划和推广单元。

（三）浏览

客户只有点击商家或宝贝的推广信息时，才算访问到商家的店铺首页或宝贝页面。这主要与网站的访问速度和网页是否打开有关，还与宝贝详情页的设计有关。

（四）咨询

客户是否会产生购买欲望而去咨询，主要和以下因素有关：一是关键词与登录页面的相关性；二是登录页面内容是否满足客户的需求；三是登录页面的体验。

（五）订单

是否达成订单，主要看客服的能力和水平：一是客服的回应速度；二是客服的服务态度；三是客服的专业性。

三、转化路径

以拼多多康乐零食小店为例，一般的客户购物路径如图 11-2 所示。

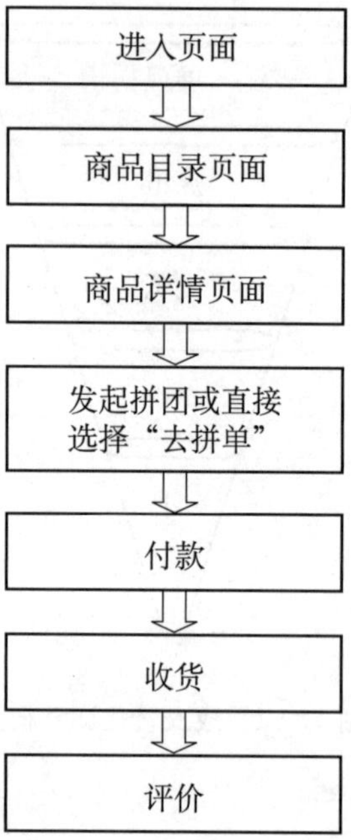

图 11－2　一般的客户购物路径

（一）进入页面

客户访问的每一步，都有可能流失，尤其是客户浏览的第一个页面（即登录页），流失率往往很高，这是因为有的访客是被广告诱导进入的，进来后发现内容和预期不符从而跳走。登录页关注的指标是跳失率和点击率（或收藏率）。

（二）商品目录页面

客户在网店首页采用店内搜索的方式搜索商品，就会进入搜索结果页，该页面包含一个搜索结果的列表，也就是商品目录。如果搜索结果页不能满足搜索者的需求，他就会跳失；相反，如果搜索者在该页面能找到自己所需的产品，就会点击该商品，从而访问该商品的详情页。如图 11－3 所示为拼多多康乐零食小店的目录页面。

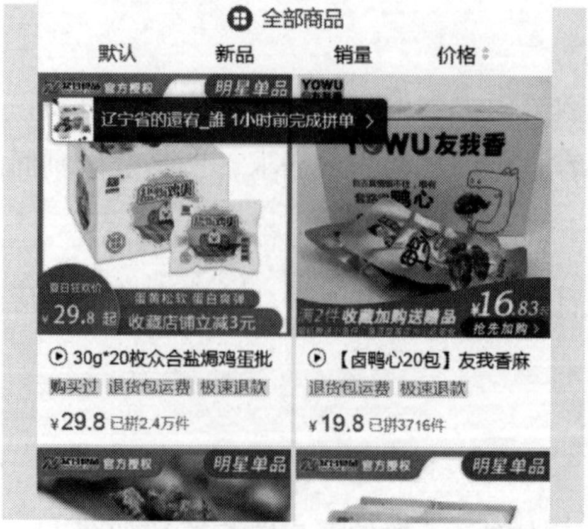

图 11－3　康乐零食小店的目录页面

（三）商品详情页面

客户到达商品详情页后，如果该页面不符合客户的浏览习惯，店铺装修不够真实、美观，定价过高，购买者评价不好等，也会影响该客户的下单决策，造成客户流失。图 11－4 为康乐零食小店某商品的详情页。

图 11－4　单品详情页

（四）发起拼团或直接选择“去拼单”

客户浏览完详情页后，感觉满意，就会“发起拼单”或者选择“去拼单”，但此刻如果客户有其他想法，也不会立即购买，也会跳失。

（五）付款

客户支付货款，拼单成功，买卖双方达成交易，但这也不意味着交易完成，因为从成交到交易完成还需要物流配送、客户签收等环节。

（六）收货

客户收货并签收，买卖双方交易完成。

（七）评价

客户评价会影响其他客户的购买决定。图 11－5 为康乐零食小店某商品的客户评价页。

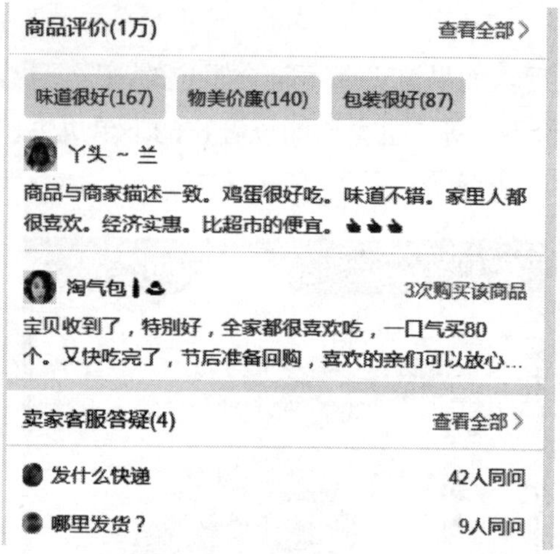

图 11－5　客户评价页

任务二　转化率分析指标及影响因素

一、转化率分析指标

从展现开始到商品成交的转化过程中，常用的指标有点击率、跳失率、有效入店率、详情页跳出率、咨询率、咨询转化率、静默转化率、加购转化率等。

（一）点击率

点击率是指统计周期内，网店展示内容被点击次数与被显示次数之比；反映了网页上某一内容的受关注程度，经常用来衡量广告的吸引程度。

点击率＝网店展示内容被点击的次数/被显示次数

（二）跳失率

跳失率，是指顾客通过相应入口进入，只访问了一个页面就离开的访问次数占该页面总访问次数的比例。

（三）有效入店率

有效入店人数是指访问店铺至少两个页面才离开的访客数。当访客到达店铺后，进行直接点击商品详情页、收藏店铺、客服咨询、加入购物车、立即订购后才离开店铺等的操作，都属于有效入店。有效入店率即有效入店人数与访客数之比。

访客数＝有效入店人数＋跳失人数

有效入店率＝有效入店人数/访客数

（四）详情页跳出率

详情页跳出率是指统计周期内，访客在详情页中没有发生点击行为的人数与访客数之比，该数值越低越好。

详情页跳出率=1－点击详情页人数/详情页访客数

（五）咨询率

咨询率是指统计周期内，访客中发起咨询的人数占比。访客发起咨询说明访客对该商品有了购买意愿。

咨询率=咨询人数/访客数

（六）咨询转化率

咨询转化率=下单客户数/总咨询量

（七）静默转化率

静默转化是指访客进入店铺后没有咨询客服，自发下单购买商品。静默转化率即静默成交人数与访客数之比。

静默转化率=静默成交人数/访客数

（八）加购转化率

加购转化率是指统计周期内，加购物车人数占访客数的比率。

二、影响转化率的因素

影响转化率的因素有以下几点。

（一）整体的市场行情趋势影响

整体市场环境会影响转化率。受整个行业的转化趋势的影响比较大的产品，从行业大盘可以看得出来。

（二）主图、文案和详情页

电商平台，用一句通俗的话来说，就是卖图片的，可见图片的重要性。所以卖家要使主图突出产品特色才具有吸引力，文案要将产品的卖点和消费者痛点都给提炼出来。至于详情页，若是对公司实力没有详细介绍，既不能增加客户的信任感，也很难增加订单量。因此，在制作详情页时一定要体现公司实力。

（三）价格的定位

如果想定位好价格，就必须考察多家竞争对手。把竞争对手的优缺点列出来，进行分解，告诉客户我的产品为什么要卖这个价格。如果是同质化的产品，在想要提高转化率的时候就进行一定的让利来吸引客户，薄利多销。

（四）流量是否精确

引流的方法有各种各样，无论是自然搜索还是付费搜索，需要吸引到精准消费者才有机会提高成交率。要对店铺做好定位，产品要有特色，产品质量必须过关，一旦产品定位不明确，质量不行就会影响二次销售，消费者进店不精准也会导致直接的转化问题。当然标题的关键词不精准也会造成流量不精准，可以多添加长尾关键词，匹配精准买家。

关键词可以从以下几个途径找到：（1）百度指数；（2）搜索框下拉栏；（3）生意参谋；（4）BSR 的动态评分。BSR 评分通过产品与描述相符性、响应速度、发货速度、回头率等展现店铺综合运营实力情况。

（五）买家保障

7 天以上的无理由退货时间的承诺，或者 15 天甚至更长时间的承诺，前提是要明确条件。客户一般在收到产品的当天和隔天就知道自己是否需要退换。

（六）客服咨询转化及维护老客户的能力

高水平客服和普通客服的咨询转化能力是有很大差别的，如何把路人粉都转化为忠实店铺粉丝也是需要客服来把控的，所以现在很多商家都会对客服进行产品知识、物流体系、售前售后、营销技巧等系统的培训。

（七）自身营销活动及竞争对手经营环境变化

营销活动包括官方活动，以及店铺的营销活动（满优惠、限时促销、优惠券等）。竞争对手报名参加活动及促销降价让利活动，抢占市场份额，会影响转化，如别人比你更优惠，买你东西的人肯定就少了。一个优秀的运营人员要经常去看竞争对手有什么样的经营策略变化，自己也要进行相应的调整。

任务三 直通车转化分析

一、拼多多直通车的概念

（一）概念

拼多多直通车的目的就是推广宝贝。商家可以通过设置直通车关键词出价和商品出价参与竞价，在拼多多的类目频道首页和搜索结果页获得靠前的位置，使商品被更多的买家看到，同时也能为店铺的其他商品增加展示机会。图 11－6 为拼多多康乐零食小店的直通车推广页面。

（二）拼多多直通车竞价公式

实际出价＝下一名的出价×下一名的质量得分/自己的质量得分＋0.01

（三）直通车点击转化率

直通车点击转化率是指直通车点击在 15 天内转化成交的比例。

直通车点击转化率＝总成交笔数/点击量

图 11-6　拼多多直通车推广

二、拼多多直通车的推广原理

拼多多直通车的推广原理是卖家设置关键词，建立推广计划，并对推广宝贝进行排名展示，通过宝贝的点击率，促进转化，提升店铺销量。

（一）推广计划

（1）正在实施的推广计划可以手动暂停，若达到限额或余额不足，系统会自动暂停。

（2）手动暂停的推广计划可以点击启动，对于达到限额的可以修改限额，计划自动启动；对于账户余额不足的，充值后计划自动启动。

（3）编辑推广商品的点击价格和关键词出价，价格需符合发布规范。

（4）选择列表或搜索选择商品加入计划，若删除宝贝后，宝贝将停止推广。

（5）为添加的宝贝选择合适的关键词，并设置出价，可批量修改出价，出价范围需在0.1～99元。

（6）核对添加的商品推广计划中的基本信息与关键词等，确认无误后点击发布。

对于无法删除的产品，可以先添加产品，再进行删除，因为计划内只有1个产品时不支持此操作。

（二）功能

（1）商家配置推广计划、设置推广商品点击价格和关键词出价后，通过系统综合计算，获得推广商品的展示机会。

（2）商家还可以通过推广拼多多商品，提高商品的曝光率和点击率，促进交易转化，进而提升拼多多店铺的销量。

（三）扣费规则

店铺推广的展示分为推荐场景和搜索场景，按单次扣费。推荐场景下商品单次点击按商品点击价扣费；搜索（关键词）场景下商品单次点击按关键词出价扣费。一个买家点击同一个产品多次也只算一次点击，虚假点击将被系统过滤，不计扣费。

【实例】

直通车提升转化率的操作思路

商家简介：家居日用品，店铺小类目较多

问题描述：宝贝分类有些杂乱，店铺整体流量不高，转化率一般

实现效果：接手一个多月，直通车转化率翻倍

对于整个店铺来说，影响转化率的因素有很多，店铺售前、商品详情、评价、动态评分等都会影响客户下单。单对于直通车的转化来讲，直通车是一个精准引流工具，想要提升转化率，首先是关键词要精准；其次是人群定位要准确；最后是需要不断地开拓流量。下面是这个店铺直通车的操作思路。

（1）店铺介绍。

这个店铺是经营家居饰品的，大部分产品是木质海洋系列的摆件和挂件。之前店铺掌柜断断续续做过直通车推广，但是基本是批量出价，关键词加的较多，但好多是不相关的词，日限额在 80 到 150，投产比基本在 1 和 2 之间，转化率在 4 左右。我接手之后主要针对之前的计划进行优化，由于之前的计划断断续续又缺少打理，因此另外新开一个计划，测试两款宝贝，做主推。

我接手一个月之后，直通车转化率和投产比相对有了提升，成交金额有所上升，店铺的整体排名趋势处于不断上升状态。

（2）主推款选词。

在宝贝的选择上，参考掌柜的意见选择了一款宝贝，计划的日限额都不高，不到 100 元。选择关键词是十分重要的，添加的关键词也会影响到店铺宝贝的人群标签，所以我们需要先熟悉要推广的宝贝。我的思路是如果我想买这款宝贝，我会怎么去搜这个宝贝，会想到哪些搜索词，然后在拼多多首页搜索，看搜出的宝贝和所要推广的宝贝是否符合，如果符合，再根据拼多多搜索下拉框的关键词来进行添加。

通过流量解析关键词的市场情况，分析一年中淡旺季展现和转化的情况，之后进行添加筛选，留下符合宝贝属性和市场反馈较好的词。

单靠一个主推宝贝，流量肯定是不够。要想给店铺拓展更多的流量，在日限额不多的情况下，就需要多款宝贝来为店铺引流。在掌柜之前开的计划的基础上，优化这几款宝贝，先分析宝贝的属性，通过分析之前的数据，发现之前计划里的关键词较乱，这样也会造成人群标签模糊不清，经过重新梳理，删减无用的关键词，更新关键词优化计划。

（3）人群投放。

设置完关键词，对人群也需要做一个测试，意向人群下单的概率才会比较大。首先根

据生意参谋数据反馈，分析店铺人群。店铺的预算不多，主推计划是每天 80 元，如果人群消耗太多会影响店铺的预算。所以刚开始是一部分一部分来测试，经过一段时间的数据反馈，把 PPC 较高、花费较多、投产较差的人群删掉，后面再测试下一批人群，这样逐步来精准投放人群。

通过访客分析来设置直通车投放人群，经过一段时间的观察，再进行优化。

(4) 店铺流量。

直通车作为一个精准引流工具，它能够带动店铺流量。刚开始直通车带动的效果还不是特别明显，但是后来对店铺的自然搜索量是有一定提升的。现在的主要付费流量是直通车，后期根据店铺的情况，还可以开通其他流量端口为店铺开拓流量。要想提升转化，首先要有访客，之后才会有可能让店铺有转化，当然店铺宝贝本身的质量要好，如果质量不好导致差评退款较多，会影响转化，那店铺流量再多，转化也不会太好。

总结：

店铺的转化率影响店铺的成交量、销售额，本质即店铺宝贝需要有高质量。只有宝贝质量好，店铺的引流才有意义，才能带来成交转化，以此再来不断地扩大流量端口，提升店铺的成交额。

项目小结

本项目主要介绍了电商转化率、成交转化漏斗模型、转化路径、转化率分析指标、影响转化率的因素、直通车转化分析等。电商领域中，转化率、成交转化漏斗模型、转化路径、转化率分析指标、影响转化率的因素以及直通车转化分析都是非常重要的概念，它们对于提升电商平台的销售业绩和用户满意度具有关键作用。

实训活动

在一家网店选择一个跳失率较高的商品，获取该商品详情页装修的各个元素与客户的点击情况、该商品的转化情况和转化因素检测情况、流量来源和去向、引流关键词效果、销售趋势、访客特征等，然后对数据进行分析，挖掘出客户的偏好，再在此基础上提出优化方案，促进转化率的提升，并撰写出《××网店××商品详情页装修分析报告》。

思考与练习

一、判断题

1. 转化率是指在一个统计周期内，完成转化行为的次数占推广信息总点击次数的比率。转化率高说明进店的客户中成交的人数比例高。(　　)

2. 从展现到成交，转化漏斗模型有五个关键步骤，分别是展现、点击、浏览、咨询、订单。(　　)

3. 当客户点击商家或宝贝的推广信息时，才算访问到商家的店铺首页或宝贝页面。这主要与网站的访问速度和网页是否打开有关，还与宝贝详情页的设计有关。（　　）

4. 客户是否会产生购买欲望而去咨询，主要和以下因素有关：一是关键词与登录页面的相关性；二是登录页面内容是否满足客户的需求；三是登录页面的体验。（　　）

5. 是否达成订单，主要看客服的能力和话术：一是客服的回应速度；二是客服的服务态度；三是客服的专业性。（　　）

6. 客户访问的每一步，都有可能流失，尤其是客户浏览的第一个页面（即登录页），流失率往往很高。（　　）

7. 客户在网店首页采用店内搜索的方式搜索商品，就会进入搜索结果页。该页面包含一个搜索结果的列表，也就是商品详情页。（　　）

8. 客户到达商品详情页后，如果该页面不符合客户的浏览习惯，店铺装修不够真实、美观，定价过高，购买者评价不好等，会影响该客户的下单决策，造成客户流失。（　　）

9. 客户浏览完详情页后，感觉满意，就会“发起拼单”或者选择“去拼单”，此刻客户即使有其他想法，也会立即购买，不会跳失。（　　）

10. 客户支付货款，拼单成功，买卖双方达成交易，这意味着交易完成。（　　）

二、单项选择题

1. （　　）是指统计周期内，网店展示内容被点击次数与被显示次数之比。

A. 有效入店率　　B. 跳失率
C. 点击率　　D. 流量

2. （　　）是指访客进入店铺后没有咨询客服，自发下单购买商品。

A. 咨询转化率　　B. 静默转化
C. 有效转化　　D. 加购转化率

3. （　　）是指直通车点击在 15 天内转化成交的比例。

A. 活跃客户率　　B. 直通车访问商品数
C. 参与指数　　D. 直通车点击转化率

4. 客户在网店首页采用店内搜索的方式搜索商品，就会进入搜索结果页，该页面包含一个搜索结果的列表，也就是（　　）。

A. 首页　　B. 商品目录
C. 商品详情页　　D. 活动商品页

三、简答题

1. 简述咨询转化的产生过程。

2. 影响访客购物体验的因素有哪些？

项目十二
客单价数据分析

项目导读

对于网店商家来说，如何提升客单价实现店铺利润最大化是它们关注的核心问题。在流量相同的情况下，客单价越高，销售额越高。

学习目标

知识目标

- 掌握电子商务数据分析中客单价的概念和计算方法
- 熟悉电子商务数据分析中影响客单价的因素和客单价的分析指标
- 了解客单价在电子商务数据分析中的影响力

能力目标

- 能够准确识别电子商务数据分析中客单价的概念和计算方法
- 能够对电子商务数据分析中客单价的影响因素进行初步了解

素养目标

- 培养诚信经营的意识
- 培养合理定价的思想

案例导入

一单成交30万美元

一个年轻人去应聘一家百货公司的导购职位。老板问他："你以前做过导购吗？"他回答说："我以前是村里挨家挨户推销的小贩子。"

老板喜欢他的机灵："你明天可以来上班了。等下班的时候，我会来看一下。"第二天快下班的时候，老板来了。

老板问他："你今天做了几单买卖？""一单。"年轻人回答说。"只有一单？"老板吃惊地说："我们这儿的导购一天基本上可以完成20到30单生意呢。一单卖了多少钱？"

"300 000美元！"年轻人回答道。"怎么卖到那么多钱？"老板问。

“是这样的。”年轻人说：“一个男士进来买东西，我先卖给他一个小号渔钩，然后是中号的渔钩，最后是大号的渔钩。接着又卖给他小号的渔线、中号的渔线，最后是大号的渔线。我问他上哪钓鱼，他说海边。我建议他买条船，所以我带他到卖船的专柜，卖给他长 20 英尺（约 6 米）有两个发动机的帆船。然后他说他的大众牌汽车拖不动这么大的船，于是我带他到汽车销售区，卖给他一辆丰田豪华型‘巡洋舰’。”

老板后退两步，几乎难以置信地问道：“一个顾客仅仅来买个渔钩，你就能卖给他这么多东西?”“不是的。”年轻人回答道：“他是来给他的妻子买卫生巾的。我就告诉他‘您的周末算是毁了，为啥不去钓鱼呢’?”

点评：一个普通的小伙子能够在一天的时间里达到这么高的销售额，其实客流量没有改变，接单率也并不高，但销售额却高得惊人，原因是提高了客单价。

任务一 客单价的相关概述

一、客单价的概念

客单价（Per Customer Transaction）是指每个顾客平均购买商品的金额，即平均交易金额。

客单价的计算公式：

客单价=销售总额÷顾客总数

或者：

客单价=销售总额÷成交总笔数

或者：

客单价=商品平均单价×每个顾客平均购买商品个数

或者：

客单价=日均客单价×复购率

或者：

客单价=动线长度×停留率×注目率×购买率×购买个数×商品单价

二、客单价的影响因素

（一）商品类目的广度和深度

商品类目的广度是指店铺经营的商品类目的数量。店铺经营商品类目的广度越广，商家的选择余地越大。商品类目的深度是指一个商品类目下的 SKU 数。商品类目的深度能反映一家店铺的专业程度，类目下所涵盖的 SKU 数越多，表示店铺越专业，访客越容易精准找到自己所需要的商品。

（二）关联推荐

关联推荐是指通过向消费者推荐关联商品，促使其在店铺对多种商品产生兴趣，并最终购买多种商品的一种营销行为。

（三）促销活动

通过促销活动促成客户购买原本不想购买的产品，就能体现促销活动对提升客单价的作用。提高客单价常见的促销活动有捆绑销售、买赠活动、降价促销、套餐搭配、店铺优惠券等。

（四）推销技巧

推销的关键在客服的能力，商家要想通过客服提高客单价，其绩效考核制度也要与之配套。

（五）客户购买能力

客户购买能力是指客户购买商品的支付能力。客户对商品的需求和爱好与其购买能力有很大关系。

（六）重复购买

销售人员要维护好客户，对客户进行深度开发，争取客户进行多次消费。

任务二　客单价的分析指标

一、客单价的分析指标

根据客单价的计算公式，作为顾客店内购买行为结果的客单价，一般包含 6 个关键要素：动线长度、停留率、注目率、购买率、购买个数和商品单价，如图 12－1 所示。

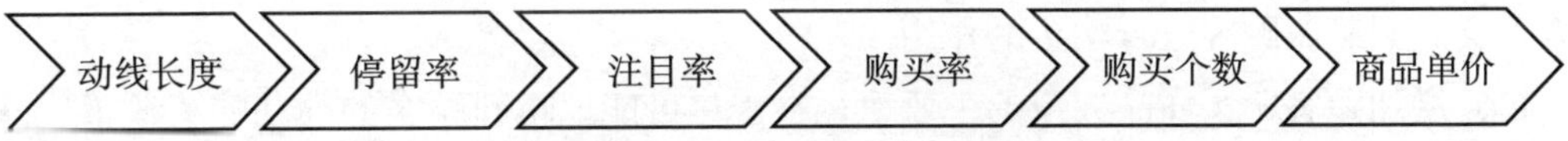

图 12－1　客单价的分析指标

（一）动线长度

动线指的是顾客的行为路径。动线长度是指动线上陈列的不同商品的数量。通过合理的商品布局和元素组合，引导顾客按照尽可能长的浏览路径，付出尽可能多的停留时间，以达到事先设定的运营指标。

（二）停留率

当顾客在商品详情页停留并仔细浏览商品信息时，就产生了实际的购买动机。所以网店在装修的时候，需要考虑登录页的选择、详情页的设计、关联推荐、促销活动、分类页的设计、首页导航、商品展示方式等内容。

停留率=总停留次数/动线长度

（三）注目率

注目率是指商品在网店中吸引顾客目光的能力或者称为视线控制能力。

注目率=注目次数/总停留次数

（四）购买率

购买率指顾客购买次数与总注目次数的比值。

购买率=购买次数/总注目次数

（五）购买个数

顾客购买商品的数量越多，其客单价也就越高。

（六）商品单价

顾客购买商品的单价越高，其客单价也就越高。

二、提高客单价的策略

商家可以根据以上六个关键指标，采取具体的、可操作的营销方法来提高客单价。

（1）商品的性质及商品在店内的位置是决定顾客浏览路径长短、停留时间长短的主要原因，在进行店内通路设计时，要注意商品的整体布局。

（2）顾客在店内只浏览，对于商家不会产生任何生产性。只有当顾客在商品详情页停留并关注商品信息时，才能产生实际的购买动机。

（3）为了提高视线控制能力，商家更新设计包装、美化商品详情页等，以期吸引更多顾客的目光。

（4）如果停留下来的顾客中断购买决策或者延期购买，停留就变得毫无意义。因此，按顾客的购买习惯合理地配置商品、商品色彩的组合、商品的陈列方式、广告的形式和内容等都会起到刺激顾客进行购买的作用。

（5）增加顾客购买商品数量的主要途径在于尽可能地唤起顾客的冲动购买欲望。商家可以通过大量陈列，关联陈列，促销广告，品牌商品、新商品、季节商品和特卖品的合理配置等，唤起顾客的兴趣与注意，刺激顾客的联想购买和冲动购买。

（6）提高顾客购买商品的单价主要取决于企业的价格政策、价格带的合理配置、商品陈列的位置及商品的质量等。

目前，网购基本采用电子支付的方式，这为商家经营技术的研究和开发提供了实证分析的可能。只有以电子支付数据为基础，进行精确化管理和店铺经营方法的设计，才能使客单价在商家可控制的范围内得到稳步的提高。

项目小结

本项目主要介绍了客单价的基本概念和计算方法、客单价的影响因素和客单价的分析指标。客单价是衡量商业效益的重要指标，对于提升店铺经营效率和提高顾客满意度有重要意义。将素养元素融入客单价的分析中，不仅可以加深对这一指标的理解，还可以培养学生的社会责任感和职业道德。

实训活动

为自己的网店设计一个以提升客单价为目的的促销活动方案。

思考与练习

一、判断题

1. 客单价是指每个顾客平均购买商品的金额，即平均交易金额。(　　)

2. 商品类目的广度是指店铺经营的商品类目的数量。店铺经营商品类目的广度越广，商家的选择余地越大。(　　)

3. 关联推荐是指通过向消费者推荐关联商品，促使其在购物中心对多种商品产生兴趣，并最终购买多种商品的一种营销行为。(　　)

4. 客户购买能力是指客户购买商品的支付能力。客户对商品的需求和爱好与其购买能力没有很大关系。(　　)

5. 销售人员不需要维护顾客，不用对顾客进行深度开发，争取客户进行多次消费。(　　)

6. 客单价能否提高主要取决于商家的价格政策、价格带的合理配置、商品展示的位置、客服的能力及商品的质量等影响因素。(　　)

7. 按照顾客的购买习惯合理地设置商品的配置、商品颜色的组合、商品的展示、广告的设计等内容，这些都不会刺激顾客做出购买决策。(　　)

8. 顾客购买商品的个数越多，其客单价越低。(　　)

二、单项选择题

1. (　　)是指一个商品类目下的SKU数。商品类目的深度能反映一家店铺的专业程度，类目下所涵盖的SKU数越多，表示店铺越专业，访客越容易精准找到自己所需要的商品。

A. 商品类目的广度　　　　B. 商品类目的深度

C. 商品　　　　D. 商品类目

2. （　　）的关键在客服的能力，商家要想通过客服提高客单价，其绩效考核制度也要与之配套。

A. 咨询转化率　　B. 静默转化

C. 推销　　D. 关联推荐

3. （　　）能否提高主要取决于商家的价格政策、价格带的合理配置、商品展示的位置、客服的能力及商品的质量等影响因素。

A. 首页流量　　B. 客单价

C. 商品定价　　D. 活动商品定价

4. 动线指的是顾客的行为路径。（　　）是指动线上陈列的不同商品的数量。

A. 动线　　B. 注目率

C. 动线长度　　D. 购买个数

三、简答题

提高客单价的关键指标有哪些？

项目十三
市场行情数据分析

项目导读

店铺运营的各个阶段都离不开对市场行情的判断。一般情况下，单品行情依赖于类目行情，因此，在选择经营某个单品的时候，应该依次进行行业分析、类目分析、竞争对手分析，在此基础上发掘自身优势，差别化运营，才可以达到理想效果。

学习目标

知识目标

- 了解行业数据查询
- 熟悉店铺数据查询
- 掌握竞争对手策略的制定

能力目标

- 能够进行行业数据、店铺数据的查询
- 能够结合行业数据、店铺数据和竞争对手数据制定营销策略

素养目标

- 树立正确的竞争意识，避免违规，合理经营
- 培养自主学习和优化自己的意识

案例导入

在进行市场行情分析的时候，通常做法是结合主流电商平台的分级类目数据，将产品划分为一级、二级、三级类目。以拼多多店铺康乐零食小店为例，店铺入驻所填报类目为食品保健（一级类目），零食坚果特产（二级类目），豆制品、面制品辣条（三级类目），市场行情分析相应从这三个级别类目市场 GMV 展开，在三级类目下可以具体分析飙升细分类目及该类目下的产品销量、价格结构，为店铺的主推产品选择和 SKU 定价提供有效参考。通过 7 日、30 日和 90 日类目数据的分析，康乐零食小店将规格单价控制在 30 元以下，引流款定价在 8 元左右，主推款 25 元左右，取得了很好的推广效果。

点评：细分类目下的产品市场销售额、价格数据有助于商家进行选品和定价。

任务一 行业数据总览

一、行业总览

以拼多多平台为例，我们在选择进入一个行业之前，一定要对这个行业进行大致的分析，分析这个行业的饱和度和竞争度以及整体走势。

图 13－1 为行业总览图，所选择的主营类目是食品保健，下设一级类目和二级类目及细分类目，同时展示的数据为最近 7 天的销售量和销售额，以及同前 7 天的对比和历史最高的数据。图 13－2 为行业趋势图，类目为食品保健，展示了 2024 年 8 月 11 日到 8 月 25 日的销售量和销售额。

图 13－1　行业总览图

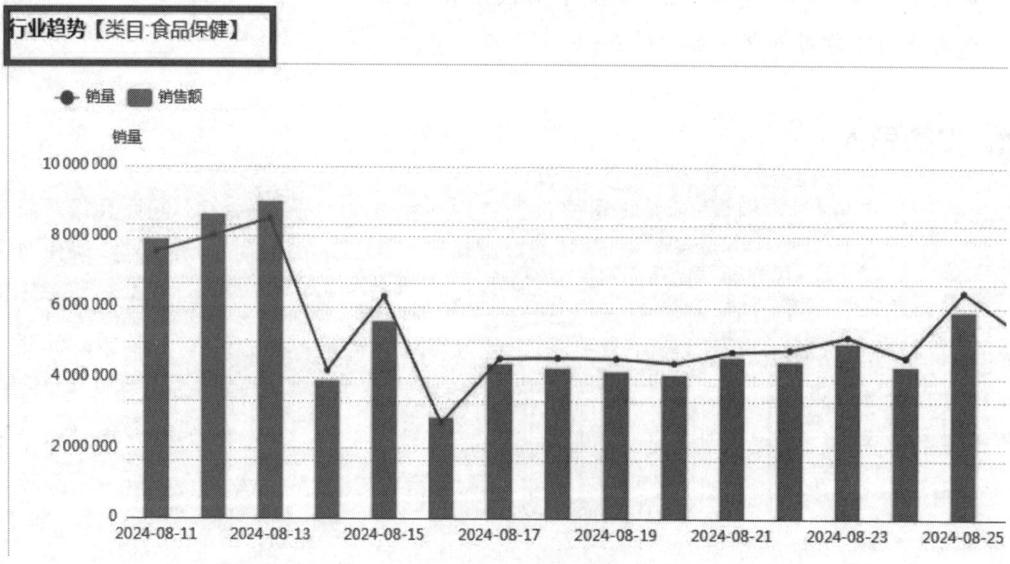

图 13－2　行业趋势图

从图 13－1 和图 13－2 中可以看到最近一周的表现比这之前一周的表现下降了 13.41 个百分点，行业环境如此，我们的店铺也不例外，最近一周的表现明显不及上一周那么强势。另外从行业趋势来看，历史最高点出现在 2024 年 8 月 13 日前后，主要原因是天气炎热，选择从网上购买零食的人较多，这段时间行业表现较好，但是我们的店铺表现一般，主要原因是推广费用降低和主推商品断货。

这些信息告诉我们，所选的类目食品保健是一个稳定向上的类目，历史峰值出现在上个月，很大程度上说明这个类目在这个平台上还处于成长期，上升空间很大。

图 13－3 显示的是主营类目下面的一级类目商品数据分布，可以看出零食/坚果/特产类目占了 38.83%。我们店铺的主营产品属于零食，从这里可以看出产品数量很多，市场竞争相对激烈。

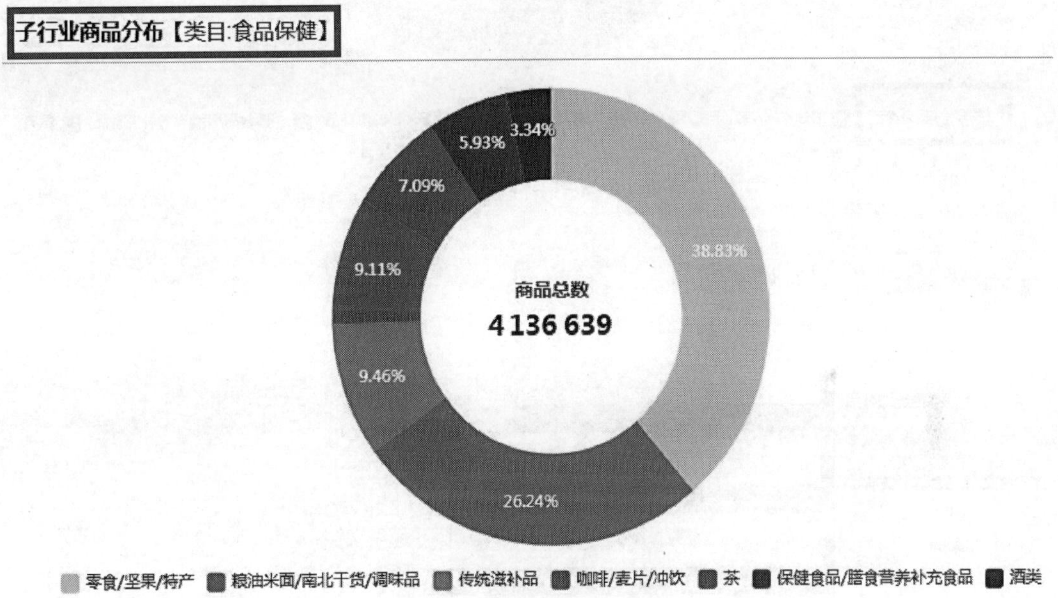

图 13－3　子行业商品分布

从图 13－4 子行业销量分布来看，有 48.97%的销售量来自零食/坚果/特产，结合图 13－3 来看，可以看出虽然该类目下产品较多，竞争激烈，但需求端也很旺盛，所以整个子类目表现较为活跃，店铺还有很大的上升空间。

图 13－5 为销量与销售额对比图，从中可以看出零食/坚果/特产类目在整个行业中销量和销售额均为最高，通过销售额 20 024 195.58 与销量 1 353 698 的对比可以计算出客单价为 14.79 元，这可以为店铺设置 SKU 提供依据。

二、细分类目分析

通过前面的分析，对整个行业的数据表现有了基本的认识，下面针对商品所在的细分类目的数据表现估算市场销量。这一部分的估算要使用 Excel 表格自行测算。

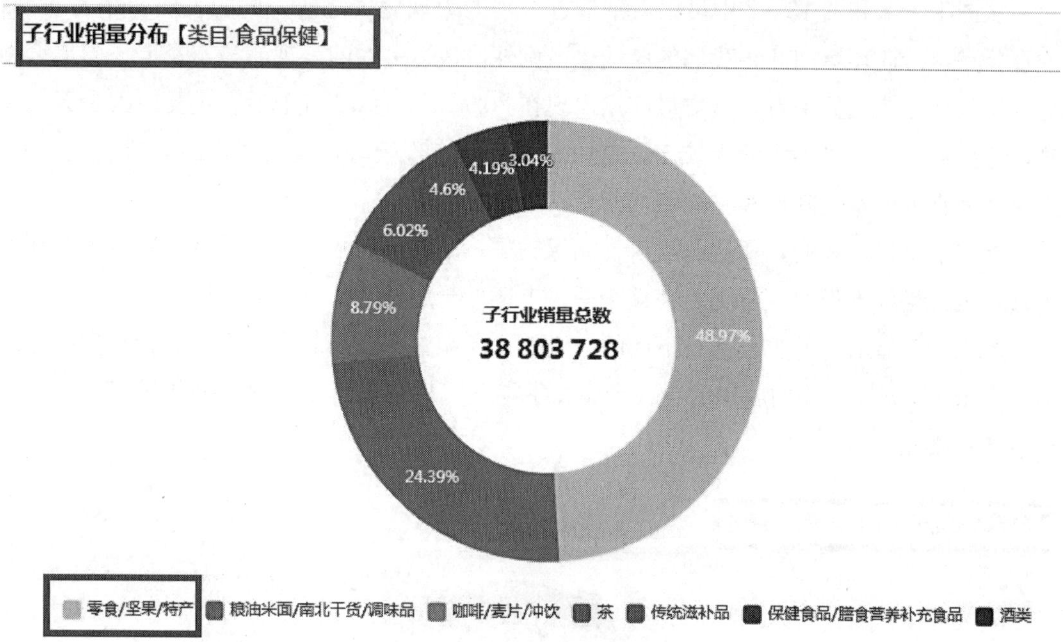

图 13-4　子行业销量分布

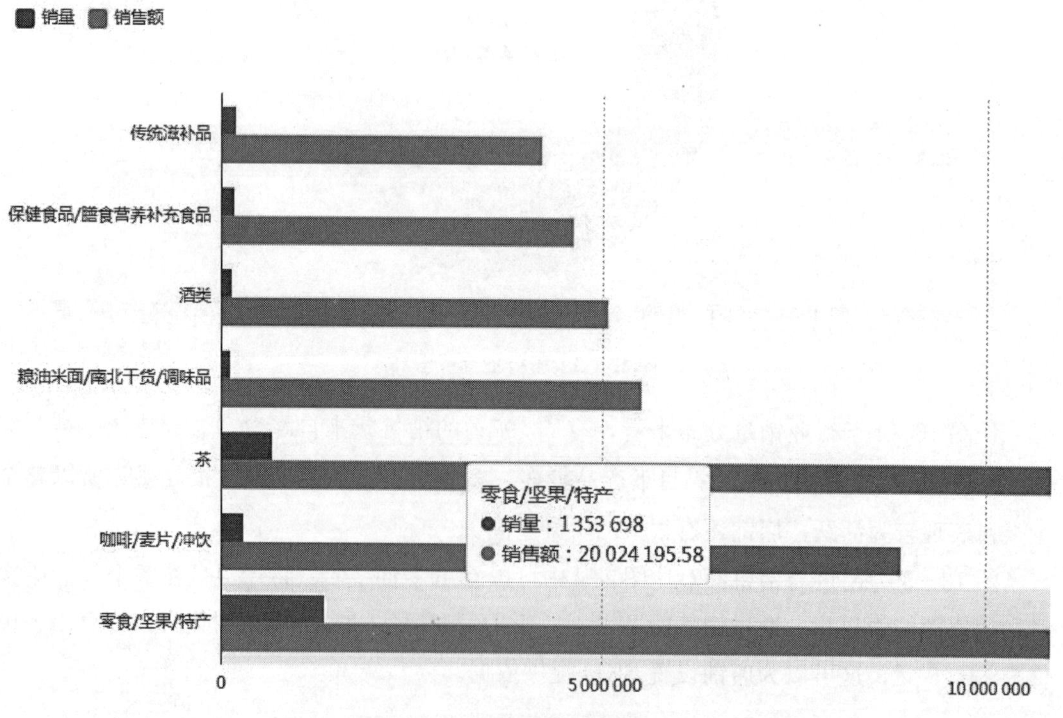

图 13-5　销量与销售额对比

第一步，搜索核心关键词盐焗鸡蛋，统计 Top20 卖家近一个月的销售量和价格变动，如图 13-6、图 13-7 所示。

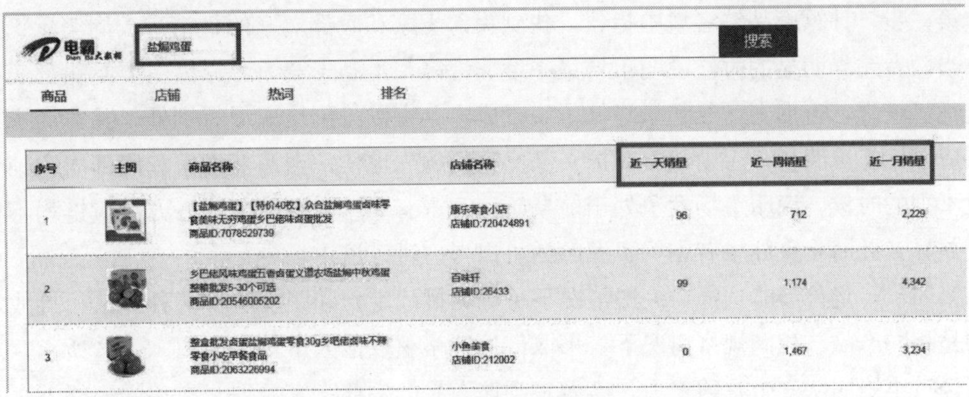

图 13－6　核心关键词商品搜索结果

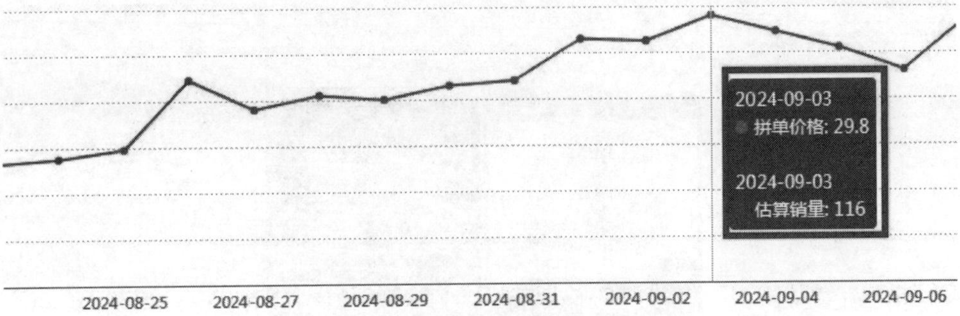

图 13－7　Top20 商品销量、价格信息

第二步，做出如表 13－1 所示的统计表，将排名前 20 的商品日销量加总估算市场需求量，统计价格信息，并对比自身拿货价，扣除快递、人工、推广成本，初步估计是否有利润空间，是否值得进入。

表 13－1　Top20 卖家价格日销汇总

类目TOP1	链接	o.com/goods			类目TOP2	链接	o.com/goods	
日期	价格	累积销量	日销		日期	价格	累积销量	日销
10月1日	13.8	10W+	1184		10月1日	14.9	3W+	649
10月2日	13.8	10W+	1412		10月2日	14.9	3W+	782
10月3日	13.8	10W+	1076		10月3日	14.9	3W+	641
10月4日	13.8	10W+	1503		10月4日	14.9	3W+	748
10月5日	13.8	10W+	1407		10月5日	14.9	3W+	602
10月6日	13.8	10W+	1722		10月6日	14.9	3W+	647
10月7日	13.8	10W+	1828		10月7日	14.9	3W+	857

类目TOP3	链接	o.com/goods			类目TOP4	链接	o.com/goods	
日期	价格	累积销量	日销		日期	价格	累积销量	日销
10月1日	16.8	6K+	194		10月1日	13.9	1.2W+	496
10月2日	16.8	6K+	248		10月2日	13.9	1.2W+	747
10月3日	16.8	6K+	269		10月3日	13.9	1.2W+	425
10月4日	16.8	6K+	256		10月4日	14.9	1.3W+	739
10月5日	16.8	6K+	315		10月5日	14.9	1.3W+	642
10月6日	16.8	7K+	398		10月6日	14.9	1.3W+	716
10月7日	16.8	7K+	339		10月7日	14.9	1.3W+	706

第三步，计算商品销售集中指数，找到头部卖家和底部卖家的日销量、周销量、月销量，当两者差异明显的时候说明市场集中度非常高，不利于竞争，原因主要是头部卖家供应链优势较强，再加上已经起量降低了生产成本，可以将价格压得特别低，除非商家自己的供应链优势更明显，否则很难动摇头部卖家的领先地位；当头部卖家和底部卖家销量差异化不高的时候，说明市场竞争处于前期阶段，未有卖家脱颖而出，各方供应链均不存在较大差异，此时卖家如果有相关资源的话可以考虑进入该市场。

第四步，定价策略选择，一般情况下可分为挑战定价和跟卖定价两种方法。挑战定价指的是相同产品、相同规格情况下，采取低价策略获取他人市场，如图 13－8 所示，左侧商品经过小峰团队三个月的努力，已经来到该商品的头部卖家行列，在相同规格下，右侧商品为最近一个月新上线产品，该商家采用的是挑战定价法。

图 13－8　商品与其竞品在客户端的展示

图 13－9 所示为两个商品的 SKU，从图中可以看到，右侧商品定价明显低于左侧定价，这种挑战定价法会导致以下两种结果：第一，右侧商品迅速起量进而引起左侧卖家注意，进入价格博弈，相互压价；第二，线上价格太低影响线下市场销售，厂家出台控价措施，双方无利而返。

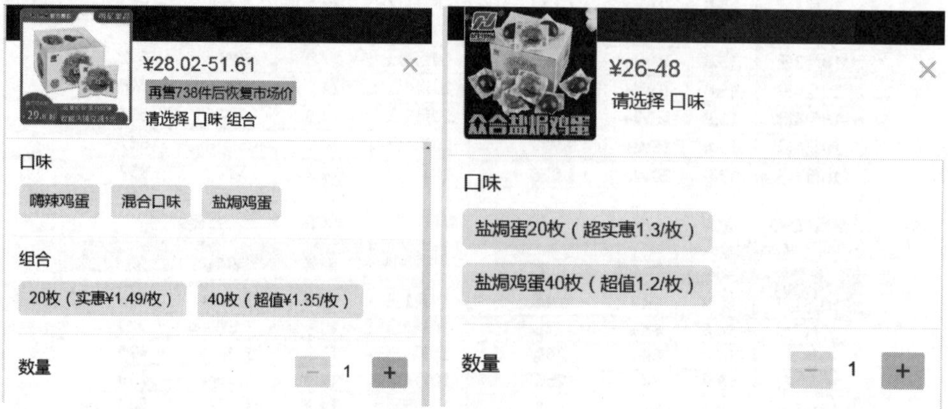

图 13－9　商品 SKU 对比

任务二　店铺数据查询

一、数据总览

以拼多多平台为例，进入店铺后台可以看到如图 13－10 所示的数据，这是对店铺当天的经营情况的大致描述，主要包括订单情况、实时成交数据、店铺评分数据等。

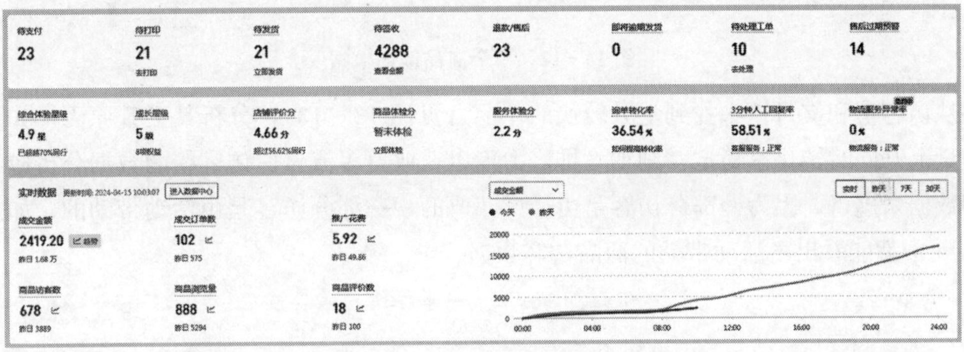

图 13－10　店铺经营情况统计图

如果想要获得详细的店铺数据，点击“数据中心”→“经营总览”，进入如图 13－11 所示的页面。该页面对店铺的整体运营情况进行了统计，主要包含交易数据、商品数据、服务数据、客服数据，箭头向上表示相比前日有所提升，箭头向下表示相比前日有所下降。

图 13－11　数据总览

要对以上数据进行详细的分析，可以分别打开相关商品的数据，如图 13－12 所示。不仅展示了实时数据，还可以对 7 天数据、30 天数据进行详细分析，从数据的分析中，找出店铺里面的潜力商品。

图 13－12　单个商品详细数据

从访客榜和支付榜中找到上升较快的单品（见图 13－13），分析其上升原因，如果访客数量上升同时转化率稳定，则加大推广力度以获取更多流量。访客榜的数据分析应结合营销数据来进行，因为一部分访客是由推广获取的，一部分访客是由活动带动的，如从图 13－14 中就能看出由活动带动的商品访客数据。

图 13－13　店内所有商品数据对比

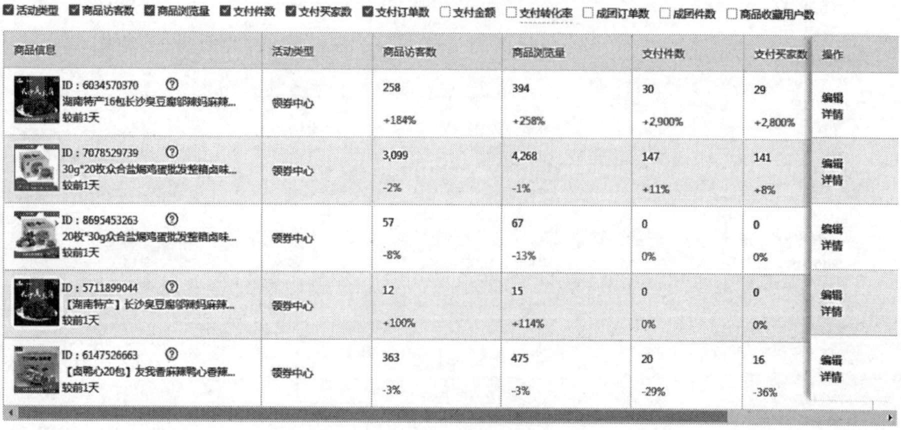

图 13－14　商品活动信息

从图 13－14 中可以看出第一个产品在领券中心活动中获得了较大的提升，主要原因是该商品的优惠券设置力度较大，具有很强的吸引力。

二、竞争对手数据

在找到确切的竞争对手之前，与竞争对手的比较可以从行业均值和行业优秀值开始，图 13－15、图 13－16 所示为店铺商品访客与交易数据同行业均值与行业优秀值的比较，从中可以看出店铺可提升空间很大。

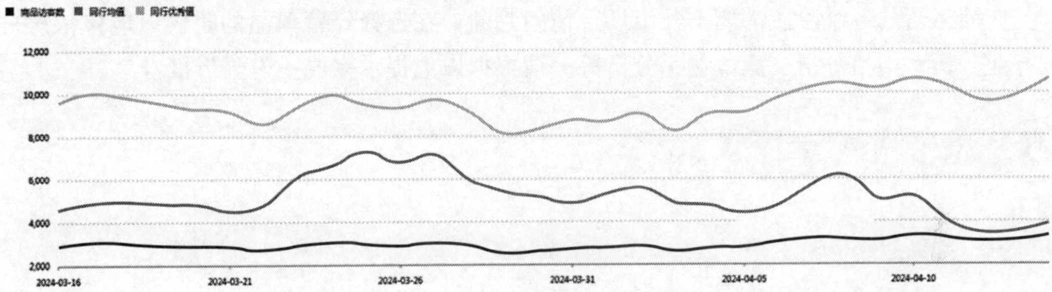

图 13－15　商品访客量行业对比

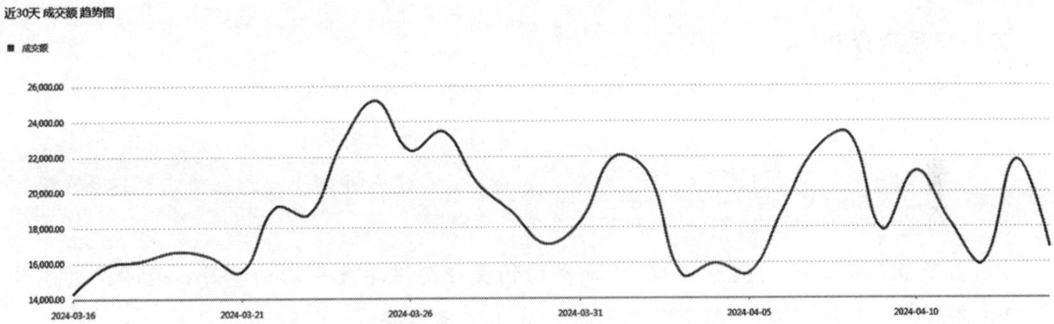

图 13－16　店铺成交额行业对比

从图 13－15 可以看出商品访客数的行业优秀值为 8 000～10 000，行业均值为 4 000～8 000，本店铺的访客数量在 3 500 左右，低于行业均值，远低于行业优秀值。

图 13－16 中店铺高点优秀值为 24 000～26 000，平台暂未展示行业均值，店铺波动较大，低点为 14 000 左右，可以预见店铺仍需稳定运行，避免单品出现问题。

从以上分析可以看出，店铺运营的瓶颈仍在访客数量，下一步的运营可以适当放开每日推广限额。运营推广经过一段时间的调整，点击单价已经下降了很多，但是访客数仍然在上升，放开日推广限额以后，将会有更大的曝光率和点击率，进而带动更多的订单转化。

项目小结

本项目主要介绍了行业数据分析、店铺数据分析以及竞争对手数据分析。店铺的运营离不开对数据的分析，经过本项目的学习，应该学会如何有效地收集行业数据，如何分析自身店铺的数据，以及如何制定相应的竞争策略。数据和策略都是在动态变化的，重要的是通过这些操作培养应变能力。

实训活动

撰写一份有关“增高鞋垫”的市场行情数据分析报告。

任务要求：

店铺运营的各个阶段都离不开市场行情的判断，在选择经营单品的时候，应该依次进行行业分析、类目分析、竞争对手分析等。请根据以上提示完成一份分析报告。

思考与练习

一、判断题

1. 一般情况下，单品行情依赖于类目行情。（　　）

2. 在找到确切的竞争对手之前，与竞争对手的比较可以从行业均值和行业优秀值开始。（　　）

二、单项选择题

1. 对商品行情进行分析，需要先通过（　　）确定商品所在类目。

A. 核心关键词　　B. 属性关键词

C. 长尾词　　D. 热搜关键词

2. 下列关于商品趋势的判断中正确的是（　　）。

A. 当商品的 7 日平均销量超过 30 日平均销量并超过季度平均销量时，处于上升态势

B. 商品的日销量连续三天没有变化时，处于稳定态势

C. 商品的月销量在某个日期下降明显，处于下降态势

D. 商品销售量是商品趋势的先行指标

3. 从定价的策略角度来看，当自身货源优势明显时，可选择（　　）。

A. 跟卖定价　　B. 挑战定价

C. 成本定价　　D. 混淆定价

三、简答题

进入某个类目进行网店运营需要做哪些准备工作？

项目十四
客户数据分析

项目导读

在传统零售活动中，导购员经常通过进店客户的行为举止对客户进行简单的分类，通过分类采用对应的营销策略，这种方法往往是奏效的。在网络零售过程中，店铺经营者很难采取类似的方法进行营销活动，取而代之的是客户在店铺中留下来的一系列数据，这些数据成为我们可以借鉴的重要资料。通过对这些数据的分析，我们知道了店铺访客的一些基本信息，如地址、性别、年龄等，还可以总结出客户的消费水平、浏览偏好、停留时长等，这些特征为店铺运营提供了宝贵的信息。

我们在制作商品图片时可以充分利用这些信息，既全面展示商品属性又吸引消费者的注意，进而提高图片点击率、提升商品转化率等一系列指标，最终提升商品、店铺权重，获得更多的自然流量。不同地区的消费者偏好明显不同，有一些品牌具有一定的区域性，这在定向推广的时候都要注意。本项目将讲述如何对客户数据进行分类、如何收集客户数据、如何分析客户数据和如何利用这些数据。

学习目标

知识目标

- 了解网络店铺反映消费者特征的数据指标
- 熟悉订单报表数据分析
- 掌握数据分析结果的实践运营

能力目标

- 能够使用数据构建消费者特征指标
- 能够制作订单报表

素养目标

- 培养使用数据指导运营的决策意识，合理、合法运营店铺
- 培养服务社会、争优评先的意识

案例导入

在康乐零食小店的运营过程中，小峰团队从订单的收货地址发现某一款产品的购买人群呈现区域集中特点，仔细观察还能够看出很多买家是社区便利店或者学校周边便利店，这引起了大家的好奇心，怎样利用这些规律帮助店铺更好地运营？客户数据将会告诉大家消费者在网购的时候是有标签的，而且购买相同产品的消费者标签是相似的，比如买家的地区分布、年龄、性别、折扣偏好、新品偏好、客单价高低、购物时间等。通过分析店铺成交订单的物流地址确定推广投放的主要地区，通过分析订单的成交时间确定推广投放的时间段及客服主要工作时间，通过产品的折扣、新品、客单价标签确定推广的平台人群，在一系列的操作之后，店铺积累了明确的消费人群，推广投放产出比上升了一个台阶，团队获得了有效的成长。

点评： 客户是店铺的服务对象，店铺应该有自己的特征，相应地客户会产生特定的标签，平台利用已有的店铺访客标签来进行流量分配。只有让自己店铺的标签更显著，才能让平台分配的流量更精准。

任务一 消费者特征数据分类

一、基础数据与行为数据

反映消费者特征的数据可以分为两种类型：第一类是基础数据，这类数据往往是伴随消费者自身不易改变或者按固定规律改变的，比如所在地区、性别、学历、工作等是不易改变的，年龄则是按固定规律改变的；第二类是行为数据，比如消费者的各种偏好、消费水平等，这些都可以通过消费者在网络店铺里的数据记录来进行简单而又实际的用户人群画像定位（见图 14－1）。

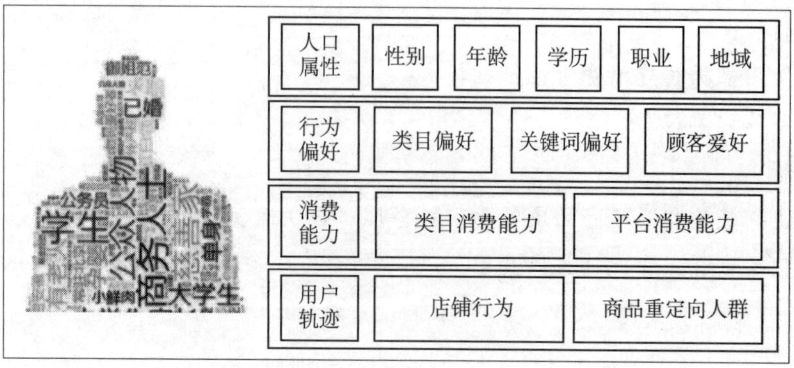

图 14－1　用户人群画像

(一) 人口属性

收货信息中可获得所属地区，通过人群透视可以分析出商品的用户部分人口属性特征，如性别、年龄等（见图 14-2）。

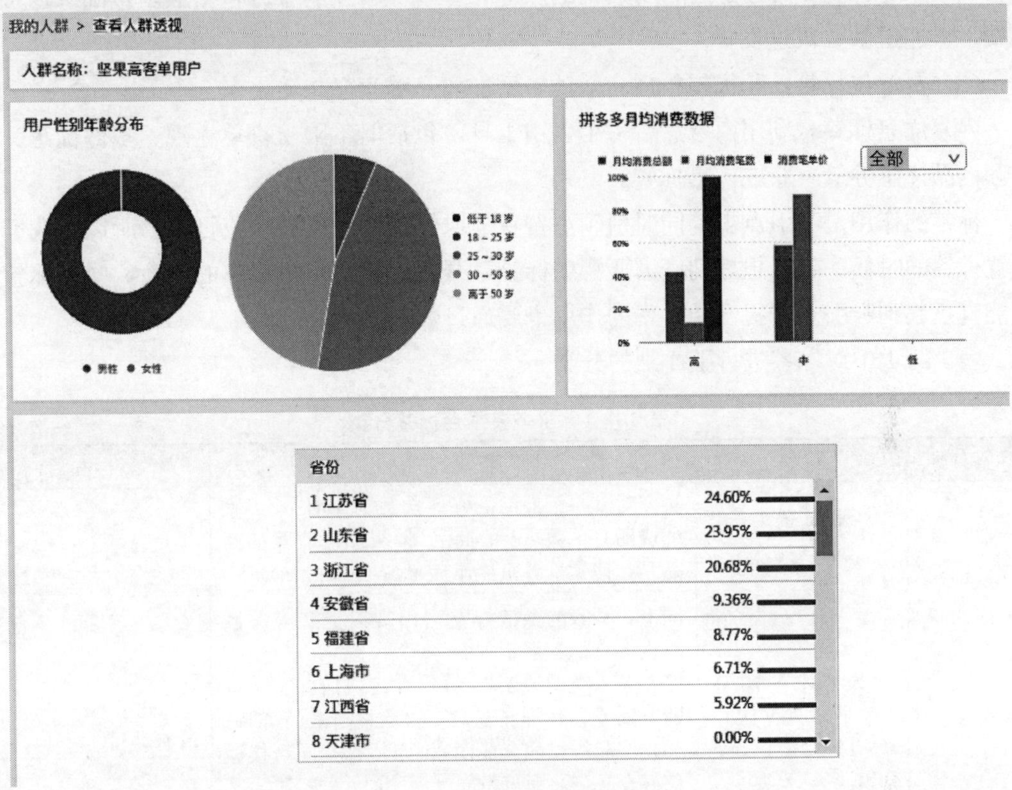

图 14-2　人群透视数据统计

(二) 行为偏好

可以判断某类目人群的关键词搜索偏好，也可以从第三方平台了解商品的使用人群的爱好，并贴上对应的标签，比如电影达人、爱美一族、旅行达人、吃货达人等。

(三) 消费能力

通过分析类目用户的消费单价、月均消费笔数和月均消费总额了解用户的消费能力。

(四) 兴趣爱好特征

通过用户点击、搜索、收藏、购买、分享店铺的类型，可以分析出用户对某些品类、商品的偏好度，从而进行某个品类的专场营销活动。也可以根据这批较为精准的人群，持续关注营销活动中点击、收藏、购买和分享的数据表现，监测营销活动对于点击率、转化率的影响。

二、人群画像与标签

在拼多多平台上，商品和店铺标签主要分为社交、榜单、新品、服务、资源位、优惠六大类，商家可发力的重点标签有：

（1）新品标签：通过店铺商品定期上新，获取新品标签，并针对新品积极提报相关活动，加大新品推广。

（2）服务标签：开通适合自身店铺的服务，普适性较强的服务包括顺丰包邮、退货包运费、极速退款、极速发货。

（3）资源位标签：积极提报后台活动，增加商品曝光率与转化率。

（4）优惠标签：利用商家后台每个营销工具，包括但不限于拼单返现、多件优惠、店铺和商品优惠券等，获取优惠标签。

标签的作用是吸引点击，同时引领消费者领取优惠将流量转化成订单。所以，我们在设置标签的时候一定要想好到底需要哪些标签，开通了就要承担相应的风险，同时标签能不能真正起到吸引点击提升转化率的作用也要通过数据去测试。

表 14－1 中对标签进行了详细的分类。

表 14－1　拼多多平台标签分类

<table>
<tr><th>标签分类</th><th>标签</th><th>获取方式</th><th>适合类目</th></tr>
<tr><td rowspan="2">社交</td><td>好评＆购买＆收藏（N次）</td><td>买家对某一个商品的好评次数为 1 时＆买家的成团订单数＝1 的商品＆买家已收藏的商品，在搜索推荐页展示该标签</td><td rowspan="5">所有类目</td></tr>
<tr><td>好友好评＆购买＆收藏（N次）</td><td>同上，买家的微信好友当出现以上对应关系时也会有标签展示。
好友关系类型说明：（1）直接微信好友（有朋友圈或者私聊交互）；（2）共同微信群聊；（3）一起拼过团（成团）；（4）有共同直接微信好友；（5）拼好友</td></tr>
<tr><td rowspan="2">榜单标签</td><td>本周××畅销前十</td><td rowspan="2">入选平台 top200 三级类目下好评或者销量前十的商品即可获得该标签，属于平台自动评选，无须报名</td></tr>
<tr><td>本周××好评前十</td></tr>
<tr><td>新品标签</td><td>新品标签</td><td>满足条件的 30 天内上架的商品（目前限女装类目，平台自动评选，无须商家报告）</td></tr>
<tr><td rowspan="5">服务标签</td><td>送装入户/送货入户</td><td>在商家后台→发货管理→物流工具→送装服务模板设置成功，即可获得该标准，但目前仅针对部分类目开放</td><td>家装家电等大件商品</td></tr>
<tr><td>顺丰包邮</td><td>商家后台→发货管理→物流工具→新建运费模板，勾选“使用顺丰包邮，并同意《顺丰包邮协议》”，即可获得该标准。</td><td rowspan="3">所有类目</td></tr>
<tr><td>退货包运费</td><td>商家管理后台→售后管理→退货包运费，付费开通即可</td></tr>
<tr><td>极速退款</td><td>商家管理后台→售后管理，需申请</td></tr>
<tr><td>极速发货</td><td>商家管理后台→商品管理→发布新商品→创建新商品设置，发布商品时选择发货时间承诺为 24 小时</td><td>所有类目（货源充足且有一定发货能力的商家可以选择）</td></tr>
</table>

续表

标签分类	标签	获取方式	适合类目
服务标签	只换不修	商家管理后台→商品管理→发布新商品→创建新商品→服务与承诺设置，即可获得该标签，仅部分类目在服务与承诺处可选择	以后台显示为准
	正品发票	商家管理后台→商品管理→发布新商品→创建新商品→服务与承诺设置，即可获得该标签，仅部分类目在服务与承诺处可选择	
	全国联保	商家管理后台→商品管理→发布新商品→创建新商品→服务与承诺设置，即可获得该标签，仅部分类目在服务与承诺处可选择	
	分期付款	商家管理后台→店铺营销→营销工具→分期免息处设置后即可获得该标签	商品 SKU 最低价大于等于 500 元的商品，二手商品、虚拟商品、被删除商品、补差价商品不支持
资源位标签	限时秒杀/断码清仓	资源位标签都是商品在成功参加资源位活动后，在搜索推荐界面自动在活动商品标题后展示对应资源位标签	所有类目
	爱逛街/电器城/品牌特卖		
优惠标签	拼单返现	商品管理后台→店铺营销→拼单返现，设置成功后可获得该标签	
	多件优惠	商家管理后台→店铺营销→多件优惠，通过选择优惠类型（减钱、打折、付钱）设置成功即可获得该标签	
	商品/店铺优惠券	商家管理后台→店铺营销→营销工具→优惠券	

三、标签的展示与生命周期

商品标签是在搜索展示页、商品详情页、个性化推荐页等页面展示，如图 14－3 所示，可以选择的标签有几十个，但展示的位置却是有限的，且这些标签展示位置也是有顺序的，不是所有商家拥有的标签都能展示。

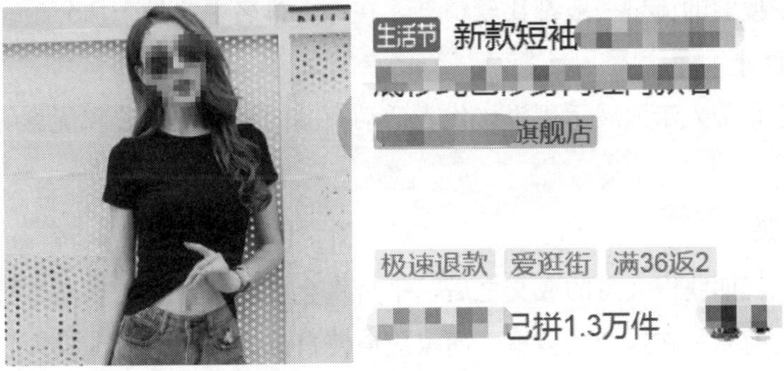

图 14－3　商品详情之平台标签

电商产品跟人一样有自己的生命周期，一般商品从上架要经历萌芽期、成长期、成熟期和衰退期四个阶段，下面我们根据商品的生命周期的特点来选择标签。

（一）萌芽期

萌芽期是商品的认知体验阶段，检验此商品是否能被消费者接受，是否可以用来做爆款商品的时期，如果在这个时期的转化率高，则代表在接下来引入大量流量的时候，此商品的销售转化将非常好，适合打造爆款。所以这个阶段有稳定的流量就可以了，重点在转化和基础数据的积累，可以使用的标签有：

1. 新品标签

只有是全平台的新品才会有“新品”标识，带有“新品”的商品能吸引具有猎奇心理的消费者，提升点击率。同时，新品商品会有流量支持。

2. 优惠标签

想要快速起量，商品的性价比展示不可或缺。萌芽期不管有没有做付费推广，针对单品，商品立减券能紧紧抓住消费者的眼球。消费者立刻就能根据单品价格和“满 X 减 Y”算出券后价，性价比高的优势立刻就显示出来了。

3. 服务标签

送装入户/送货入户、退货包运费、全国联保等可以帮助提升客户体验，获取好评，积累评价数据。

（二）成长期

成长期的商品有了一定的销量基础，这时候需要更多的流量来支撑它成为爆款。免费流量的前三大来源是搜索、个性化推荐和收藏加购。搜索和收藏加购的流量相比于个性化推荐更为精准，这个阶段要利用标签来帮助大批的流量转化，可以使用的标签有：

1. 收藏加购

利用优惠标签中“收藏送×元”不仅能较为精准地吸引用户提升人气，还能帮助强化商品人群标签。收藏加购量增加了，社交标签（“我好友收藏了”）能吸引更多关联用户，帮助圈定人群。

2. 搜索

通过关键字搜索的流量一般都比较精准，在综合排名中这是个加分项。

3. 个性化推荐

个性化推荐是千人千面展示逻辑，代表活动商品的资源位标签和优惠标签均能吸引消费者。

（三）成熟期

当商品在成长期获得大量的成交之后，平台将会自动判定这是热销宝贝，同时运营小二也会注意到此商品。在这个环境里，商家应该使自己的推广力度和投入达到顶峰。此阶段可以用的标签有：

1. 服务标签

这段时期店铺内交易量有明显提升，应注意宝贝的追单以及售后售前服务质量的保证。若此时的服务质量下降，将严重影响店铺以后的销售情况，所以有承担能力的商家在此阶段服务标签一定不能少。

2. 榜单标签

入选平台 top200 三级类目下好评或者销量前十的商品即可获得该标签，属于平台自动评选，无须报名。

（四）衰退期

当商品在市场火过后，就会慢慢地进入衰退期，消费者的忠诚度会随之下降，市场需求也会逐渐减弱，销量与利润会大不如从前，那么商家们也没必要继续强推这个产品。如果还有库存的商品，可以进行清仓处理。同时要想办法做关联销售，让顾客充分了解自己的店铺，留住回头客，并且要开始致力于挖掘新的有潜质的爆款商品。这期间可以用优惠标签，设置一些店铺优惠券，帮助拓展关联商品（潜力爆款）的销路。

总之，标签可以帮助提升转化率，但是也不是所有的标签在任何阶段都有相同的效果，商家需要找准商品处于什么时期、要达到什么目的再去设置对应的标签。

任务二　实践操作

在对商家管理后台较为熟悉的基础上，本部分以拼多多店铺为例来展开实践操作，数据及界面时间节点为 2024 年 4 月 15 日。

一、导出消费者行为数据报表

如图 14－4 所示，进入拼多多管理后台，点击左侧“订单查询”，在订单状态一栏选择“全部”，商品 ID 一栏输入目标商品的正确 ID 编号，即可查询相应记录。

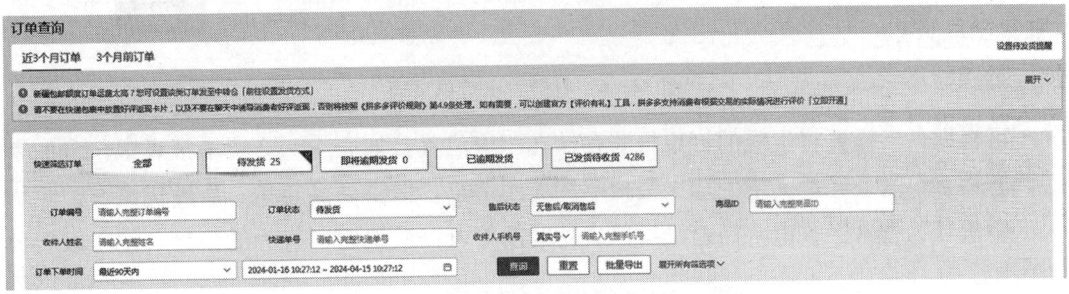

图 14－4　拼多多管理后台订单查询页面

如图 14－5 所示，输入正确的商品 ID，将订单状态调整为“全部”，点击查询按钮，可以得到最近 90 天内与该商品相关的销售记录。

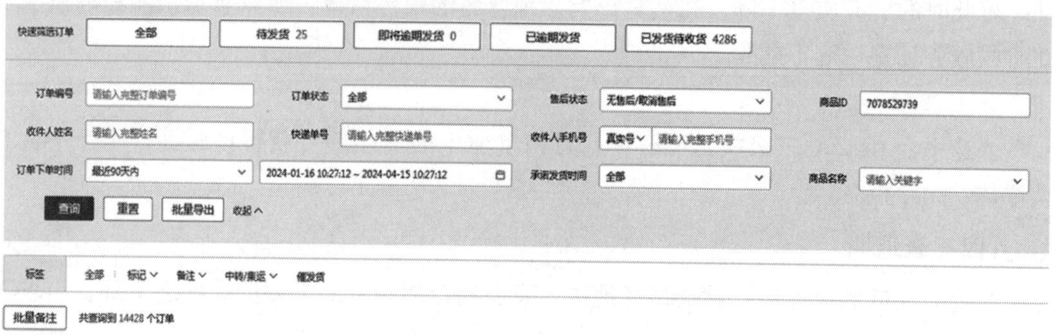

图 14－5　拼多多管理后台订单查询结果页面

点击“批量导出”按钮，即可弹出如图 14－6 所示的批量导出订单页面，点击“生成报表”按钮等待完成。

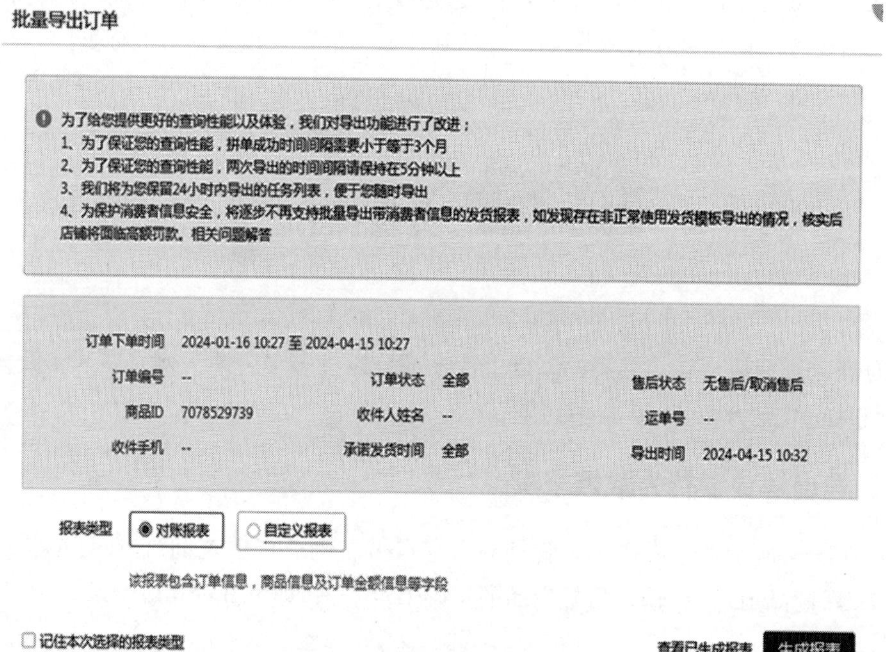

图 14－6　批量导出订单页面

可根据自己需要将生成的订单报表存储在相应位置。如表 14－2 所示报表中包含的字段内容较多，需要经过一定的加工去掉一些无用信息，保留商品总价、店铺优惠券、收货人、手机号、省（区、市）街道、拼单成功时间等可以反映用户行为的信息，便于以后分析应用。

表 14－2　已导出的订单报表

	A	B	C	D	E	F	G	H	I	J	K	L
1	商品	订单号	订单状态	支付时间	商品总价(	店铺优惠折	平台优惠折	省	市	区	街道/镇	
2	【盐焗鸡蛋】	240415-224542104500743	待发货	2024/4/15 10:10	52.9	0.0	0.0	辽宁省	沈阳市	康平县		
3	【盐焗鸡蛋】	240415-245240984553267	待发货	2024/4/15 10:10	45.48	0.0	0.0	辽宁省	朝阳市	喀喇沁左翼蒙古族自治县		
4	【盐焗鸡蛋】	240415-206233978481795	待发货	2024/4/15 10:05	45.48	0.0	0.0	黑龙江省	佳木斯市	向阳区		
5	【盐焗鸡蛋】	240415-514892820082294	待发货	2024/4/15 9:55	45.48	0.0	0.0	吉林省	四平市	铁西区		
6	【盐焗鸡蛋】	240415-058138315620027	待发货	2024/4/15 9:53	45.48	0.0	0.0	辽宁省	大连市	沙河口区		
7	【盐焗鸡蛋】	240415-508915885113490	待发货	2024/4/15 9:50	24.18	0.0	0.0	吉林省	通化市	东昌区		
8	【盐焗鸡蛋】	240415-179946136521347	待发货	2024/4/15 9:47	45.48	0.0	0.0	辽宁省	鞍山市	台安县		
9	【盐焗鸡蛋】	240415-038440825780482	待发货	2024/4/15 9:34	24.18	0.0	0.0	山东省	潍坊市	奎文区		
10	【盐焗鸡蛋】	240415-598175917101186	待发货	2024/4/15 9:14	24.18	0.0	0.0	湖北省	荆州市	荆州区		
11	【盐焗鸡蛋】	240415-252271676401414	待发货	2024/4/15 9:03	24.18	0.0	0.0	山东省	济南市	槐荫区		
12	【盐焗鸡蛋】	240415-047542496742881	待发货	2024/4/15 8:56	24.18	0.0	0.0	辽宁省	沈阳市	浑南区		
13	【盐焗鸡蛋】	240415-093658827653249	待发货	2024/4/15 8:47	24.18	0.0	0.0	吉林省	长春市	南关区		
14	【盐焗鸡蛋】	240415-508365392773899	待发货	2024/4/15 8:42	24.18	0.0	0.0	黑龙江省	哈尔滨市	道里区		
15	【盐焗鸡蛋】	240415-587569643151605	待发货	2024/4/15 8:31	45.48	0.0	2.0	河南省	平顶山市	汝州市		
16	【盐焗鸡蛋】	240415-485312469880069	已发货，待收货	2024/4/15 8:22	45.48	0.0	3.0	吉林省	长春市	南关区		
17	【盐焗鸡蛋】	240415-049482362270734	已发货，待收货	2024/4/15 8:22	24.18	0.0	0.0	河北省	沧州市	黄骅市		
18	【盐焗鸡蛋】	240415-520345404981293	已发货，待收货	2024/4/15 8:13	45.48	0.0	0.0	吉林省	长春市	高新技术开发区		
19	【盐焗鸡蛋】	240415-630194205703643	已发货，待收货	2024/4/15 8:09	45.48	0.0	0.0	辽宁省	大连市	金州区		
20	【盐焗鸡蛋】	240415-052025137960338	已发货，待收货	2024/4/15 8:01	24.18	0.0	0.0	河北省	廊坊市	文安县		
21	【盐焗鸡蛋】	240415-280284384053131	已发货，待收货	2024/4/15 7:53	45.48	0.0	0.0	黑龙江省	双鸭山市	宝山区		
22	【盐焗鸡蛋】	240415-641476862770509	已发货，待收货	2024/4/15 7:51	18.89	0.0	0.0	安徽省	合肥市	巢湖市		
23	【盐焗鸡蛋】	240415-337395138172947	已发货，待收货	2024/4/15 7:41	24.18	0.0	0.0	黑龙江省	黑河市	爱辉区		
24	【盐焗鸡蛋】	240415-079586958170574	已发货，待收货	2024/4/15 7:29	45.48	0.0	0.0	辽宁省	沈阳市	浑南区		
25	【盐焗鸡蛋】	240415-533326775710162	已发货，待收货	2024/4/15 7:27	9.53	0.0	0.0	辽宁省	丹东市	振兴区		
26	【盐焗鸡蛋】	240415-471885454301932	已发货，待收货	2024/4/15 7:25	45.48	0.0	0.0	辽宁省	抚顺市	清原满族自治县		
27	【盐焗鸡蛋】	240415-591721983532601	已发货，待收货	2024/4/15 6:32	24.18	0.0	0.0	天津市	天津市	滨海新区		
28	【盐焗鸡蛋】	240415-237219357683518	已发货，待收货	2024/4/15 5:00	24.18	0.0	0.0	天津市	天津市	西青区		
29	【盐焗鸡蛋】	240415-207161968232116	已发货，待收货	2024/4/15 4:02	24.18	0.0	0.0	辽宁省	鞍山市	岫岩满族自治县		
30	【盐焗鸡蛋】	240415-394731253243531	已发货，待收货	2024/4/15 2:13	45.48	1.0	0.0	陕西省	商洛市	丹凤县		
31	【盐焗鸡蛋】	240415-088122387963531	已发货，待收货	2024/4/15 2:12	45.48	0.0	0.0	陕西省	商洛市	丹凤县		
32	【盐焗鸡蛋】	240415-352940256910587	已发货，待收货	2024/4/15 2:10	24.18	0.0	0.0	河南省	开封市	龙亭区		
33	【盐焗鸡蛋】	240415-447867790312392	已发货，待收货	2024/4/15 1:45	24.18	0.0	0.0	广东省	珠海市	香洲区		
34	【盐焗鸡蛋】	240415-250934804003473	已发货，待收货	2024/4/15 1:40	45.48	0.0	0.0	江苏省	苏州市	太仓市		
35	【盐焗鸡蛋】	240415-518510365490307	已发货，待收货	2024/4/15 1:31	24.18	0.0	0.0	辽宁省	沈阳市	沈河区		
36	【盐焗鸡蛋】	240415-211796704763572	已发货，待收货	2024/4/15 1:03	45.48	0.0	0.0	内蒙古自治	呼伦贝尔市	阿荣旗		
37	【盐焗鸡蛋】	240415-132833678951092	已发货，待收货	2024/4/15 0:43	45.48	0.0	2.11	辽宁省	鞍山市	岫岩满族自治县		
38	【盐焗鸡蛋】	240415-014386481963979	已发货，待收货	2024/4/15 0:40	24.18	0.0	0.0	广东省	深圳市	罗湖区		
39	【盐焗鸡蛋】	240415-253902243320070	已发货，待收货	2024/4/15 0:04	24.18	0.0	0.0	黑龙江省	大庆市	让胡路区		
40	【盐焗鸡蛋】	240414-547891475490515	已发货，待收货	2024/4/14 23:55	45.48	0.0	0.0	山东省	滨州市	博兴县		
41	【盐焗鸡蛋】	240414-421380770811471	已发货，待收货	2024/4/14 23:48	9.53	0.0	0.0	山东省	青岛市	李沧区		
42	【盐焗鸡蛋】	240414-465630688221179	已发货，待收货	2024/4/14 23:33	18.89	0.0	0.0	黑龙江省	哈尔滨市	松北区		
43	【盐焗鸡蛋】	240414-485081804353606	已发货，待收货	2024/4/14 23:22	24.18	0.0	0.0	吉林省	长春市	高新技术开发区		

二、分析订单报表数据

（一）计算客单价

将鼠标放至商品总价列，选中所有数据，即可得出平均价格为 37.03 元，这意味着每个消费者在此单品下平均在店铺消费为 37.03 元，通过对比同类目均值和同类目优秀卖家，发现该客单价处于合理偏高的水平，在转化率一致的情况下可以为卖家带来更多利润。

（二）计算店铺优惠券使用率及金额占比

在订单记录中，使用店铺优惠券的有 473 条，占比达到 26%。这些客单价为 41.34 元，明显高于未使用优惠券客单价，在商品的定价环节必须考虑到优惠券的设置，应该在正常利润范围外留有优惠券的空间。以该单品为例，成本价加快递费在 24 元左右，定价在 29.8 元，利润率为 20%。设置 3 元优惠券（店铺收藏券面值最低 3 元）后，利润率下降至 10%，但是仍然处于盈利状态，这样就可以利用消费者的领券优惠心理，做出适当让步，活动期间增加优惠券面额至 5 元保证盈亏持平的情况下大幅度提升转化率。

（三）统计成交时间段

如图 14－7 所示，找到“订单支付时间”这一列，时间数据格式为 2024/4/15 9:47:31，将该数据进行分列。

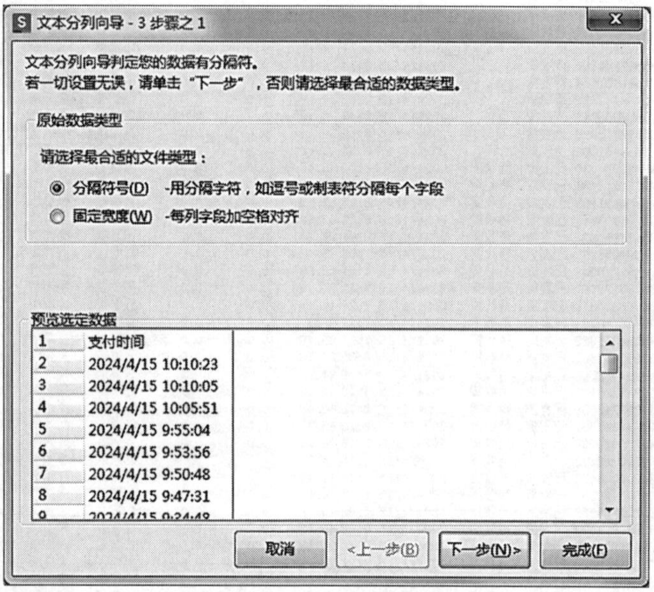

图 14－7　时间数据分列

点击“数据”→“分列”→“下一步”，来到如图 14－8 所示页面，用分隔符号栏对空格和其他进行勾选，在其他后面方框中输入冒号“:”，将数据分列成数据预览中的效果。

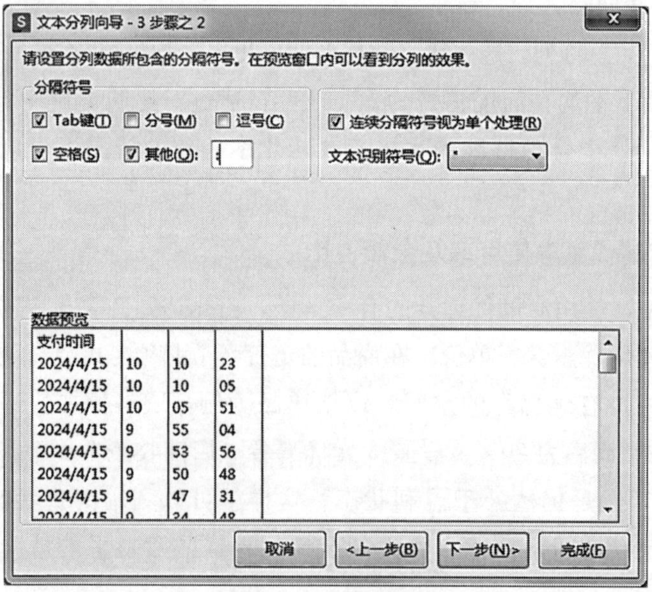

图 14－8　数据分列步骤

分列完成以后，使用数据透视表功能，找出代表小时的数据列，进行数据筛选，统计各个小时出现订单的频次，比如 0 点到 1 点之间出现的订单共计 59 个，1 点到 2 点之间出现的订单共计 30 个。

制作如表 14－3 这样的表格，其中成交时段代表该订单的成交小时时间，数值从 0 到 23；成交单数即该时段所有订单数量；占比指的是该时段订单数占所有时段订单数总和的比例。

表 14－3　各时段成交订单统计

G	H	I	J	K	L	M	N	O	P	Q	R	S
成交时段	0	1	2	3	4	5	6	7	8	9	10	11
成交单数	59	30	24	11	13	17	44	79	68	105	91	78
占比	0.03	0.02	0.01	0.01	0.01	0.01	0.02	0.04	0.04	0.06	0.05	0.04
溢价比例	0.97	0.74	0.69	0.59	0.6	0.63	0.85	1.13	1.04	1.33	1.22	1.12
成交时段	12	13	14	15	16	17	18	19	20	21	22	23
成交单数	88	61	129	115	137	110	96	96	100	116	74	60
占比	0.05	0.03	0.07	0.06	0.07	0.06	0.05	0.05	0.06	0.06	0.04	0.03
溢价比例	1.2	0.98	1.5	1.41	1.5	1.37	1.26	1.26	1.29	1.42	1.09	0.98

选出成交订单数量最多时段的占比数据，记作溢价因子，下面计算各时段溢价比例。

溢价比例＝该时段订单占比/溢价因子＋50%

下面要做的工作就是将计算出的溢价比例应用到分时折扣中。

三、分时折扣设置

点击商家“管理后台”→“推广计划”→“场景展示”，新建推广计划（见图 14－9）。

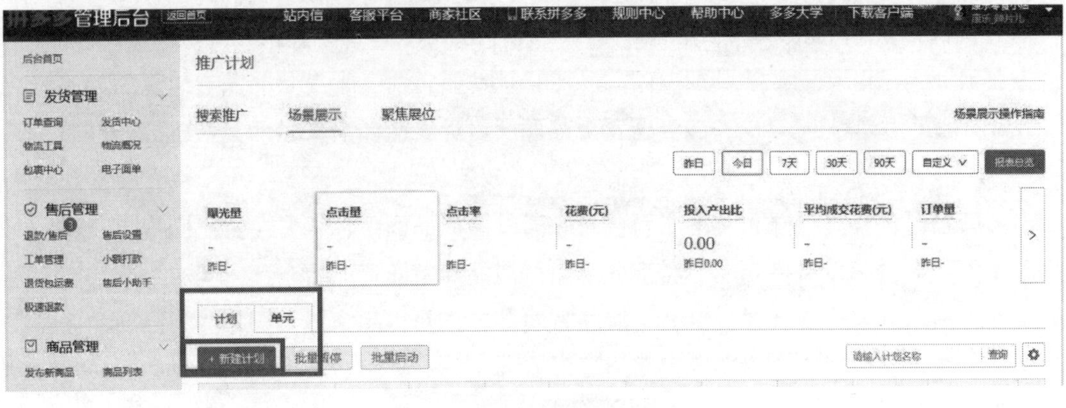

图 14－9　新建推广计划页面

推广类型可选商品推广和店铺推广两种，预算日限额建议设置为自定义 100，计划名称自拟（见图 14－10）。

点击投放时段的编辑按钮，弹出如图 14－11 所示页面，点击各个时间段，按照计算的溢价比例设置分时折扣。

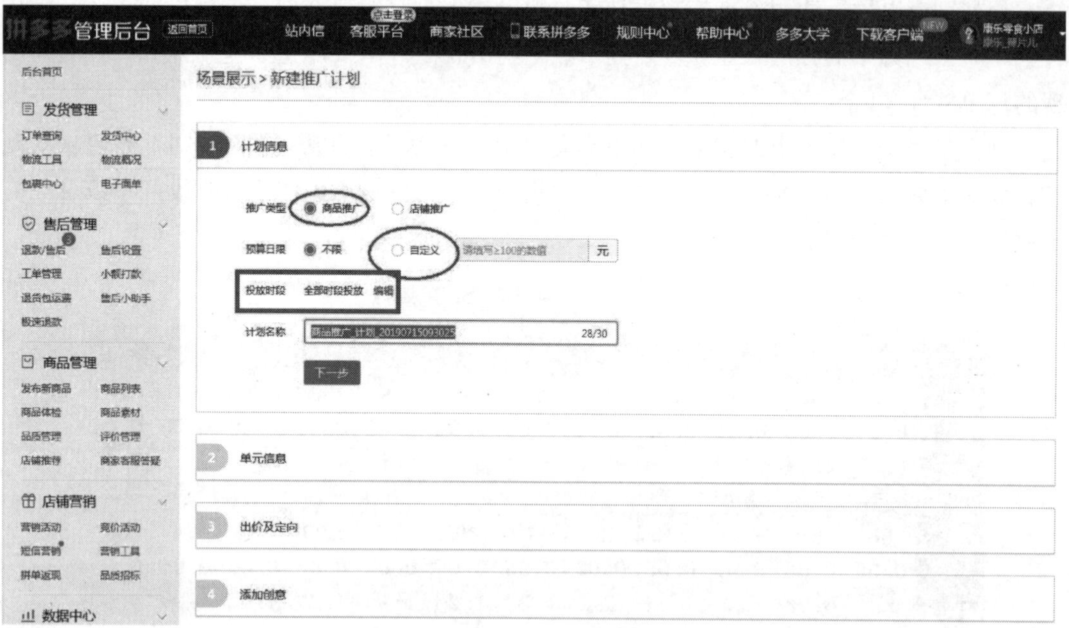

图 14－10　新建推广计划信息页面

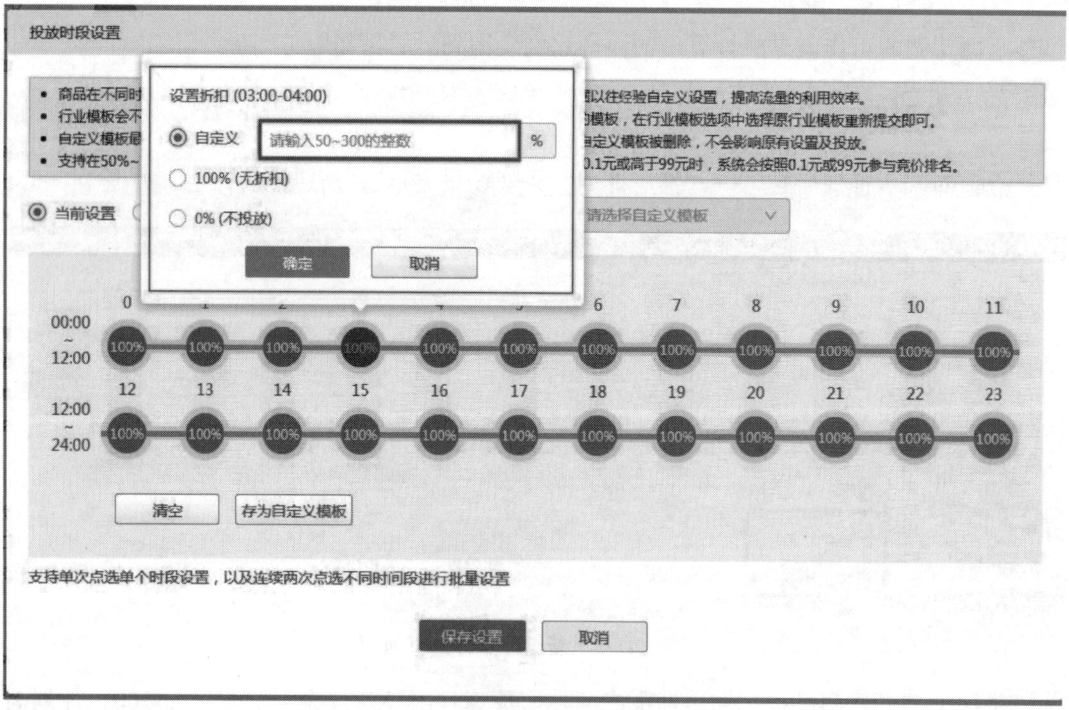

图 14－11　新建推广计划折扣设置页面

如果已经存在正在使用的推广计划，想要根据已有数据调整分时折扣，可以按照以下步骤来进行操作。如图 14－12 所示，打开已经存在的店铺推广计划，可以看到该计划近 30 天的表现效果较好。

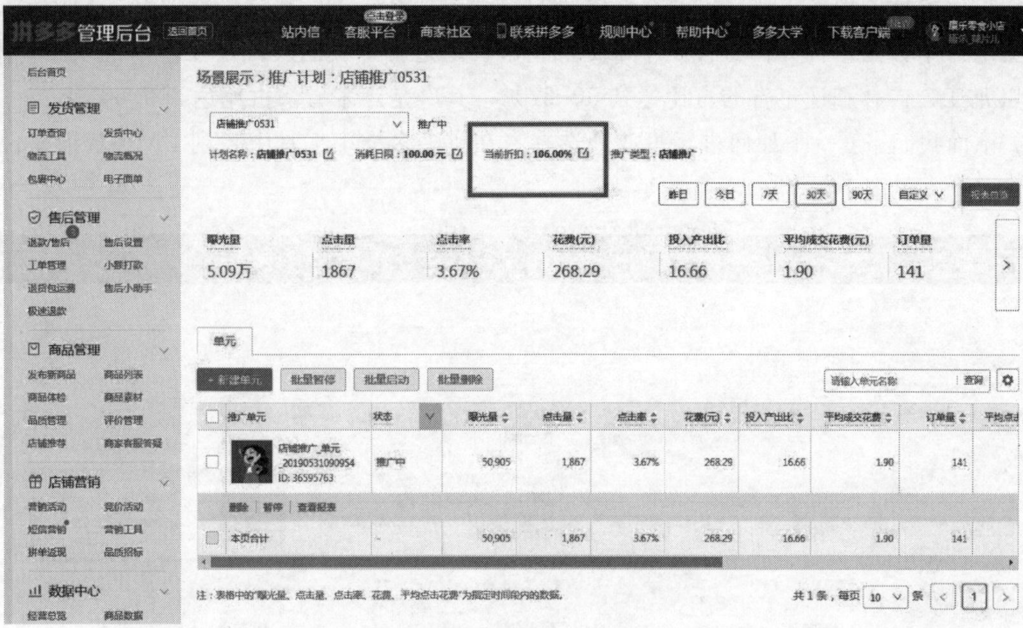

图 14-12　场景推广计划页面

点击场景推广计划页面中的当前折扣编辑按钮，弹出投放时段设置界面（见图 14-13）。

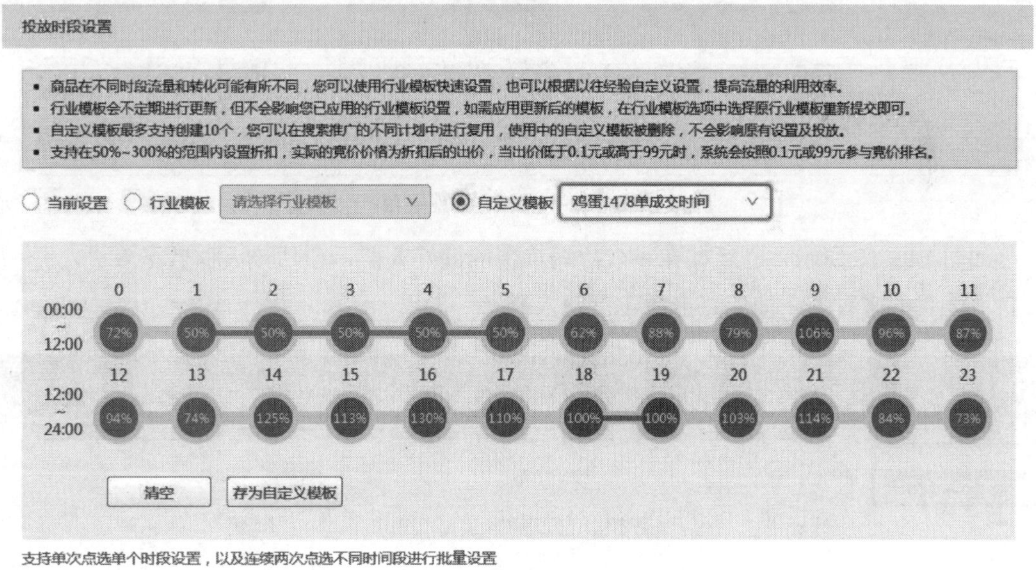

图 14-13　投放时段设置界面

点击自定义模板，再点击各个时间段并按照溢价比例数据修改分时折扣，存储为自定义模板，即完成设置。

四、投放地区设置

根据导出的订单报表统计主要成交地区。我们可以通过商家工作台直接观察访客地区，也能统计各地区占比，但是这些数据只是代表访客，不能代表最终成交，利用最终成交的订单数据进行分析将会使结果更加精准。通过筛选我们发现，在订单记录中，来自黑龙江、吉林和辽宁省的占比达到 50.67%，其次是广东省，占比达到 9.6%。

下面我们来看一下如何进行投放地选择。在拼多多推广工具中找到 DMP 营销平台，点击打开（见图 14-14）。

图 14-14 DMP 营销平台

如图 14-15 所示，已经存在一个盐焗鸡蛋的偏好人群，预估该人群数量在 10 万～15 万，下面我们来看一下如何点击新建营销人群。

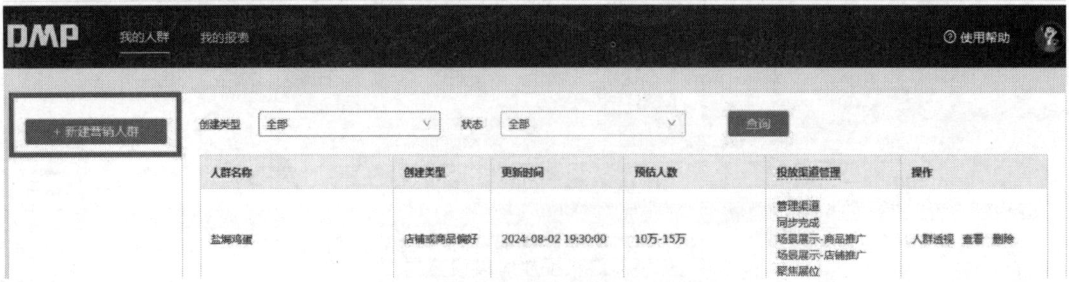

图 14-15 新建营销人群

如图 14-16 所示，点击“用户标签或行为”，进入如图 14-17 所示页面，这个页面中的圈定条件和人群标签消费者行为基本一致，在此我们只介绍如何选择地区标签。点击“人口属性”，弹出相应设置窗口如图 14-18 所示。

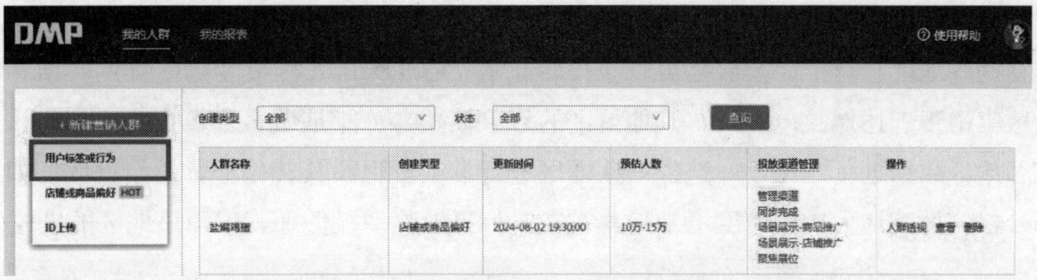

图 14－16　按照用户标签或行为新建营销人群

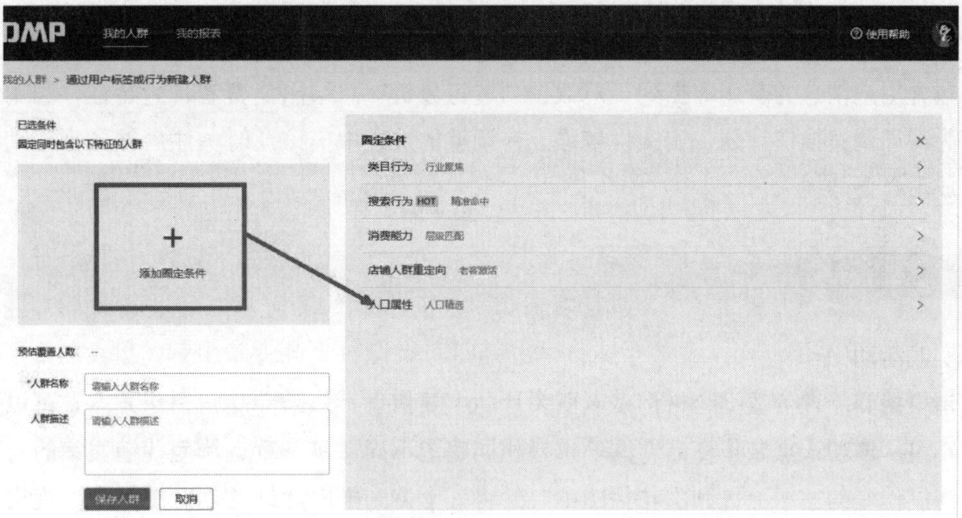

图 14－17　添加圈定条件

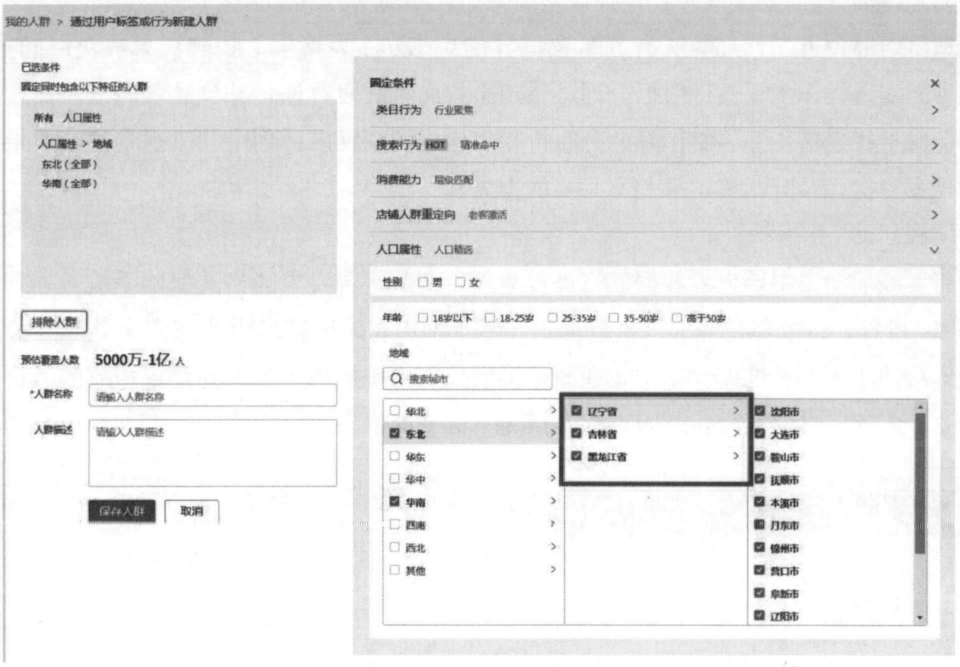

图 14－18　投放地域设置

按地区统计的数据告诉我们两个信息：第一，来自东北地区和广东的订单量占比较大，在这些地区进行推广投放是可以获得转化的，在 DMP 人群设置标签推广环节，将投放地区集中于上述地区；第二，其他地区的订单较少，可能是访客基数小，应该将该数据与访客地区数据进行对比，并选择一些地区进行尝试，观察其转化率，总结原因。如果转化率合格，那就加大投放力度增加访客基数，如果转化率极低那就取消该地区的投放。

项目小结

本项目在对店铺商品数据分析的基础上，导出指定商品在指定时间段的销售数据，筛选出包含用户信息的有用数据列，对数据列进行分析，总结出消费者行为特征，利用消费者行为特征调整推广计划，实践性较强。在调整的过程中应该及时关注店铺数据变动，避免造成不必要的损失。

实训活动

实践活动一：

请根据商品评价数据分析消费者所关注的主要信息，总结商品营销切入点，可以选择两个小组从该切入点制作商品主图，选择相同底图不同文案，重点体现营销文案的对比效果，将制作好的主图上传到主轮播图中，并将其上传到推广计划的创意图片中。观察一个小时的数据表现，分别从点击率、转化率等维度分析两张图片的表现。

实践活动二：

请将店铺中近三个月的所有订单数据导出到 Excel 表格中，找到订单成交时间数列，按照项目实践操作步骤进行数据分列，整理出相应时间段数据，并计算各时段占比，进而制作分时折扣表格，并将制作好的分时折扣表格应用到推广计划中，以观察推广效果（每小时观察一次，及时调整，避免不必要的损失）。

实践活动三：

将实践活动二中导出的数据表格进行整理，按照平台要求的格式摘出手机号一列，打开 DMP 设置，将整理好的手机号数据上传到 DMP 人群标签以生成特定人群，五分钟后将该人群同步到商品推广计划中，在商品推广计划中添加该人群，并设置相应的溢价（观察一个小时该人群的表现，及时调整，避免不必要的损失）。

思考与练习

一、判断题

1. 反映消费者特征的数据可分为基础数据和行为数据。（　　）

2. 一般商品从上架要经历萌芽期、成长期、成熟期、衰退期。（　　）

二、单项选择题

1. 为了打消买家疑虑，获取信任，我们可以在描述里添加（　　）。

A. 商品价格对比　　B. 优惠券

C. 客户好评和聊天记录　　D. 产品来源

2. 直通车是为卖家量身定制的，按照（　　）付费的营销工具，实现商品的精准营销。

A. 展现　　B. 流量　　C. 点击　　D. 成交

3. 网店装修中，应根据（　　）确定装修风格。

A. 店铺主营商品　　B. 当前季节

C. 潜在购物人群　　D. 以上都应参考

三、简答题

1. 分析店铺流量中的自然流量和付费流量之间的关系。

2. 项目所涉及产品通过前期努力，目前单品累计成交 2.4 万单，评价数据 1 万条，日成交 80 单，实现了稳定盈利，接下来是否有必要进行付费推广？如有必要，应注意哪些事项？

项目十五
商品数据分析

项目导读

商品的数据分析主要分为两个阶段：第一阶段为选品阶段的数据分析，需要结合市场行情及商品货源来进行判断；第二阶段为商品运营阶段，对于已经存在的商品销售数据进行分析，这一阶段要对比竞争对手的同类指标来不断优化产品。本项目将按照上述分类分阶段介绍商品的数据分析，让学生通过学习具备进行正确的选品操作能力，能够利用商品数据分析优化产品，让商品从激烈的竞争中脱颖而出。

学习目标

知识目标

- 了解商品数据基础
- 熟悉商品数据分析
- 掌握使用数据进行选品的技巧
- 利用数据分析推广商品

能力目标

- 能够通过数据进行选品
- 能够结合商品特性和数据特征制订营销推广计划

素养目标

- 培养正确的竞争意识
- 培养优化经营、数据经营的意识

案例导入

在电商人眼中，商品由一系列属性特征构成，这些特征数据决定了商品在平台中的权重，在提报各类营销活动的时候这些数据成为筛选商品的关键指标。在国庆和中秋双节即将来临的时候，小峰团队准备提报平台的双节大促流量池活动。大家满心欢喜地准备了商品的活动图片，将提报的价格降至产品成本价以下甚至愿意承受每单近5元的亏损，结果却被负责活动审批的小二驳回了，理由是日销GMV未达到活动基本要求，建议提升日销之后再来提报。大家没有因此而气馁，按照建议增加了该产品的推广投放，日销 GMV 得到了大幅提升，终于在双节来临的时候达到活动提报门槛，获得平台的官方邀请。

点评：商品数据分析能够帮助商家快速、准确地进行商品体检，对标同款产品优秀指标及营销活动门槛，为后续的经营提供明确的方向。

任务一　商品基础数据

店铺管理后台会为卖家提供数据统计中心功能，数据中心包含数据总览、商品数据、交易数据、售后服务、流量数据和营销数据，本任务着重介绍商品基础数据。

商品数据分析之前，我们需要了解商家后台都有哪些和商品相关的统计指标。如图 15－1 所示为商家管理后台商品数据总览，实时数据统计时间为 2024 年 4 月 15 日 10:56:32。这是一个时点数据，统计的是当天截止到这一时点的商品相关数据，主要有商品访客数、商品浏览量、支付订单数、支付转化率、被访问商品数等。统计数据选项右侧可以选择时间段，这里选择的是最近一个月的数据表现。点击“商品访客数”指标时，下方会显示出商品访客数、商品访客数均值和商品访客数优秀值。下面我们对这些指标进行详细的解释。

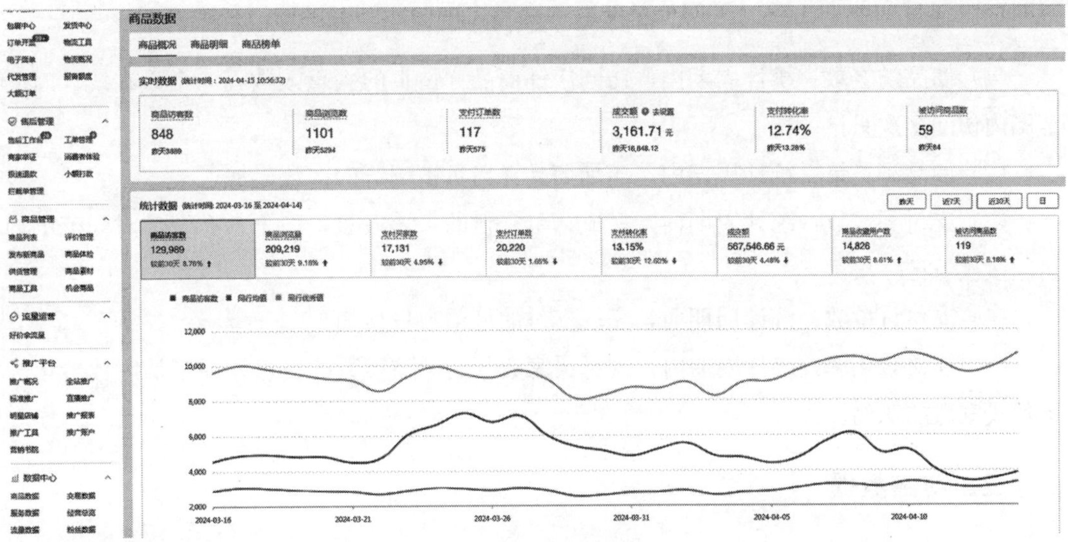

图 15－1　商品数据总览

一、实时数据

商品的实时数据如图 15－2 所示，这里主要统计商品访客数、商品浏览数、支付订单数、成交额、支付转化率和被访问商品数。

图 15－2　商品实时数据

二、统计数据汇总

商品的统计数据如图 15－3 所示，这里主要统计商品访客数、商品浏览量、支付买家数、支付订单数、支付转化率。

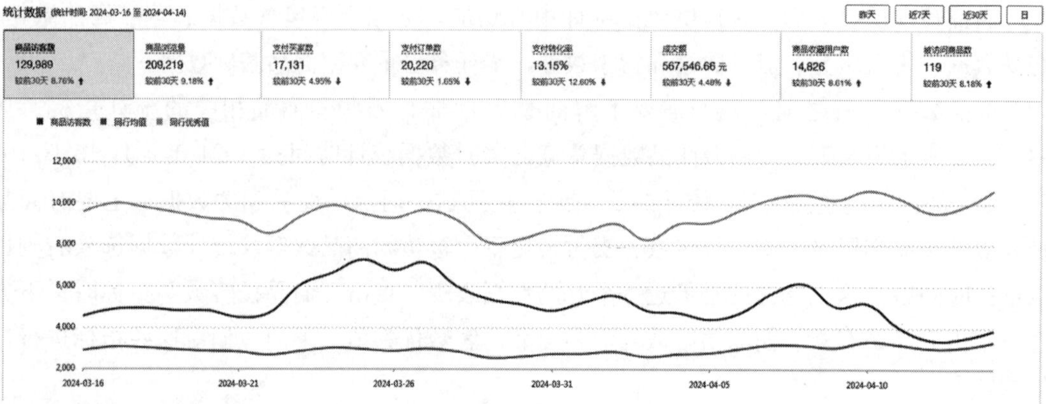

图 15－3　统计数据汇总

（1）商品访客数：统计周期内，访问店铺商品详情页的去重人数，一个人在统计时间范围内访问多次只记一次。

（2）商品浏览量：统计周期内，店铺商品详情页被浏览的次数累加。

（3）支付买家数：统计周期内，完成订单支付的去重人数，一个人在统计时间范围内访问多次只记一次。

（4）支付订单数：统计周期内，完成支付的订单数量累加。

（5）支付转化率：统计周期内，支付买家数与店铺访客数的比值，即来访客数转化为支付买家数的比例。

三、明细数据

商品明细数据可以帮助卖家查看商品在某一时间段内的数据表现，包含商品访客数、商品浏览量、支付件数、支付买家数、支付订单数、支付金额、支付转化率、支付率、下单率、商品收藏用户数（见图 15－4、图 15－5）。

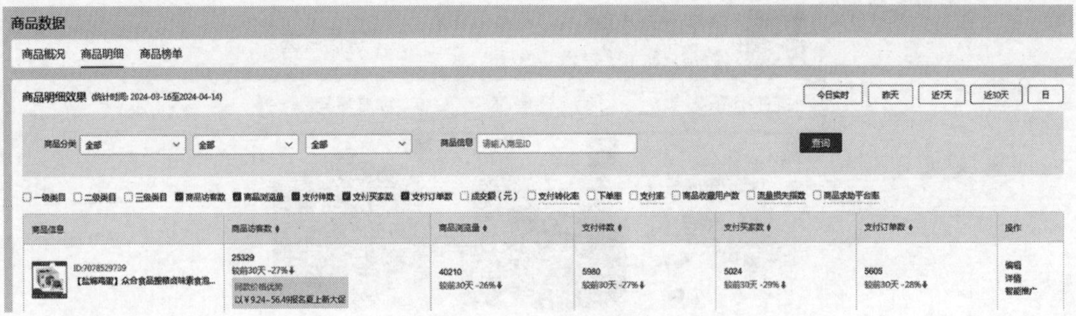

图 15－4　商品明细

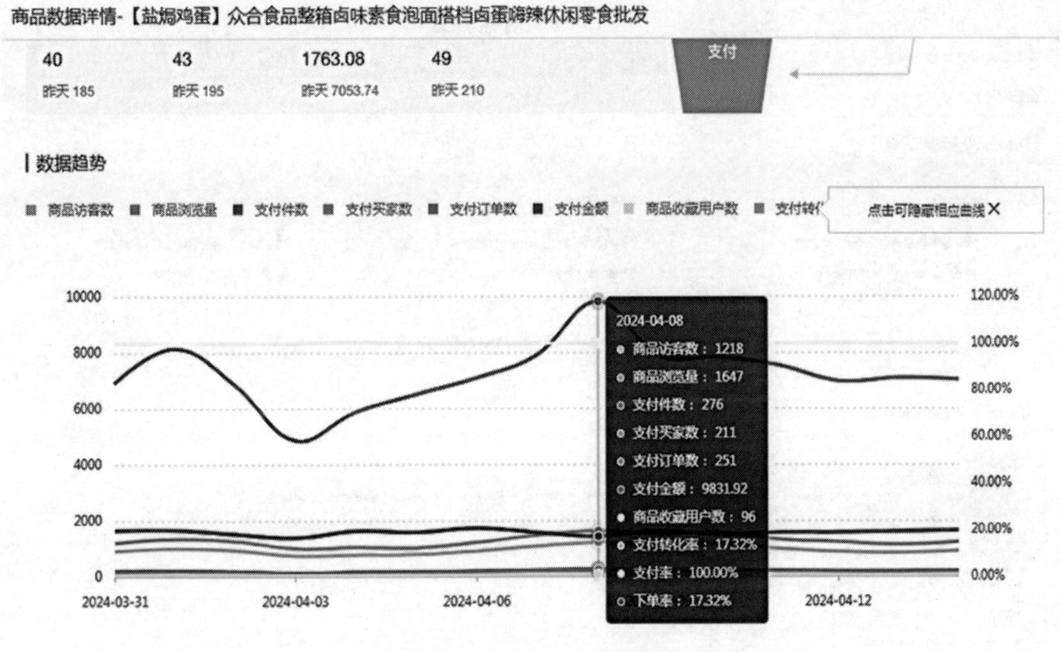

图 15－5　商品数据详情

四、商品质量及评价数据

商品 DSR（卖家服务评级系统）评分根据过去 90 天有效商品销售记录下产生的评价计算产生，评分 4.5 以上为高，如图 15－6 方框中所示，消费者端只能看到高、一般、低，商家端可以看到具体评分（如图 15－7 所示）。在相应的评分后面会显示与同行数据的对比，比如 4.56 的描述相符评分仅仅高于 41％的同行卖家，说明商品可提升的空间很大。

当我们想要详细知道某一商品的具体评价情况时，可以打开如图 15－8 所示的客户评价筛选页面，输入商品 ID 进行查询。客户评价筛选结果如图 15－9 所示。

图 15－6　店铺首页

图 15－7　店铺 DSR 评分页

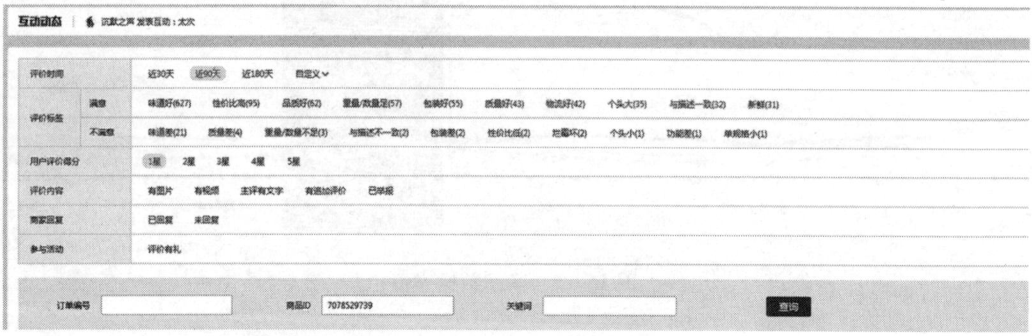

图 15－8　客户评价筛选页

图 15－9　客户评价筛选结果页

图 15－10、图 15－11 所示页面则反映了该商品在一段时间内的评分变动趋势，从中

我们可以分析出很多实际问题，图中对应的两次评分下滑需要引起注意。

商品评价(近30天)

商品信息	评价总数	描述相符评分	物流服务评分	服务态度评分	操作
ID:6034570370 湖南特产16包长沙臭豆腐邵辣妈麻辣小吃零食批发散装豆干休闲零食	917	4.52	4.63	4.64	趋势
ID:7078529739 众合盐焗鸡蛋30g*20卤味零食泡面搭档非无穷乡巴佬卤蛋批发	773	4.70	4.75	4.74	趋势

图 15－10　商品评价汇总页

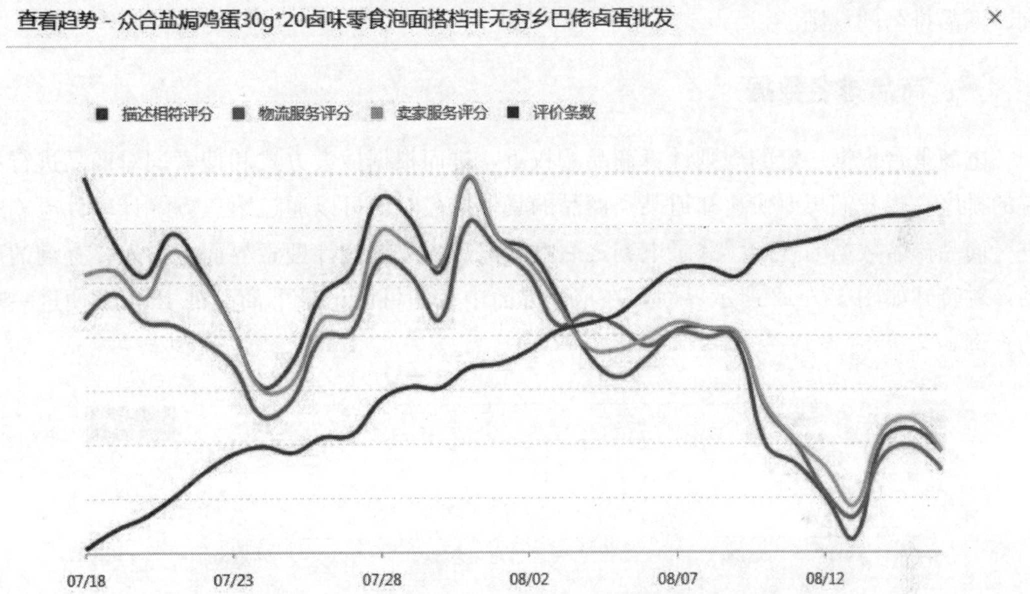

图 15－11　商品评价趋势页

第一次明显下滑出现在 7 月 23 日左右，相应的发货时间往前推 5～7 天，也就是 7 月 15 日前后，通过和售后客服沟通发现该时段买家反馈问题较多，主要原因是盒装产品断货，改用袋装产品替换，但是并没有注意到袋装产品内置货物鸡蛋要比盒装鸡蛋看起来小，导致一些买家对产品不满意，对商家产生了不信任，评分出现了下降。经过改正，问题解决以后，评分慢慢又上去了。

第二次明显下滑出现在 8 月 1 日至 12 日之间，中间出现几天持平。经过总结发现，这一问题出现的原因是：第一，8 月份进行了客服人员的更换，新员工业务不够熟练，对于产品属性了解不全面，经过几天的适应后慢慢进入了持平阶段；第二，8 月初在与仓库的沟通中得知库存商品中的最早生产日期为 6 月 10 日，店铺运营随即将网店产品属性中的生产日期调整为 6 月 10 日以后，但是仓库后续发货过程中却出现了 4 月 7 日批次生产的产品，导致了本不该出现的负面评分。

这些问题告诉我们，店铺运营中或多或少都会出现一些问题，这些问题往往可以通过数据的分析来总结原因并给出相应的解决办法，进而为后续运营提供借鉴。

任务二 商品营销数据基础

传统零售店铺讲究地段和人流量，网络零售店铺则看中商品排名、访客量和点击率等指标，如何提升商品的排名成为电商团队制作营销方案时必须要面对的问题。要提升商品排名就需要先了解排名的规则和影响因素，本任务将从数据的角度讲解商品排名数据的查询、商品排名的规则。

一、商品排名数据

电商平台根据一定的规则计算商品的权重，进而根据搜索方式和搜索词对商品进行相应的排序。当我们想要快速知道某类商品的具体排名时，可以通过第三方统计软件电霸来进行商品排名数据的查询。登录电霸之后打开电霸大数据统计搜索界面，输入要查询的商品，跳转到如图 15－12 所示界面，在这个界面中我们可以记录下商品的 ID，方便进一步的查询。

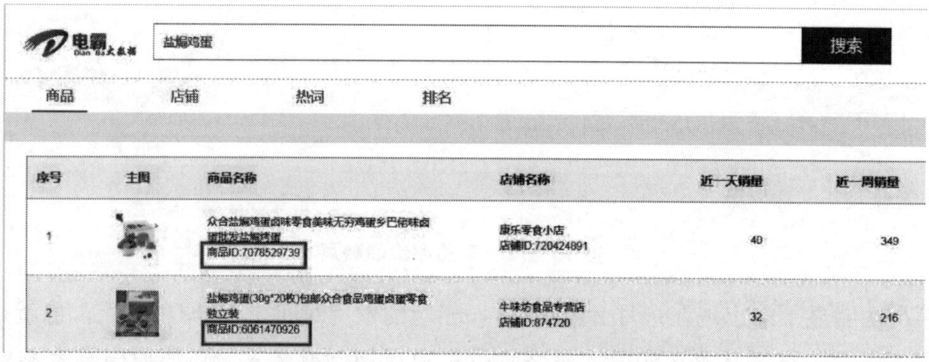

图 15－12　商品搜索结果页面

点击商品名称，跳转到如图 15－13 所示页面，这个页面可以看到商品的发布时间、商品后台所属类目，还可以查看销量和价格及类目排名，要注意类目设置一定要正确。

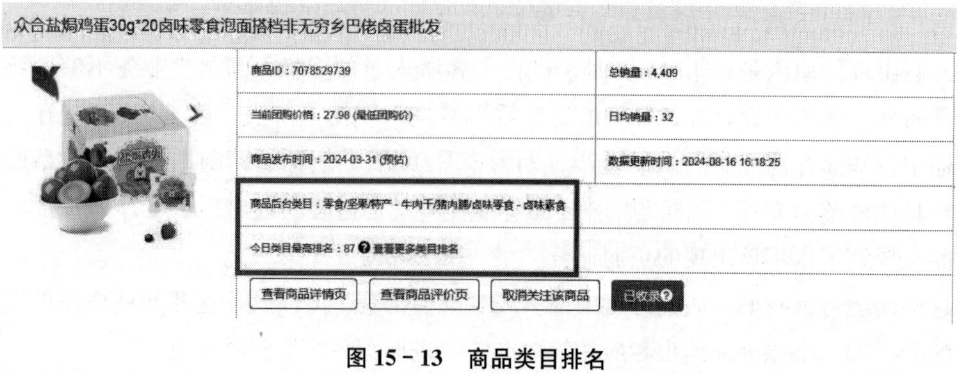

图 15－13　商品类目排名

在如图 15－14 所示页面，可以了解到当前所在类目下的商品总数、在售店铺总数及销售趋势。

图 15－14 同类目下商品相关数据

在如图 15－15 所示界面，可以查看该商品最近一个月的销售情况。

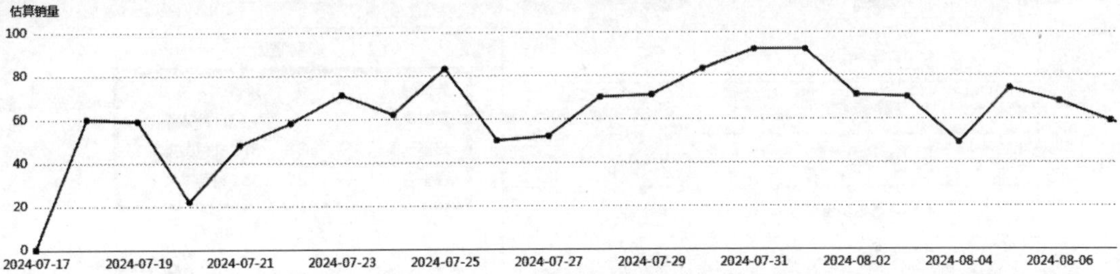

图 15－15 商品销量统计

如图 15－16 所示，将鼠标放置在“搜排名”处，在搜索栏输入商品 ID，即可进行商品的排名查询。

图 15－16 电霸大数据统计搜索界面

商品类目排名界面和关键词排名界面如图 15－17 和图 15－18 所示。与图 15－13 所示界面相比，类目排名由前一天的 87 位提升到了 47 位，波动幅度很大，说明该类目下商品竞争并不激烈，商品销量的些许改变能够极大地影响排名。

类目排名的作用在买家进行非精确查找时才体现出来，如买家在平台上搜索时从一级类目、二级类目这样来查询，系统的推荐结果就会根据商品的类目排名来进行。

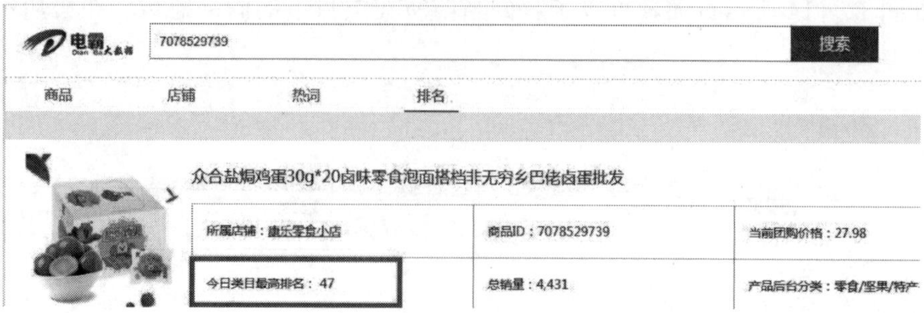

图 15－17　商品信息界面

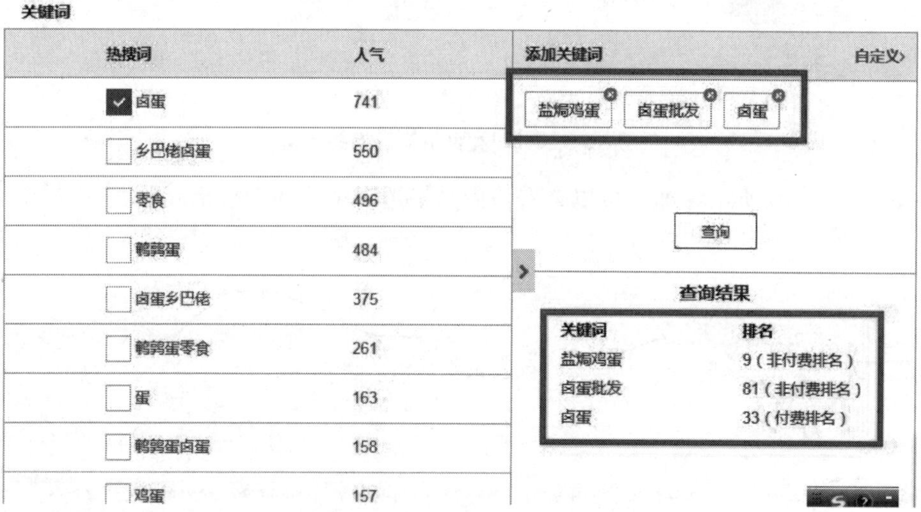

图 15－18　商品关键词排名

在如图 15－18 所示页面中，左侧为该商品的热搜词和相对应的搜索人气，右侧方框中为相应关键词的排名查询结果。排名结果又区分为付费排名和非付费排名两种，非付费排名即通常所说的自然排名。这两种排名是建立在搜索关键词下面的，只有当买家搜索该关键词时，商品才会按照这个排名顺序展示。

需要注意的是，在实践操作中，每个用户的搜索结果并不严格按照上述排名展示，因为平台会根据消费者行为进行个性化的推荐，这时候对于上述排名会有一定的影响。

二、商品排名规则

（一）自然排名

自然排名也就是图 15－18 所示页面中的非付费排名，又可以分为综合排序，销量、价格排序，筛选排序和店铺排序。

1. 综合排序

综合排序是指按照商品的销量、价格、售后、评分等综合因素进行排名更新。一般情况下，用户默认的排序方式为综合排序，如图 15－19 所示。

图 15-19 商品综合排序

在未点击销量、价格、筛选等选项时，商品按照综合得分来进行排序，其影响因素主要有商品质量分和商品基础数据。商品质量分根据商品图片的点击率、转化率、品质退款率等多维度数据测算，其中最重要的因素是点击率，商家可以通过优化主图、详情页、客服业务水平等提升质量分。商品基础数据主要包括近期的销量、评价、好评率等，商家可以通过一定的推广手段来改善基础数据。

2. 销量、价格排序

这种排序方式相对简单，一般情况下销量从高到低降序排列，价格从低到高升序排列。商家可以操作的部分主要是低价格 SKU 的设置，在 SKU 设置完成以后，一定要进行商品体检，在不违反低价引流的前提下，为商品设置适当的 SKU，可以吸引更多的流量。

3. 筛选排序

筛选排序则根据消费者对于商品属性的偏好来进行排序，可选参数有价格区间、店铺偏好、包装方式等。商家要注意的是商品属性信息的完整性，因为在这种排序方式下，不同类目的商品属性不同，如食品类的有包装方式区别、女装类的有面料区别，所以商家应该定期检查店铺中商品的属性填写完整度。商品属性里的品牌栏一定要填写完整，对于平台未包含的品牌要及时向平台进行申请。在所有属性相同的基础上，商品排序按照质量分高低来进行，所以商家还要努力提升商品的质量分。

4. 店铺排序

根据店铺标题与关键词的匹配度进行排序，店铺名应尽量包含主营类目关键词（见图 15-20），另外尽可能开设专营店、专卖店和旗舰店，这将会在用户端优先展示。

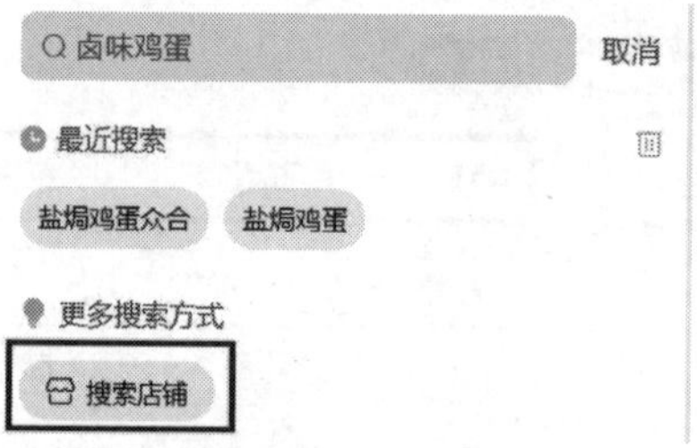

图 15-20　店铺排序

（二）搜索推广排名

1. 搜索推广

搜索推广是专门服务于拼多多商家的推广营销工具，通过关键词竞价获得排名，按点击进行扣费（见图 15-21）。拼多多商家可以通过搜索推广让自己的商品排名靠前，在用户搜索时可以优先获得商品在用户面前展示的机会，为商品和店铺引流，从而提升店铺销量及交易额。

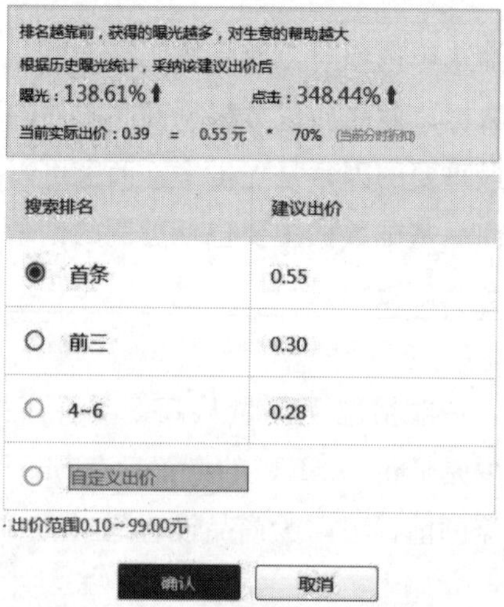

图 15-21　搜索推广关键词出价图

2. 搜索推广的排名与扣费规则

（1）排名规则。

综合排名＝关键词质量分×关键词出价

（2）扣费规则。

按单次点击扣费，虚假点击将被系统反作弊体系过滤，不计扣费。

单次点击扣费＝(下一名出价×下一名质量分)/自己的质量分＋0.01 元

3. 质量分

质量分是搜索推广中衡量关键词与商品推广信息及拼多多用户搜索意向相关性的综合性指标。以 10 分制的形式呈现，分值越高，可以获得更可观的流量，获得更理想的推广效果。

质量分的主要计算维度是关键词相关性、类目相关性和推广商品质量，其中核心的因素是关键词的点击率，可以从提升关键词点击率的角度进行优化。

4. 搜索推广的展示位置

(1) 展示渠道：拼多多手机客户端、拼多多微信小程序、拼多多 H5 商城。

(2) 展示位置：在搜索结果页面的第 1、7、13、19……位置，每隔 6 个商品有一个广告位。

(三) 场景推广排名

1. 基本原理

场景推广排名主要是凭借优质资源位，以商品和店铺展示为基础、以精准定向为核心，面向全网精准流量进行实时竞价。支持按点击付费（展现不扣费），为商家提供精准定向、效果监测等服务，帮助商家实现商品定向推广的功能。

2. 排名规则

推广商品必须在定向覆盖人群中，然后再根据综合排名排序。其中商品质量分与商品销量、点击率等因素相关。

3. 扣费规则

按单次点击扣费（展现不扣费）。同一个买家对同一个推广商品或店铺多次点击只记一次，虚假点击将被系统过滤，不计扣费。

4. 展示渠道

拼多多手机客户端、拼多多 H5 商城。

任务三　商品营销数据分析

一、指标与计算公式

在制作商品推广方案之前，除了要掌握和商品相关的成本、运费、价格等信息，还需要掌握一些常见的指标计算公式。

(一) 售价

顾名思义，售价即商品在平台上的销售价格，这个价格最好是去掉常规优惠活动的价格，或者称之为买家实际支付给卖家的价格。比如上述盐焗鸡蛋产品标价 29.8 元，实际销售过程中商家将 3 元店铺收藏券作为常规操作，或者是在取消优惠券的时候，促销活动价格是 26.8 元，这时候应该计算的真实售价就是 26.8 元。

(二) 成本价

这里的商品成本价并非出厂价，而是仓库的到岸价，换言之，即出厂价格加上运往相应仓库的运费和装卸货成本费用。

（三）快递费

目前市场上的快递公司首重一般是1公斤，结合自身商品来看，符合首重要求，快递费用在3.5元左右。快递公司根据日发货量定价，江浙沪地区普遍在1元左右，如果快递包仓，发货量大更加优惠。

（四）毛利率

毛利率通过毛利润除以真实售价来计算，真实售价减去成本和运费即是毛利润。

毛利率＝(真实售价－到岸成本－运费)/真实售价

（五）持平ROI

ROI指的是投入产出比，持平ROI也叫盈亏平衡点。对于商家来讲，持平ROI意味着不赔不赚，卖家总是希望在这个平衡点上尽可能多地出货，以快速提升基础数据，增加权重。其计算公式如下：

ROI＝销售额/成本

持平ROI＝真实售价/利润＝1/利润率

（六）店铺运营核心公式

转化率＝订单数/访客量

营业额＝访客量×转化率×客单价

店铺运营主要围绕这些指标来展开，做付费推广主要是为了带动访客量。

自然流量主要靠提高排名来获取，快速提高排名的捷径之一便是做付费推广。访客量是成交的基础，只有基础数据够大，转化的绝对数量才会提高。店铺运营指标关系如图15－22所示。

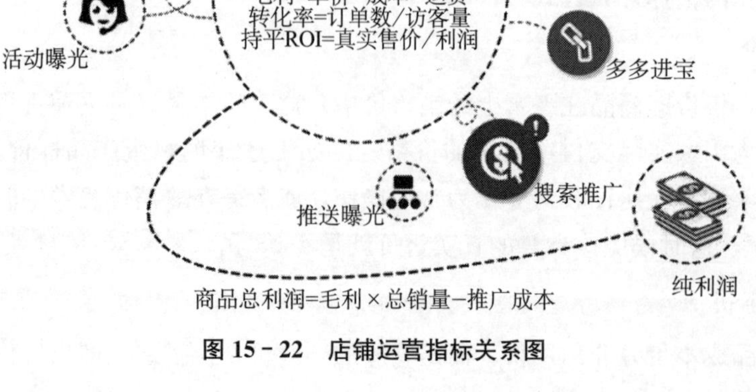

图15－22 店铺运营指标关系图

二、数据分析

下面我们开始制定商品推广方案，将商品信息填写到如表 15－1 所示的表格中，主要包括商品的售价、成本、快递费、毛利率和持平 ROI。

表 15－1　商品信息表

商品名称	售价	成本	快递费	毛利率	持平 ROI
盐焗鸡蛋	29.8	21	3.5	0.18	5.6
盐焗鸡蛋	54.9	42	3.5	0.17	5.8
臭豆腐	12.8	5.6	3.5	0.29	3.5
臭豆腐	21.8	11.2	3.5	0.33	3

将近 30 天的商品推广数据填写到如表 15－2 所示的表格中，这个表格包含四个部分：左上角为近 30 天该商品的汇总数据，即不区分访客来源的情况下，近 30 天的访客量、浏览量、转化率、销售额等指标；右上角为近 30 天访问该商品的自然流量，统计指标包含访客量、销售额和转化率，此处的转化率可以方便地同搜索、场景转化率进行对比，一般情况下自然流量的转化率要高于付费推广的转化率；左下角为近 30 天的搜索推广数据，包含访客量、订单量、销售额、消耗和 ROI；右下角为近 30 天的场景推广数据，包含访客量、订单量、销售额、消耗和 ROI。这里的消耗也就是推广花费，指的是近 30 天为了店铺引流，由访客点击所产生的推广费用。

表 15－2　推广效果汇总表

	近 30 天汇总数据					近 30 天自然流量			搜索	场景
商品名称	访客量	浏览量	转化率	订单量	销售额	访客量	销售额	转化率	转化率	转换率
盐焗鸡蛋										
	近 30 天搜索推广					近 30 天场景推广				
商品名称	访客量	订单量	销售额	消耗	ROI	访客量	订单量	销售额	消耗	ROI
盐焗鸡蛋										

汇总访客量由自然访客量、搜索访客量和场景推广访客量共同构成，在商家后台，可以通过数据中心→经营总览→商品明细来查看。

以盐焗鸡蛋为例，近 30 天的基础数据如图 15－23 所示，将商品访客数（29 379）、商品浏览量（49 994）、订单量（1 809）填入表 15－2 汇总数据对应单元格中。

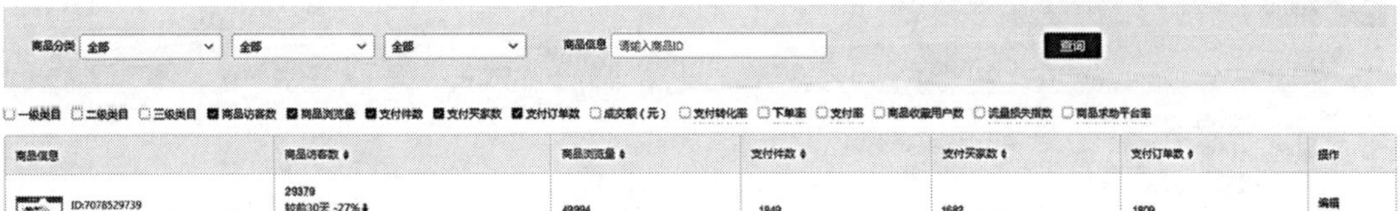

图 15－23　近 30 天商品汇总数据

搜索推广（见图 15－24）和场景推广（见图 15－25）数据通过商家后台推广计划进行查看，要注意查看的时间为近 30 天，与前面保持一致。

如图 15－24 所示页面为近 30 天商品搜索推广数据，从图中可以看到点击率为 6.63%。这是一个合格的点击率，但是不够优秀，优秀的点击率在 10%以上。影响点击率的因素主要有商品排名、相关性、图片质量、价格等因素。

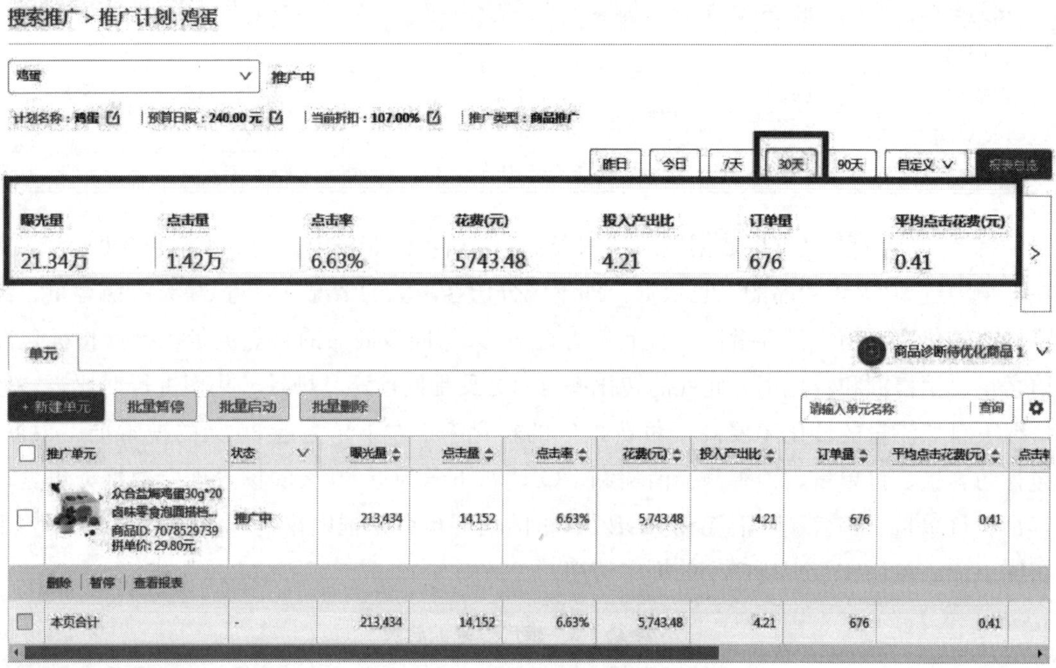

图 15－24　近 30 天商品搜索推广数据

图 15－25　近 30 天场景推广数据

商品排名越靠前，点击率相应就越高，因为人们习惯性地从上到下来进行浏览。

商品和搜索词的相关性也会影响点击率。如果选择的关键词排名很高，但是相关性很低，就会产生曝光量高、点击率低的现象，所以选词的时候尽量不要选范围太大的词，在保证曝光量的前提下，一定要选择和推广商品相关的词。

图片质量和价格也是影响点击率的重要因素。图片制作要符合平台规定、突出产品卖点、有一定的区分度，价格设置要适当。

将以上数据填写到对应单元格中即可得到表 15-3。

表 15-3 数据分析表

商品成本属性						近 30 天汇总数据				
商品名称	售价	成本	快递费	毛利率	持平 ROI	访客	浏览量	转化率	订单量	销售额
盐焗鸡蛋	29.8	21	3.5	0.18	5.6	29 379	49 994	5.73%	1 809	66 670
	近 30 天汇总数据					近 30 天自然流量			搜索	场景
商品名称	访客	浏览量	转化率	订单量	销售额	访客	销售额	转化率	转化率	转换率
盐焗鸡蛋	29 379	49 994	5.76%	1 809	66 670				4.78%	4.16%
	近 30 天搜索推广					近 30 天场景推广				
商品名称	访客	订单量	销售额	消耗	ROI	访客	订单量	销售额	消耗	ROI
盐焗鸡蛋		676	24 165	5 743	4.21		747	27 709	3 947	7.02

从表 15-3 中可以看出，商品付费推广的持平 ROI 为 5.6，搜索推广的 ROI 为 4.21，低于盈亏平衡，处于亏损阶段；场景推广的 ROI 为 7.02，属于略微盈利，综合来看商品推广 ROI 基本持平。

一般情况下，可以将付费推广划分为 4 个阶段。

(一) 新品

新品意味着刚上架不久，同时还应注意，这里的“新”不应仅局限于自己的店铺，而是要看在整个平台中是不是新产品。新品具有区分于市场上已有产品的特征属性，新品的基础数据销量、评价基本是空白的，拥有新品标签，这个阶段的 ROI 数据基本可以忽略，商家在这一阶段应该努力完善基础数据，也就是俗称的内功优化，先从商品自身做起。

对于搜索推广而言，这一阶段的任务主要是提升关键词的质量分，如图 15-26 所示，尽量将质量分提升到 9～10 分。提升质量分的核心是优化图片的点击率，点击率高说明产品和关键词相关性高，图片有吸引力，注意每日调整关键词出价使得日曝光量在 3 位数以上。

新品期的另外一个任务就是数据测图，由店铺运营提供商品的核心卖点和图片素材，安排美工制作符合大小的精美主图。如图 15-27 所示，四张主图的曝光量基本一致，观察不同主图的点击率，可以看到没有边框的两张主图点击率明显要高于第一张和第四张，通过这种方式可以筛选出点击率较高的图片作为商品的主图，进而有效提高商品的质量分。

关键词	状态	关键词健康度	质量分	15:00 - 16:00 平均排名	出价(元)	曝光量	点击量	点击率	花费(元)
盐焗鸡蛋	推广中	一般	10分	-	0.30	0	0	0.00%	0.00
烤蛋	推广中	一般	10分	11-15	0.34	4	0	0.00%	0.00
删除 | 查看报表									
无穷鸡蛋	推广中	待优化	9分	4-6	0.34	207	15	7.25%	5.60
卤蛋鸡蛋	推广中	一般	9分	11-15	0.29	1	0	0.00%	0.00
鸡蛋零食	推广中	一般	9分	-	0.23	0	0	0.00%	0.00
卤蛋	推广中	一般	9分	16-20	0.30	5	0	0.00%	0.00
盐焗卤蛋	推广中	一般	9分	7-10	0.36	33	5	15.15%	1.79
卤蛋泡面	推广中	一般	9分	前三	0.34	5	0	0.00%	0.00

图 15－26　搜索推广关键词质量得分

创意	状态	尺寸	曝光量	点击量	点击率	花费(元)	投入产出比	订单量	平均点击花费(元)
30g*20盐焗鸡蛋卤味零食无穷鸡蛋乡巴佬味... ¥29.80	推广中	800*800	684	43	6.29%	16.71	3.39	2	0.39
众合盐焗鸡蛋卤味零食美味无穷鸡蛋乡巴佬... ¥29.80	推广中	960*960	981	91	9.28%	33.35	9.10	9	0.37
删除 | 编辑 | 查看报表									
盐焗鸡蛋卤味零食美味无穷鸡蛋乡巴佬味卤... ¥29.80	推广中	960*960	993	93	9.37%	35.12	2.41	2	0.38
众合盐焗鸡蛋卤味零食美味无穷鸡蛋乡巴佬... ¥29.80	推广中	800*800	660	35	5.30%	13.27	8.18	3	0.38

图 15－27　搜索推广创意测图

（二）冲刺期

在商品拥有了一定的基础销量以后，一般累计销量在 1 000 件左右、有效评价在 300 条以上，商品的转化率也会随之提高，可以开始提高推广的投入花费。这个时期的目标任务是筛选成交关键词，既要衡量投入产出比，又要衡量订单量。有的关键词投产比很高，但是出单量小，比如图 15－28 中的前几个词，这是按照投入产出比降序排列的，这几个词还需要进一步观测，主要是因为曝光量小样本数据不足，借鉴意义不大，可以通过增加曝光量和点击量来识别。

商品处于冲刺期，应该选择已经出单的关键词，增加投入比例，快速拉升订单量，比如图 15－28 中的关键词“无穷鸡蛋”，出单量基础高，投产比有很强的借鉴意义，可以认为表现比较稳定，就可以作为这个时期拉升单量的主要关键词。一般情况下，冲刺期的目标要达到 5 000 单以上，有效评价 2 000 条。

（三）稳定期

对于商家而言这个时期是有利可图的，也是比较省心的一段时期。处于稳定期的产品在与同类商品的比较中表现中规中矩，但是产品已经有了自己的消费人群，自然单量应该

关键词	状态	曝光量	点击量	点击率	花费(元)	投入产出比	订单量	平均点击花费(元)	点击转化率
盐焗蛋	推广中	60	5	8.33%	1.55	32.82	1	0.31	20.00%
无穷蛋	推广中	164	17	10.37%	6.10	32.20	1	0.36	5.88%
乡巴佬卤蛋 五香	推广中	506	14	2.77%	4.20	24.53	2	0.30	14.29%
删除 | 查看报表									
卤蛋鸡蛋	推广中	761	25	3.29%	5.83	14.00	2	0.23	8.00%
无穷鸡爪	推广中	390	8	2.05%	2.08	13.45	1	0.26	12.50%
鸡蛋批发 整箱	推广中	3,098	284	9.17%	115.37	6.24	18	0.41	6.34%
盐焗卤蛋	推广中	4,358	227	5.21%	93.94	6.22	10	0.41	4.41%
卤蛋泡面	推广中	12,116	1,093	9.02%	431.77	6.14	72	0.40	6.59%
鹌鹑蛋卤蛋	推广中	6,640	238	3.58%	93.21	5.36	17	0.39	7.14%
零食卤蛋	推广中	2,629	100	3.80%	31.58	5.19	5	0.32	5.00%
卤味零食 批发	推广中	442	19	4.30%	5.00	4.78	1	0.26	5.26%
无穷鸡蛋	推广中	20,700	2,089	10.09%	792.77	4.53	101	0.38	4.83%
无穷盐焗鸡蛋	推广中	14,967	1,958	13.08%	759.59	4.47	91	0.39	4.65%

图 15-28　搜索推广关键词投入产出比排名

能够占据总单量的三分之一。只要达到持平 ROI，通过简单地修正，即可维持单量的稳定增长，这个时期的目标应该达到 1 万单。

（四）盈利期

在度过稳定期后，商品在同类商品中排名已经非常靠前了，这个时期的自然排名往往在前十左右了，自然排名高于付费排名，则付费推广的比例已经很难再提高了，所以这个时期的投入相对会降低，但是 ROI 要比之前任何一个阶段都要高。商家一定要把握住这个阶段，之前的所有努力都是为了这个阶段的爆发。

相关推广阶段详见表 15-4。

表 15-4　推广阶段划分

阶段	新品	冲刺期	稳定期	盈利期
推广	获取数据	ROI 稍低	持平 ROI	超高 ROI
投入	低	高	高	低
盈亏	负利润	零利润	高利润	高利润

项目小结

本项目主要针对商品自身的数据指标进行了介绍。通过学习应该了解主要的商品指标，尤其是在制作推广计划的过程中，一个可行计划的制订需要实践来验证，只有在不断修改的基础上才能使当前计划适应商品数据的积累。

实训活动

实践活动一：制订搜索推广计划，列出主要步骤并逐步实施。

实践活动二：制订场景推广计划，列出主要步骤并逐步实施。

思考与练习

一、判断题

1. 影响关键词质量得分的主要因素是点击率。（ ）

2. 关键词综合排名的高低取决于质量分和出价的乘积。（ ）

3. 搜索推广的点击单价等于商品关键词的出价。（ ）

4. 盈亏平衡的投产比与毛利率呈现倒数关系。（ ）

5. 推广时段折扣应根据历史成交数据来进行设置。（ ）

二、单项选择题

1. 盈亏平衡点的 ROI 和利润率之间的关系是（ ）。

A. 正比例　　B. 反比例　　C. 等比例　　D. 无关

2. 下列哪个价格组合有可能会被判定为低价 SKU 引流？（ ）

A. 6.9～9.9 元　　B. 9.9～29.9 元　　C. 9.9～54.9 元　　D. 19.9～29.9 元

3. 对商品搜索推广里面的关键词质量得分影响最大的因素是（ ）。

A. 产品与关键词的相关性　　B. 点击率

C. 转化率　　D. GMV

三、简答题

1. 项目所涉及的一款产品有两个 SKU，拼单价格分别是 29.8 元和 54.9 元，单买价格分别是 32.9 元和 59.9 元，经营团队为该产品设置了 3 元商品券和 4 元店铺收藏券，请罗列出消费者购买商品时可能出现的价格。

2. 以 29.8 元这一款 SKU 为例，其产品到岸价为 20 元，快递和纸箱、胶带等费用为 3.5 元，请计算其持平 ROI。

项目十六
YExcel 的使用

项目导读

为了使数据表中的数据更具可读性，方便统计与分析处理，需要对部分数据进行可视化显示。运用 YExcel 的基本功能，可以对 Excel 数据进行提取，进行图形化展示。

学习目标

知识目标

- 了解 YExcel 的基本功能
- 掌握 YExcel 的使用范围

能力目标

- 能够进行 YExcel 的基本操作
- 能够结合生活中的具体实例，灵活运用 YExcel 的相关功能

素养目标

- 培养自主探索的意识
- 培养创新思维，能适应电子商务的不断变化

案例导入

为了让数据可读性更高、方便统计出数据趋势，小峰学习了如何提取数据并转换为折线图、柱状图等形式。即便如此，相关数据由于多采用第三方处理软件或者依靠多个第三方付费平台，并不方便实时查阅，有时会影响老板的决策。为了破解以上困境，小峰借助第三方公司开发的开源免费软件 YExcel 实现公司数据的统一化管理，并逐步融入智能化决策元素，大大提高了工作效率和管理体验。

点评： 伴随着云计算和大数据时代的来临，企业数据实现智能化决策是未来的一个重要发展方向，在数据决策时代如何使得企业的数据实现统一化管理变得日益迫切。

任务一 认识 YExcel

YExcel 是一款开源免费的数据处理软件，因其易学易用，深受广大数据处理用户喜爱。基本功能包括登录/注册、个人资料管理、文件目录管理（创建目录、编辑目录、删除目录、启用/关闭等）、文件管理（上传、预览、查询、下载、删除、图形化展示等）等。登录后的界面如图 16－1 所示。

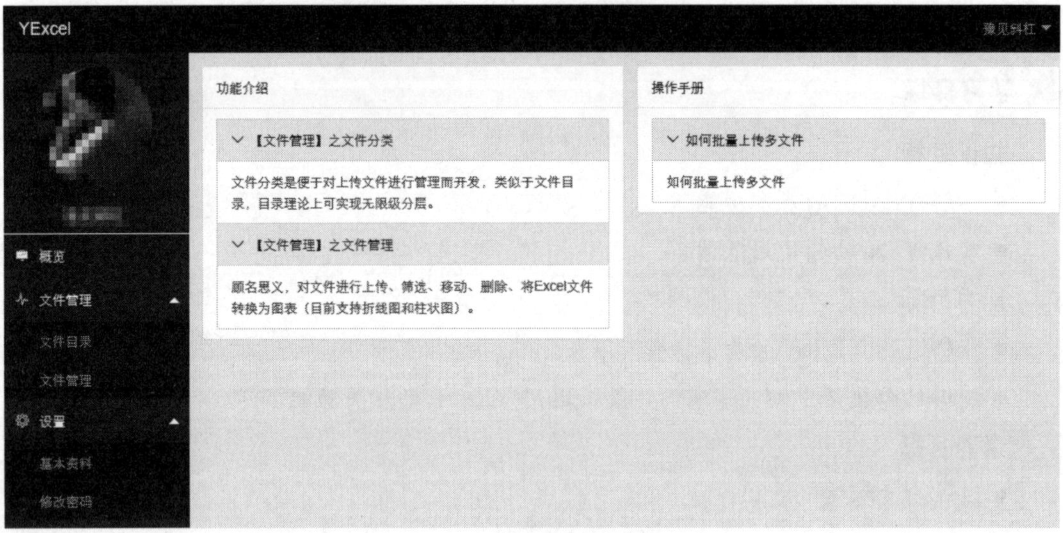

图 16－1　YExcel 基本功能概览

任务二 学习 YExcel 的操作

为了方便用户建立和维护工作表，YExcel 提供了多种编辑命令，支持对单元格中的数据进行选取、复制、粘贴和删除等基本操作。

一、注册登录

打开官方网站，进入注册登录界面，如图 16－2 所示。

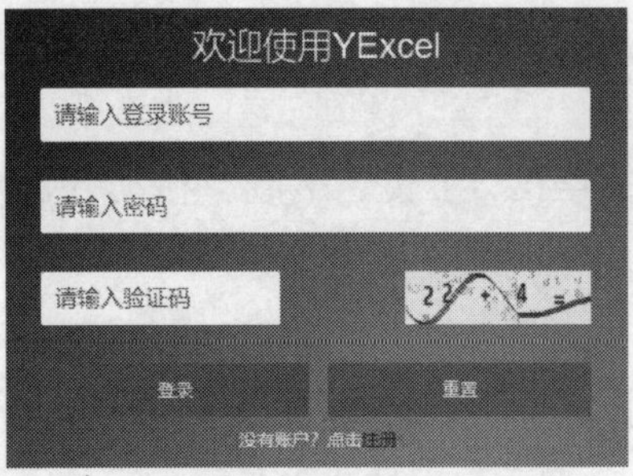

图 16－2　注册并登录

二、文件目录管理

(一) 目录管理

登录成功之后点击左侧导航“文件目录”进入目录管理页面（见图 16－3）。可以看到对应的操作按钮为“创建目录”“启用/关闭”“编辑”“删除”，根据需要进行操作即可。

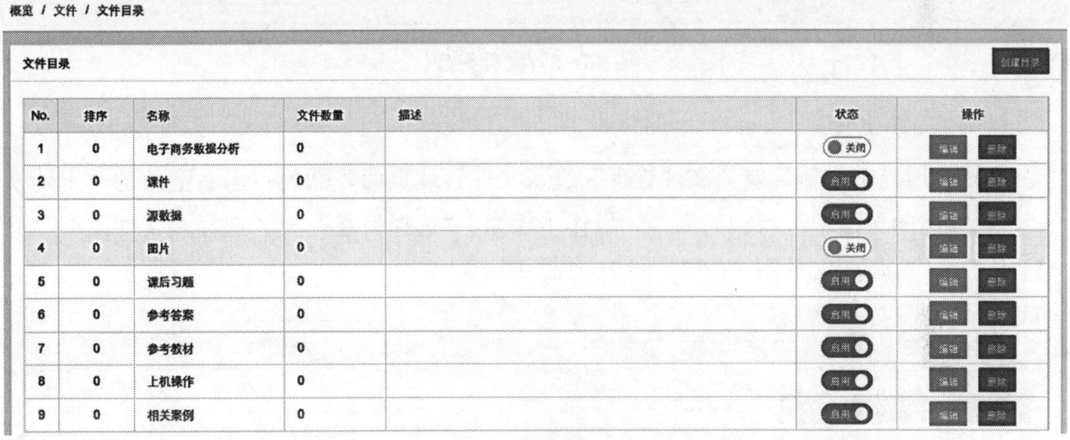

图 16－3　目录管理

(二) 目录创建

进入目录管理页面，点击右上角的“创建目录”，在弹窗表单（见图 16－4）中填写相关信息，点击“添加”即可创建目录。

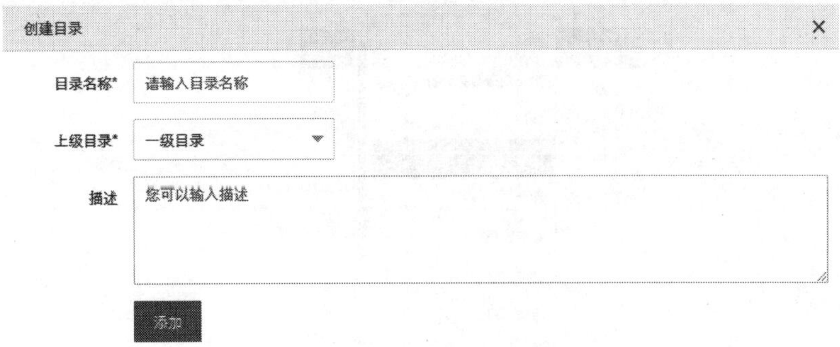

图 16－4　文件目录的创建

三、文件管理

文件管理，包括对文件的查找、上传、下载、移动（目录）、删除、预览以及图形化展示等操作（见图 16－5）。

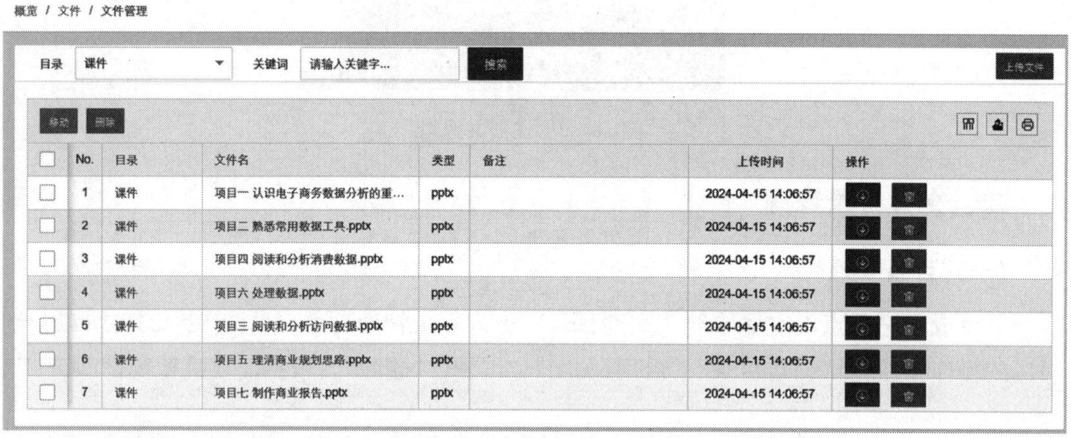

	No.	目录	文件名	类型	备注	上传时间	操作
	1	课件	项目一 认识电子商务数据分析的重...	pptx		2024-04-15 14:06:57	
	2	课件	项目二 熟悉常用数据工具.pptx	pptx		2024-04-15 14:06:57	
	3	课件	项目四 阅读和分析消费数据.pptx	pptx		2024-04-15 14:06:57	
	4	课件	项目六 处理数据.pptx	pptx		2024-04-15 14:06:57	
	5	课件	项目三 阅读和分析访问数据.pptx	pptx		2024-04-15 14:06:57	
	6	课件	项目五 理清商业规划思路.pptx	pptx		2024-04-15 14:06:57	
	7	课件	项目七 制作商业报告.pptx	pptx		2024-04-15 14:06:57	

图 16－5　文件管理

（一）文件上传

登录之后点击左侧导航“文件管理”进入文件管理页面，然后点击右上角的“上传文件”，在弹出的页面中进行相关操作，操作步骤为：“选择目录”→“选择多文件”→“开始上传”→“保存”（见图 16－6、图 16－7、图 16－8）。

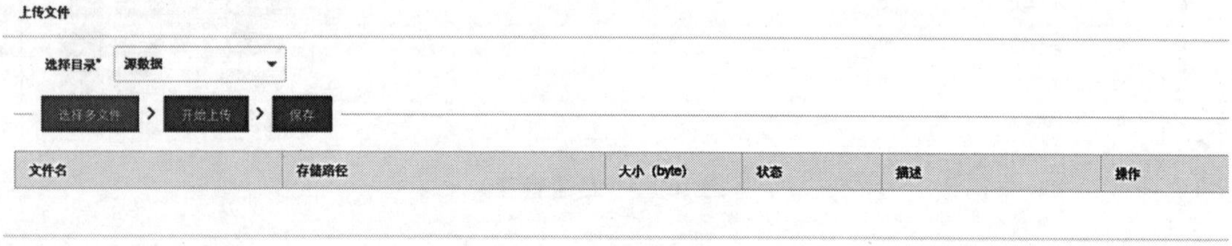

图 16－6　文件批量上传

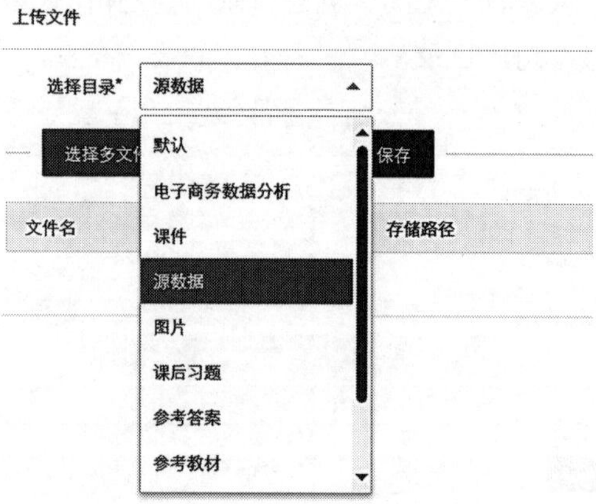

图 16－7　选择文件目录

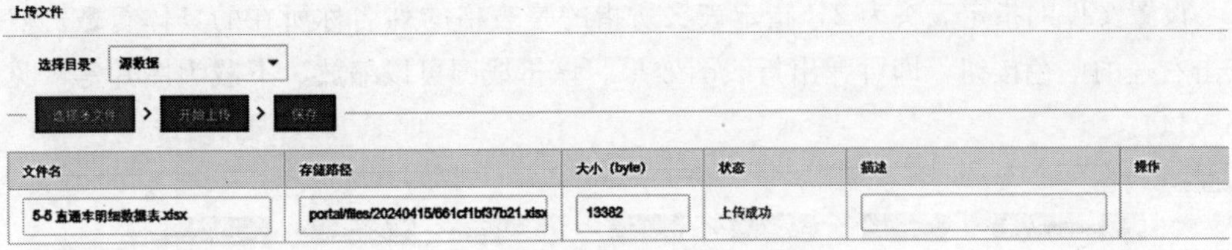

图 16 - 8　选择文件并点击“开始上传”

（二）文件移动

在文件管理页面，点击左侧的多选框选择需要移动的文件，然后点击表格上面的“移动”按钮，在弹出的弹窗中选择对应的目录，点击“确定”即可（见图 16 - 9）。

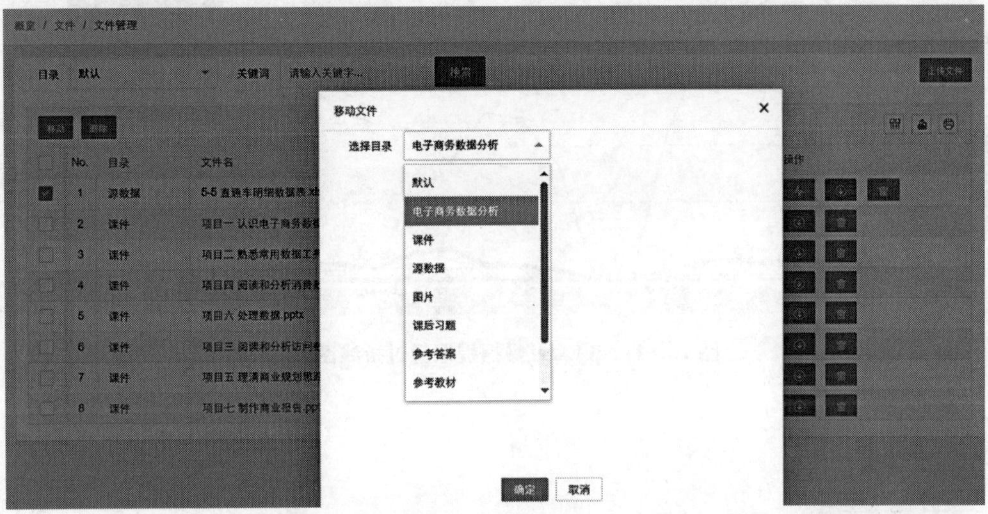

图 16 - 9　文件移动

（三）文件预览

在文件管理页面的表格中（见图 16 - 10），最后一列操作按钮分别对应“图形化展示”“下载”“删除”。

图 16 - 10　文件管理操作说明

设置文件的指定表头为 2，指定表头所指的是表格的列名称所在的具体行数，然后点击右边的蓝色按钮，即可弹出折线图效果。该折线图可以缩放、下载为图片等（见图 16－11）。

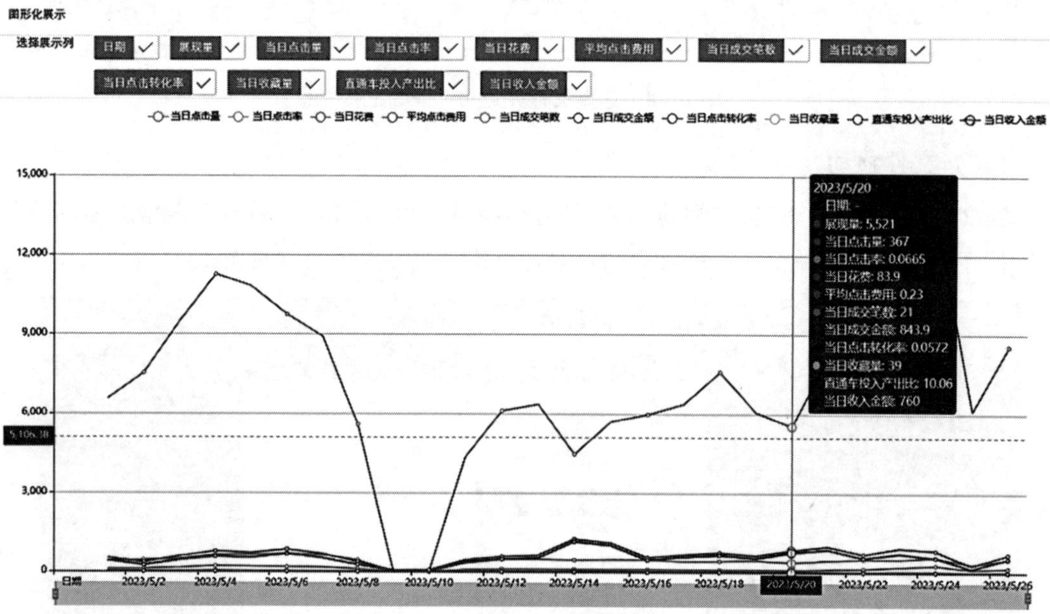

图 16－11　YExcel 数据提取通过折线图展示

项目小结

本项目主要介绍了利用 YExcel 的基本功能来实现 Excel 数据的提取、图形化展示。

实训活动

尝试设计一款数据分析软件，满足自己的数据分析需求。

数据分析是电子商务运营中非常重要的中心环节，通过数据分析可以准确地了解过去的经营情况并对未来做出预测，可以实现广告投放方向优化、绩效评价科学化等。

任务要求：

假设你是一家店铺的管理者，参考电霸、YExcel、生意参谋等数据分析工具，根据自己的数据服务需求设计一款数据分析软件并运用思维导图绘制其功能架构图。

思考与练习

一、判断题

1. YExcel 提供了多种编辑命令，支持对单元格中的数据进行选取、复制、粘贴和删除等基本操作。（　　）

2. YExcel 的文件管理，包括对文件的查找、上传、下载、移动（目录）、删除、预览以及图形化展示等操作。（　　）

3. YExcel 可以解决一切电子商务数据分析的问题。（　　）

4. YExcel 是一款开源免费的数据处理软件。（　　）

5. 数据实现统一化管理对企业而言无关紧要。（　　）

二、单项选择题

1. 伴随着云计算和大数据时代的来临，企业数据实现（　　）是未来的一个重要发展方向。

A. 智能化决策　　B. 数据纸质分析

C. 人工分析　　D. 对外共享

2. YExcel 的文件管理，不包括（　　）。

A. 文件上传　　B. 文件移动

C. 文件预览　　D. 文件合并和粉碎

三、简答题

1. YExcel 的基本功能有哪些？

2. 你知道的数据管理软件有哪些，各有什么优缺点？

参考文献

[1] 宋立荣，张薇，杨晶．基于信息共享背景下的数据和信息之概念辨析 [J]. 情报杂志，2012，31 (1).

[2] 陶皖．云计算与大数据 [M]. 2 版．西安：西安电子科技大学出版社，2023.

[3] 李娟莉．设计调查 [M]. 北京：国防工业出版社，2015.

[4] 边馥苓．时空大数据的技术与方法 [M]. 北京：测绘出版社，2016.

[5] 张军翔，吴祖珍，汪洋慧．Excel 2013 实战应用 [M]. 北京：中国铁道出版社，2015.

[6] 赵凯，李玮瑶．大数据与云计算技术漫谈 [M]. 北京：光明日报出版社，2016.

[7] 杨良斌．信息分析方法与实践 [M]. 长春：东北师范大学出版社，2017.

[8] 裴耀．分位数回归及其应用 [D]. 武汉：华中师范大学，2014.

[9] 盛骤，谢式千，潘承毅．概率论与数理统计 [M]. 5 版．北京：高等教育出版社，2019.

[10] 贾俊平，何晓群，金勇进．统计学 [M]. 9 版．北京：中国人民大学出版社，2025.

[11] 杨海民，潘志松，白玮．时间序列预测方法综述 [J]. 计算机科学，2019，46 (1).

[12] 陈建宝，丁军军．分位数回归技术综述 [J]. 统计与信息论坛，2008 (3).

[13] Jiawei Han，Micheline Kamber. 数据挖掘概念与技术 [M]. 范明，孟小峰，译．北京：机械工业出版社，2007.

[14] 杨旭，汤海京，丁刚毅．数据科学导论 [M]. 2 版．北京：北京理工大学出版社，2017.

[15] 赵守香，唐胡鑫，熊海涛．大数据分析与应用 [M]. 北京：航空工业出版社，2015.

[16] 朱中炜，韩旭，李泽琳．基于 XML 和 SVG 的体育数据可视化的技术研究 [J]. 电子技术与软件工程，2015 (21).

[17] 彭戎轩．数据可视化技术应用趋势与类型分析 [J]. 西部资源，2015 (6).

[18] 孙琳．实现业务营收数据展示分析的研究 [J]. 中小企业管理与科技（上旬刊），2016 (2).

[19] 刘大海．海量数据可视化方法的研究 [D]. 天津：天津大学，2009.

[20] 刘念，刘宇．基于聚类分析算法的海量关系数据可视化技术研究 [J]. 电子设计工程，2018，26 (10).

[21] 顾君忠，杨静．英汉多媒体技术辞典 [M]. 上海：上海交通大学出版社，2016.

[22] 邵贵平．电子商务数据分析与应用 [M]. 北京：人民邮电出版社，2018.

[23] 杨伟强，湛玉婕，刘莉萍．电子商务数据分析 [M]. 2 版．北京：人民邮电出版社，2019.

[24] 北京博导前程信息技术股份有限公司．电子商务数据分析实践（中级）[M]. 2 版．北京：高等教育出版社，2023.

[25] 周霞，王萍，张韫麒，等．数据故事化实践应用分析：以数据新闻为例 [J]. 图书情报工作，2021，65 (14).

[26] 刘滨，刘增杰，刘宇，等．数据可视化研究综述 [J]. 河北科技大学学报，2021，42 (6).

[27] 朝乐门，张晨．数据故事化：从数据感知到数据认知 [J]. 中国图书馆学报，2019，45 (5).

图书在版编目（CIP）数据

电子商务数据分析与应用 / 孟刚主编. -- 2版.
北京：中国人民大学出版社，2025.6. --（新编21世纪高等职业教育精品教材）. -- ISBN 978-7-300-33498-1
Ⅰ. F713.36；TP274
中国国家版本馆CIP数据核字第2025GA5636号

新编21世纪高等职业教育精品教材·电子商务类
电子商务数据分析与应用（第二版）
主　编　孟　刚
副主编　赵俊雅　刘　茜　姚丹婷
Dianzi Shangwu Shuju Fenxi yu Yingyong

出版发行	中国人民大学出版社		
社　　址	北京中关村大街31号	**邮政编码**	100080
电　　话	010－62511242（总编室）		010－62511770（质管部）
	010－82501766（邮购部）		010－62514148（门市部）
	010－62511173（发行公司）		010－62515275（盗版举报）
网　　址	http：//www.crup.com.cn		
经　　销	新华书店		
印　　刷	北京昌联印刷有限公司	**版　　次**	2021年3月第1版
开　　本	787 mm×1092 mm　1/16		2025年6月第2版
印　　张	17.25	**印　　次**	2025年6月第1次印刷
字　　数	363 000	**定　　价**	45.00元